A JOGADA DO $ÉCULO

Michael Lewis

A JOGADA DO $ÉCULO

Os bastidores do **colapso financeiro** de 2008

Tradução
Adriana Ceschin Rieche

Revisão Técnica
Ricardo Doninelli-Mendes

5ª edição

best. business
RIO DE JANEIRO – 2026

TÍTULO ORIGINAL
The Big Short

TRADUÇÃO
Adriana Ceschin Rieche

DESIGN DE CAPA
Caio Maia

CIP-BRASIL. CATALOGAÇÃO NA FONTE
SINDICATO NACIONAL DOS EDITORES DE LIVROS, RJ.

Lewis, Michael
L653j A jogada do século : os bastidores do colapso financeiro de 2008
5. ed. / Michael Lewis ; tradução Adriana Ceschin Rieche ; revisão técnica Ricardo Doninelli-Mendes. - 5. ed. - Rio de Janeiro : Best Business, 2026..

Tradução de: The big short : inside the doomsday machine
ISBN 978-65-5670-068-7

1. Crise financeira global, 2008-2009. 2. Finanças internacionais. 3. Estados Unidos - Condições econômicas, 2001-2009. I. Rieche, Adriana Ceschin. II. Doninelli-Mendes, Ricardo. III. Título.

25-101730.0 CDD: 338.973
CDU: 339(73)

Meri Gleice Rodrigues de Souza - Bibliotecária - CRB-7/6439

Texto revisado segundo o novo Acordo Ortográfico da Língua Portuguesa.

Título original: The Big Short

Impresso no Brasil

ISBN 978-65-5670-068-7

Para
Michael Kinsley

A quem eu ainda devo um artigo

Os temas mais complexos podem ser explicados ao menos inteligente dos homens, caso ele ainda não tenha uma ideia formada sobre eles; mas o assunto mais banal não pode ser esclarecido ao mais inteligente dos homens caso ele esteja convencido de que já conhece sem sombra de dúvida o que tem diante de si.

— Liev Tolstói, 1897

Sumário

Prólogo	*Poltergeist*	11
Capítulo Um	A história de uma origem secreta	21
Capítulo Dois	Em terra de cego	49
Capítulo Três	"Como um sujeito que não fala inglês pode mentir?"	87
Capítulo Quatro	Como selecionar um trabalhador imigrante	113
Capítulo Cinco	Capitalistas acidentais	135
Capítulo Seis	O Homem-Aranha no Venetian	169
Capítulo Sete	A grande caça ao tesouro	195

Capítulo Oito	O longo silêncio	215
Capítulo Nove	A morte do interesse	239
Capítulo Dez	Dois homens em um barco	267
Epílogo	Tudo está interligado	297
Posfácio	Sobre o filme *A grande aposta*	311

PRÓLOGO

Poltergeist

A disposição de um banco de investimento de Wall Street em me pagar centenas de milhares de dólares para dar conselhos sobre investimentos a adultos permanece um mistério para mim até hoje. Eu tinha 24 anos, nenhuma experiência ou interesse especial em adivinhar quais ações ou títulos subiriam ou cairiam. A função essencial de Wall Street era alocar capital: decidir quem deve receber e quem não deve. Acredite quando digo que eu não tinha a menor ideia do que fazer. Nunca fiz curso de contabilidade, nunca administrei um negócio, nem sequer havia tido uma conta-poupança para gerenciar. Consegui um emprego no Salomon Brothers em 1985, saí de lá mais rico em 1988 e, embora tenha escrito um livro sobre a experiência, toda essa história ainda me parece ser absurda — motivo pelo qual foi tão fácil me afastar do dinheiro. Imaginei que a situação seria insustentável. Mais cedo ou mais tarde alguém descobriria que eu — e várias outras pessoas parecidas comigo — era uma fraude. Logo chegaria o Dia do Ajuste de Contas, quando Wall Street acordaria e centenas, se não milhares de jovens como eu, que não tinham condições de fazer apostas gigantescas com o dinheiro alheio ou de persuadir outras pessoas a fazer essas apostas, seriam expulsos do mundo das finanças.

Quando decidi escrever o relato de minha experiência — que virou o livro *O jogo da mentira** — eu estava imbuído do espírito de um jovem que achava que poderia abandonar o negócio a qualquer momento. Eu estava escrevendo uma mensagem e colocando-a em uma garrafa para qualquer um que passasse por essas bandas em um futuro distante. A menos que alguém com acesso a essas informações colocasse isso no papel, imaginei, nenhum ser humano acreditaria no que realmente aconteceu.

Até então, praticamente tudo o que havia sido escrito sobre Wall Street referia-se ao mercado acionário. Desde os primórdios, o mercado de ações sempre foi o mais importante. Meu livro tratava do mercado de títulos de dívida, porque Wall Street ganhava na época ainda mais dinheiro empacotando, vendendo e movimentando as crescentes dívidas norte-americanas. Achei que isso também seria insustentável. Pensei que estava escrevendo um relato histórico sobre a década de 1980 nos Estados Unidos, quando uma grande nação enlouqueceu financeiramente. Esperava que os leitores do futuro ficassem chocados com o fato de que, em meados de 1986, o CEO do Salomon Brothers, John Gutfreund, recebia US$ 3,1 *milhões* durante o período em que afundou a empresa. Eu ansiava por causar espanto com a história de Howie Rubin, corretor de títulos hipotecários do Salomon que foi para o Merrill Lynch para, em seguida, perder US$ 250 milhões. Supus que os leitores ficariam surpresos com o fato de que, em determinado período em Wall Street, os CEOs tinham apenas uma vaga ideia dos riscos assumidos por seus corretores de títulos.

---

* Originalmente intitulado *Liar's Poker*, o livro de estreia de Michael Lewis foi lançado no Brasil com o título *O jogo da mentira*. (*N. do E.*)

Foi isso que pensei. O que nunca imaginei foi que o leitor do futuro poderia refletir sobre esse período, e a minha experiência peculiar e dizer "Que incrível!". Quanta *inocência*. Nem me passou pela cabeça a possibilidade de que, em termos financeiros, a década de 1980 duraria mais vinte anos, ou que a diferença de nível entre Wall Street e a vida econômica normal se transformaria em uma diferença em espécie. Que um único negociante de títulos poderia receber US$ 47 milhões por ano e se sentir enganado. Que o mercado de títulos hipotecários inventado na mesa de operações do Salomon Brothers, o qual parecia uma ótima ideia na época, levaria a um dos maiores desastres *financeiros* da história. Que, vinte anos depois de Howie Rubin se tornar sinônimo de escândalo por perder US$ 250 milhões, outro negociante de títulos hipotecários chamado Howie, do Morgan Stanley, perderia US$ 9 *bilhões* em uma única negociação e continuaria desconhecido, sem que ninguém, além de um pequeno círculo de funcionários do banco, ouvisse falar o que ele fez ou por quê.

Quando comecei a escrever meu primeiro livro, não tinha grandes metas além de considerá-lo uma ótima história. Se alguém tivesse me embriagado e perguntado qual impacto a produção teria sobre o mundo, talvez eu tivesse respondido algo do tipo: "Espero que os universitários que estejam tentando decidir o rumo de suas vidas possam lê-lo e concluir que é tudo ilusório, e, assim, abandonem a paixão ou mesmo o ligeiro interesse em se tornarem financistas." Esperava que algum garoto brilhante da Ohio State University que realmente quisesse ser oceanógrafo lesse meu livro, recusasse a oferta do Goldman Sachs e partisse para o mar.

De alguma maneira, essa mensagem se perdeu. Seis meses depois do lançamento de *O jogo da mentira*, eu perdera a conta das cartas enviadas por estudantes da Ohio State University ansiosos por saber se eu tinha mais algum segredo para contar sobre Wall Street. Eles leram o meu livro como um manual de instruções.

Nas duas décadas após a minha saída, esperei ver a queda da Wall Street que eu conhecia. As bonificações escandalosas, a interminável procissão de corretores inescrupulosos, o escândalo que afundou a Drexel Burnham, o escândalo que destruiu John Gutfreund e acabou com o Salomon Brothers, a crise após o colapso do Long Term Capital Management de meu antigo chefe, John Meriwether, a bolha da internet. Com uma crise atrás da outra, o sistema financeiro estava, de alguma forma, desacreditado. Ainda assim, os grandes bancos de Wall Street continuavam crescendo, junto com as assombrosas quantias pagas a jovens de 26 anos para realizar tarefas sem qualquer utilidade social óbvia. A rebelião dos jovens norte-americanos contra a cultura do dinheiro nunca aconteceu. Por que se preocupar em revolucionar o mundo de seus pais quando é possível comprá-lo e vendê-lo em partes?

Em determinado momento, desisti de esperar. Pressupus que não havia escândalo ou revés grande o suficiente para destruir o sistema.

Então, veio Meredith Whitney com novidades. Whitney era uma obscura analista de empresas que trabalhava para uma obscura financeira, a Oppenheimer and Co. Em 31 de outubro de 2007, Whitney deixou de ser obscura. Nesse dia, ela previu que o Citigroup havia administrado tão mal seus negócios que precisaria cortar seus dividendos ou ir à falência. Nunca se sabe, qualquer que seja o dia, o que exatamente acontece no mercado acionário, mas ficou muito claro que, no dia 31 de outubro, Meredith Whitney causou uma quebra nesse mercado. Ao fim de um dia de negociação, uma mulher que quase ninguém conhecia e que poderia ter passado despercebida havia eliminado 8% das ações do Citigroup equivalentes a US$ 390 bilhões do valor do mercado de ações dos Estados Unidos. Quatro dias mais tarde, o CEO do Citigroup, Chuck Prince, pediu demissão. Duas semanas depois, o Citigroup reduziu seus dividendos.

A partir daquele momento, Meredith Whitney se tornou E.F. Hutton: quando ela falava, as pessoas ouviam. Sua mensagem era clara: se quiser saber quanto as empresas de Wall Street realmente valem, analise friamente os ativos que elas detêm com dinheiro emprestado e imagine o que elas faturariam em caso de liquidação. O grande número de pessoas com salários astronômicos nessas empresas nada valia, na opinião de Whitney. Durante todo o ano de 2008, ela acompanhou as alegações dos banqueiros e corretores de que haviam superado seus problemas com esta baixa ou aquele aumento de capital, respondendo sempre: "Vocês estão enganados. Ainda não se deram conta do quanto seus negócios estão mal administrados. Vocês ainda não estão reconhecendo bilhões de dólares de prejuízo nos títulos hipotecários de alto risco, os chamados subprime. O valor de seus títulos é tão ilusório quanto o valor de sua equipe." Os adversários acusaram Whitney de estar exagerando. Blogueiros a acusaram de ter sorte. Ela estava, em grande parte, certa. Mas também é verdade que, em parte, fazia suposições. Não havia como a analista saber o que aconteceria com as empresas de Wall Street, ou mesmo a extensão de seus prejuízos no mercado de hipotecas subprime. Os próprios CEOs não sabiam. "Ou não sabiam, ou são todos mentirosos", afirmou Whitney, "mas suponho que eles realmente não sabem de coisa alguma".

Obviamente, Meredith Whitney não afundou Wall Street. Ela apenas evidenciou uma visão que acabou sendo muito mais atraente à ordem social do que, digamos, as muitas campanhas do procurador-geral de Nova York contra a corrupção em Wall Street. Se um mero escândalo fosse capaz de destruir os grandes bancos de investimentos, eles teriam desaparecido há muito tempo. Esta mulher não estava dizendo que os banqueiros de Wall Street eram corruptos, mas sim que eram burros. As pessoas cuja função era alocar capital aparentemente sequer sabiam como administrar o próprio dinheiro.

Confesso que uma parte de mim pensou: *ah, se eu tivesse ficado no mercado, este é o tipo de catástrofe que eu poderia ter criado*. Os personagens que estavam no centro da confusão do Citigroup eram as mesmas pessoas que trabalharam comigo no Salomon Brothers. Alguns estavam em minha turma de treinamento. Em determinado momento, não me contive: liguei para Meredith Whitney. Isso foi em março de 2008, pouco antes da falência do Bear Stearns, quando o desfecho ainda não havia sido decidido. Pensei: se ela estiver certa, este pode ser o momento em que o mundo financeiro vai voltar para os eixos de onde escapou ao início da década de 1980. Eu estava curioso para ver se ela conseguiria explicar a situação, mas também para saber de onde vinha esta jovem mulher que estava arrasando o mercado de ações apenas com suas palavras.

Ela chegou em Wall Street em 1994, recém-formada pelo Departamento de Inglês da Brown University. "Cheguei a Nova York e não sabia que existia pesquisa", conta Whitney. Ela acabou aceitando o emprego na Oppenheimer and Co. e depois teve a maior sorte do mundo: foi treinada por um homem que a ajudou a estabelecer não só uma carreira, mas uma visão de mundo. Esse homem era Steve Eisman. "Depois de dar a dica do Citi", disse a analista, "uma das melhores coisas que aconteceu comigo foi quando Steve me ligou e disse que estava orgulhoso de mim". Como eu nunca ouvira falar de Steve Eisman, não sabia o que responder.

No entanto, li que um gestor de fundos de hedge pouco conhecido de Nova York chamado John Paulson tinha ganhado aproximadamente US$ 20 bilhões para seus investidores e quase US$ 4 bilhões para si. Esse foi o maior montante que alguém já ganhou de forma tão rápida em Wall Street. Além disso, ele obteve esse resultado apostando contra os mesmos títulos hipotecários subprime que estavam afundando o Citigroup e todos os outros grandes bancos de investimento de Wall Street. Os bancos de investimento são como os cassinos de Las Vegas: eles definem as probabilidades. O cliente que aposta em jogos de soma zero contra os cassinos pode ganhar de vez em quando, mas nunca de forma sistemática, e nunca de modo tão espetacular a ponto de levar o cassino à ruína. Mas John Paulson era um sujeito de Wall Street, era o espelho da incompetência que Meredith Whitney estava ficando famosa por revelar. O cassino tinha julgado mal as chances de seu próprio jogo e pelo menos uma pessoa percebeu isso. Liguei novamente para Whitney para perguntar, da mesma forma como eu perguntava a outras pessoas, se ela conhecia alguém que havia previsto a catástrofe das hipotecas subprime, conseguindo, portanto, fazer fortuna com isso. Quem mais havia percebido, antes de o cassino perceber, que a roleta havia se tornado previsível? Quem mais dentro da caixa-preta das finanças modernas havia percebido as falhas de sua maquinaria?

Era final de 2008. Naquela época, havia uma longa e crescente lista de vigaristas que alegavam haver previsto a catástrofe, mas uma lista bem menor de pessoas que realmente o fizeram. Destas, um número ainda menor teve coragem de apostar em sua visão. Não é fácil se destacar da histeria em massa — acreditar que a maior parte do que é divulgado nos noticiários financeiros está errada, que a maioria das pessoas no mundo financeiro está mentindo ou foi enganada — sem ser taxado de insano. Whitney apresentou uma lista com meia dúzia de nomes, de investidores que ela havia assessorado pessoalmente. No meio dessa lista estava John Paulson. No topo estava Steve Eisman.

A JOGADA DO $ÉCULO

Capítulo Um

A história de uma origem secreta

Eisman entrou no setor financeiro mais ou menos na mesma época em que eu saí. Ele cresceu na cidade de Nova York, frequentou escolas judaicas ortodoxas, formou-se magna cum laude pela Universidade da Pensilvânia e com louvor pela Harvard Law School. Em 1991, era um advogado de 31 anos que se perguntava por que um dia pensou que gostaria de ser advogado. "Eu odiava", afirmou ele, "odiava ser advogado. Meus pais trabalhavam como corretores de valores mobiliários na Oppenheimer. Eles arrumaram uma vaga para mim. Não é uma história bonita, mas foi o que aconteceu."

A Oppenheimer estava entre as últimas sociedades tradicionais de Wall Street e sobrevivia com as migalhas deixadas pelo Goldman Sachs e pelo Morgan Stanley. Parecia um negócio familiar, e não uma empresa de grande porte. Lillian e Elliot Eisman vinham prestando assessoria financeira a investidores individuais em nome da Oppenheimer desde o início da década de 1960. (Lillian havia criado seu negócio de corretagem dentro da Oppenheimer, e Elliot, que começara como advogado criminalista, se associou a ela depois das ameaças de clientes mafiosos por causa do trabalho.) Admirados e respeitados por colegas e clientes, os dois contratavam quem quisessem. Antes de resgatar o filho da carreira jurídica, já haviam levado a antiga babá da família para a mesa de operações da Oppenheimer. Quando ia reportar-se aos pais, Eisman passava pela mulher que um dia trocou suas fraldas. No entanto, a Oppenheimer tinha uma regra para o nepotismo: se Lillian e Elliot quisessem contratar o filho, tinham de pagar o salário dele durante o primeiro ano, e outros funcionários determinariam se ele deveria continuar ou não na empresa.

Os pais de Eisman, corretores de valores à moda antiga, sempre lhe disseram que a melhor maneira de aprender sobre Wall Street era trabalhar como analista de equity. Foi o que fez: trabalhou para as pessoas que moldavam a opinião pública sobre empresas de capital aberto. A Oppenheimer empregava cerca de 25 analistas, e a maioria das análises realizadas por eles era ignorada pelo restante de Wall Street. "A única maneira de ser pago como analista na Oppenheimer era acertar e fazer muito alarde para que as pessoas percebessem o feito", afirmou Alice Schroeder, que cobria as companhias de seguros para a empresa, foi para o Morgan Stanley e acabou sendo a biógrafa oficial de Warren Buffett. Ela acrescentou: "Havia um elemento de contracultura na Oppenheimer. As pessoas nas grandes empresas eram todas pagas para formarem um consenso." Eisman provou ter um talento especial para fazer barulho e romper com a opinião predominante no senso comum. Ele começou como analista de equity júnior, um assistente, que não deveria manifestar suas próprias opiniões. Isso mudou em dezembro de 1991, com menos de um ano no novo cargo. Um credor hipotecário subprime, a Aames Financial, abriu o capital, e ninguém na Oppenheimer se interessou em emitir uma opinião a respeito. Um dos agentes, que esperava ser contratado pela Aames, procurou no departamento de pesquisa alguém que conhecesse um pouco do negócio de hipotecas. "Sou apenas um analista júnior e só estou tentando ver se as coisas fazem sentido", afirmou Eisman, "mas disse a ele que, como advogado, eu havia fechado uma transação para a Money Store." Eisman foi imediatamente nomeado analista supervisor da Aames Financial. "O que omiti foi o fato de minha função ter sido revisar documentos e que eu não tinha entendido uma única palavra do texto."

A Aames Financial, como a Money Store, pertencia a uma nova categoria de empresas que ofereciam empréstimos a norte-americanos que precisavam de dinheiro, conhecidas como "financeiras especializadas". A categoria não incluía bancos como o Goldman Sachs ou o J.P. Morgan, mas abarcava muitas empresas pouco conhecidas, envolvidas de uma maneira ou de outra no *boom* dos empréstimos de hipotecas subprime no início da década de 1990. A Aames foi a primeira empresa desta categoria a abrir o capital. A segunda empresa que Eisman assumiu sozinho chamava-se Lomas Financial Corp. A Lomas acabara de sair da falência. "Recomendei que as ações deles fossem vendidas porque eram um lixo. Não sabia que este não era um procedimento recomendado para empresas. Achei que havia três possibilidades — comprar, manter e vender — e que podíamos escolher a mais conveniente." Então o pressionaram para ser um pouco mais otimista, mas isso era muito difícil para Steve Eisman. Ele podia fingir otimismo, e às vezes o fazia, mas, na maioria das vezes, nem se abalava. "Eu ouvia Eisman gritar ao telefone lá do corredor", disse um ex-colega, "feliz por atacar as ações das empresas que cobria. Ele diz tudo o que pensa." Eisman manteve sua recomendação de incluir a Lomas Financial na categoria "vender" mesmo depois do anúncio de que os investidores não precisavam se preocupar com sua condição financeira, porque seu risco de mercado tinha sido hedgeado. "A única grande frase que eu já escrevi como analista", afirmou Eisman, "foi depois da Lomas Corporation declarar que estava hedgeada." Ele sabia a frase de cor: "'A Lomas Financial Corporation é uma instituição financeira perfeitamente hedgeada: ou seja, perde dinheiro em qualquer ambiente concebível de taxas de juros.' Gostei de escrever esta frase mais do que qualquer outra que já tivesse escrito." Alguns meses depois da publicação dessa nota, a Lomas Financial Corporation foi à falência.

Eisman rapidamente estabeleceu-se como um dos poucos analistas na Oppenheimer cuja opinião poderia abalar os mercados. "Para mim, era como voltar à escola", afirmou. "Eu aprendia sobre determinado setor e depois escrevia um trabalho sobre o tema." Wall Street passou a considerá-lo uma figura autêntica. Ele se vestia de forma peculiar, como se alguém tivesse se dado o trabalho de lhe comprar trajes novos e alinhados, mas não tivesse explicado como usá-los. Seus cabelos loiros picotados davam a impressão de que haviam sido cortados por ele mesmo. O ponto focal de seu rosto suave e ao mesmo tempo expressivo era a boca, principalmente porque quase sempre estava semiaberta, mesmo enquanto comia. Era como se ele temesse não conseguir expressar o que acabara de lhe passar pela cabeça de forma rápida o suficiente antes que o próximo pensamento chegasse. Assim, mantinha o canal aberto. Seus outros traços se organizavam, quase obedientemente, ao redor do pensamento incipiente. Era o oposto de um blefe.

Em suas transações com o mundo exterior, um padrão emergiu. O crescente número de pessoas que trabalhava para o analista o adorava, ou pelo menos era envolvido por ele, e apreciava sua disposição e capacidade de partilhar dinheiro e conhecimento. "É um líder nato", afirmou uma mulher que trabalhava para Eisman. "E ele protege muito as mulheres." Identificava-se com os fracos e oprimidos sem ser um deles. Homens importantes, que poderiam esperar de Eisman algum sinal de deferência ou respeito, por outro lado, muitas vezes saíam de encontros com ele chocados e indignados. "Muitos não entendiam Steve", contou Meredith Whitney, "mas quem o entendia o adorava". Um dos que não o entendia era o chefe de uma grande firma corretora norte-americana, que ouviu Eisman explicar na frente de vários investidores durante um almoço o motivo pelo qual ele, o chefe da corretora, não compreendia seu próprio negócio, e depois o viu sair no meio da refeição e nunca mais voltar. ("Tive que ir ao banheiro", disse Eisman. "Nem sei por que não voltei.") Após o incidente, o sujeito anunciou que nunca mais entraria em um recinto em que Steve Eisman estivesse presente. O presidente de uma grande corretora de imóveis japonesa era outro que não o entendia. Ele enviou os demonstrativos financeiros de sua empresa e depois solicitou uma reunião, com a presença de um intérprete, para pedir o investimento de Eisman. "O senhor nem mesmo possui ações de sua própria empresa", afirmou Eisman, depois das típicas apresentações formais dos empresários japoneses. O intérprete traduziu o comentário para o CEO.

"No Japão, não é comum que os administradores detenham ações da empresa", argumentou.

Eisman observou que os demonstrativos financeiros do presidente não revelavam detalhes realmente importantes sobre a empresa. No entanto, em vez de dizer isso, ele segurou o documento no ar, como se estivesse descartando lixo. "Isso é... papel higiênico", afirmou. "Pode traduzir."

"O japonês tira os óculos", lembra uma testemunha do estranho encontro. "Seus lábios estão tremendo. A Terceira Guerra Mundial está prestes a estourar. 'Papel higê-nico? Papel higê-nico?'"

Um gestor de fundo de hedge que considerava Eisman um amigo tentou explicar o comportamento dele para mim, mas desistiu logo em seguida — depois de descrever como Eisman expôs vários figurões como mentirosos ou idiotas —, e começou a rir. "Ele é um cretino, mas é esperto, honesto e corajoso."

"Mesmo em Wall Street, as pessoas pensam que ele é grosseiro, inconveniente e agressivo", afirma a esposa do analista, Valerie Feigen, que trabalhava no J.P. Morgan antes de pedir demissão para criar os filhos e abrir a loja de artigos de moda feminina Edit New York. "Ele não está nem aí para as boas maneiras. Acredite, cansei de tentar." Depois que Valerie o apresentou à família, sua mãe dissera: "Bem, não podemos usá-lo, mas certamente poderemos rifá-lo na UJA."* Eisman tinha talento para ofender. "Ele não é taticamente rude", explica a esposa. "É sinceramente rude. Sabe que todos o consideram um excêntrico, mas não pensa assim de si mesmo. Steve vive dentro da própria cabeça."

Quando perguntado sobre a irritação, Eisman parece genuinamente confuso, até mesmo um tanto magoado. "Às vezes me deixo levar", diz, dando de ombros.

Eis a primeira das muitas teorias sobre o analista: ele estava muito mais interessado no que quer que estivesse em sua mente do que na pessoa que por acaso estivesse à sua frente. Essa teoria soava incompleta para aqueles que o conheciam. Sua mãe, Lillian, sugeriu outra: "Steve tem duas personalidades", argumenta com cuidado. Uma era a de um garoto a quem ela tinha dado a bicicleta novinha que ele tanto queria, só para vê-lo pedalar até o Central Park, emprestar a bicicleta a uma criança que ele nunca tinha visto e observá-la sumir à distância. A outra é a de um jovem que decidiu estudar o Talmud, não porque tivesse o menor interesse teológico, mas porque estava curioso sobre suas contradições internas. A mãe havia sido indicada para ser presidente do Conselho de Educação Judaica da cidade de Nova York, e Eisman passou um pente fino no Talmud procurando inconsistências. "Quem mais estuda o Talmud para encontrar erros?", pergunta a mãe. Mais tarde, depois de ficar muito rico e ter de pensar em como doar dinheiro, ele encontrou uma organização chamada Footsteps, dedicada a ajudar judeus chassídicos a abandonar sua religião. Nem mesmo ao fazer doações ele conseguia escapar de uma briga.

---

* United Jewish Appeal, uma organização internacional que levanta fundos para satisfazer necessidades judaicas em comunidades locais, em Israel e em todo o mundo.

Em praticamente todos os aspectos, Eisman era uma figura intrigante. Ele havia chegado no mercado de trabalho no início de uma fase interessante. A criação do mercado de títulos hipotecários, uma década antes, fizera Wall Street chegar onde jamais estivera: nas dívidas dos cidadãos norte-americanos comuns. Em um primeiro momento, a nova máquina do mercado de títulos estava mais voltada para a metade da população norte-americana com maior capacidade de solvência. Com a extensão do mercado de títulos hipotecários para cidadãos com menos crédito, um combustível nas dívidas da metade menos solvente fora encontrado.

O título hipotecário era significativamente diferente dos tradicionais títulos de dívida governamental e corporativa: não era um único empréstimo gigante por um prazo fixo preestabelecido. Era uma participação nos fluxos de caixa de um grupo de milhares de hipotecas residenciais individuais. Esses fluxos de caixa sempre foram problemáticos, pois os tomadores dos empréstimos tinham o direito de saldá-los a qualquer momento. Esse foi o principal motivo pelo qual os investidores em títulos inicialmente haviam relutado em investir em empréstimos baseados em hipotecas residenciais: os devedores em geral reembolsavam seus empréstimos somente quando as taxas de juros caíam, e poderiam refinanciá-los de forma mais barata, deixando o proprietário de um título hipotecário com muito dinheiro na mão para investir a taxas de juros menores. O investidor em empréstimos imobiliários não sabia quanto tempo o seu investimento duraria, sabia apenas que receberia o dinheiro de volta quando menos esperasse. Para limitar essa incerteza, as pessoas com as quais eu trabalhava no Salomon Brothers, responsáveis por criar o mercado de títulos hipotecários, chegaram a uma solução inteligente. Tomaram conjuntos gigantescos de empréstimos imobiliários e dividiram os pagamentos efetuados pelos proprietários dos imóveis em partes chamadas tranches. O comprador da primeira tranche era como o proprietário de um imóvel no piso térreo em uma enchente: era atingindo com a primeira onda de pagamentos antecipados de hipotecas. Em troca, recebia uma taxa de juros maior. O comprador da segunda tranche — o segundo andar de um arranha-céu — recebia a segunda onda de pagamentos antecipados e, em troca, recebia a segunda maior taxa de juros, e assim por diante. O investidor no último andar do prédio recebia a menor taxa de juros, mas tinha a maior garantia de que seu investimento não terminaria antes que desejasse.

O grande temor do investidor em títulos hipotecários da década de 1980 não era a falta de pagamento, mas ser pago rápido demais. O pool de empréstimos subjacentes aos títulos hipotecários se adaptou aos padrões, em termos de tamanho e qualidade creditícia dos devedores, definidos por uma das várias agências governamentais: Freddie Mac, Fannie Mae e Ginnie Mae. Os empréstimos tinham, na verdade, garantia do governo: se os proprietários não cumprissem suas obrigações, o Tesouro pagaria suas dívidas. Quando Steve Eisman descobriu essa nova indústria em rápida expansão, as "financeiras especializadas", o título hipotecário estava prestes a ganhar um novo uso: fazer empréstimos que não se enquadravam nas garantias governamentais. O objetivo era estender o crédito a proprietários de imóveis com cada vez menos capacidade creditícia, não para que tivessem condições de comprar uma casa, mas para que pudessem sacar o valor líquido da residência que já detinham.

Os títulos hipotecários criados a partir de empréstimos imobiliários subprime expandiram a lógica inventada para lidar com o problema do reembolso, a fim de resolver a falta de pagamento. O investidor do primeiro andar, ou tranche, seria exposto não aos pagamentos antecipados, mas aos prejuízos reais. Ele levava os primeiros prejuízos até o seu investimento ser inteiramente arruinado, momento em que os prejuízos atingiam, então, o sujeito do segundo andar. E assim sucessivamente.

No início da década de 1990, apenas dois analistas de Wall Street dedicavam suas carreiras a entender os efeitos da extensão do crédito para onde o sol não estava brilhando. Steve Eisman era um deles; o outro era Sy Jacobs. Este passara pelo mesmo programa de treinamento no Salomon Brothers que eu, e trabalhava para um pequeno banco de investimento chamado Alex Brown. "Participei do programa de treinamento no Salomon Brothers e tomei conhecimento do que este grande novo modelo de securitização que Lewie Ranieri estava criando iria fazer", lembra ele. (Ranieri era o mais perto que o mercado de títulos hipotecários considerava como um fundador.) As implicações de transformar hipotecas residenciais em títulos eram assustadoramente vastas. O passivo de um homem sempre fora o ativo de outro, mas então uma parte cada vez maior dos passivos seria transformada em pedaços de papel que poderiam ser vendidos a qualquer pessoa. Em pouco tempo, a mesa de operações do Salomon Brothers deu origem a pequenos mercados de títulos lastreados por todo tipo de artigos bizarros: recebíveis de cartões de crédito, arrendamentos mercantis de aeronaves, empréstimos automotivos, dívidas de academias de ginástica. Inventar um novo mercado era apenas questão de encontrar um novo ativo para empenhar. O ativo inexplorado mais óbvio nos Estados Unidos ainda eram os imóveis. Detentores de primeiras hipotecas tinham patrimônios exorbitantes atrelados a suas casas. Por que estes ativos inexplorados também não poderiam ser securitizados? "A ideia no subprime", afirma Jacobs, "era de que havia o estigma social em ser um mutuário de segunda hipoteca, e não deveria ser assim. Se sua avaliação de crédito fosse um pouco pior, você pagaria muito mais — e muito mais do que realmente deveria. Se pudermos comercializar em massa os títulos, poderemos diminuir o custo para os prestatários. Eles poderão substituir a dívida do cartão de crédito com altas taxas de juros por dívida hipotecária com taxas de juros mais baixas. E tudo se tornará uma profecia que se autorrealiza."

A crescente interface entre o país das altas finanças e o da classe média baixa foi considerada boa para este novo segmento da sociedade. Essa nova eficiência nos mercados de capitais permitiria que americanos da classe média baixa pagassem taxas de juros cada vez menores sobre suas dívidas. No início da década de 1990, os primeiros mutuantes de hipotecas subprime — The Money Store, Greentree, Aames — venderam ações às pessoas para que pudessem crescer mais rápido. Em meados da década de 1990, dezenas de pequenas financeiras surgiram no mercado anualmente. A indústria de empréstimos subprime estava fragmentada. Como os mutuantes venderam muitos dos empréstimos — embora nem todos — a outros investidores na forma de títulos hipotecários, o setor também estava abalado pelo risco moral. "Era um empreendimento de ganhos rápidos", diz Jacobs. "Qualquer negócio em que alguém consegue vender um produto e ganhar dinheiro sem ter que se preocupar com seu desempenho certamente atrairá oportunistas. Esse era o lado feio da boa ideia. Eisman e eu acreditávamos nela e conhecemos pessoas realmente desagradáveis. Este era o nosso trabalho: descobrir quais daqueles elementos teriam condições de fazer com que a grande ideia funcionasse."

Os empréstimos hipotecários subprime ainda eram uma fração trivial dos mercados de crédito dos Estados Unidos — poucas dezenas de bilhões a cada ano —, mas sua existência fazia sentido, mesmo para Steve Eisman. "Pensei que era, em parte, uma resposta à crescente desigualdade de renda", disse ele. "A distribuição de renda neste país estava distorcida e se tornando cada vez pior, e o resultado era que havia cada vez mais clientes de alto risco." É claro que Eisman era pago para ver o sentido dos empréstimos subprime: o Oppenheimer rapidamente se tornou um dos principais bancos no novo setor, com certeza porque o analista era um de seus principais proponentes. "Abri o capital de várias empresas subprime", afirma Eisman. "E a historinha que elas gostavam de contar era que estavam ajudando os clientes, 'porque, com isso, os clientes se livram das dívidas de cartão de crédito de juros altos e passam a ter uma dívida hipotecária com baixas taxas de juros'. E acreditei nessa história." Então alguma coisa mudou.

Vincent Daniel crescera no bairro do Queens, sem qualquer um dos privilégios de Steve Eisman. Ainda assim, se você tivesse oportunidade de conversar com eles, acharia justamente o contrário: que Vinny tinha crescido em alto estilo na Park Avenue e que o outro havia sido criado em um pequeno apartamento na 82nd Avenue. Eisman era insolente e pomposo, e seu foco era o peixe grande. Vinny era cuidadoso, desconfiado e interessado nos detalhes; era jovem e bem-preparado, com traços elegantes e fartos cabelos negros, mas sua aparência era obscurecida por sua expressão de preocupação — boca sempre prestes a se contrair, sobrancelhas franzidas sempre à espreita. Ele tinha pouco a perder, mas parecia sempre preocupado, como se algo de valor estivesse prestes a ser arrancado dele. O pai de Vinny fora assassinado quando ele era pequeno — embora ninguém mais falasse sobre isso — e a mãe encontrara trabalho como contadora de uma firma de negociação de commodities. Ela criou Vinny e o outro filho sozinha. Talvez tenha sido o fato de ter morado no Queens, ou o que aconteceu com seu pai, ou seu jeito de ser, mas Vicent Daniel desconfiava de todos os colegas. Foi com a admiração de um campeão que fala de outro ainda maior que Steve Eisman afirmou: "Vinny é um *vencedor*."

Eisman era um garoto da classe média alta que pouco se importava com o fato de ter acabado na University of Pennsylvania em vez de Yale. Vinny era um garoto de classe média baixa que deixou a mãe orgulhosa simplesmente por entrar na faculdade e ainda mais orgulhosa quando, em 1994, depois de ser formar pela SUNY-Binghamton, ele foi contratado em Manhattan pela Arthur Andersen, a firma de contabilidade que seria destruída anos mais tarde, no escândalo da Enron. "Crescendo no Queens, a gente logo descobre onde está o dinheiro", afirma Vinny. "Em Manhattan." Sua primeira tarefa, como contador júnior, foi fazer uma auditoria no Salomon Brothers. Ele ficou impressionado com a falta de transparência dos livros contábeis do banco de investimento. Nenhum de seus colegas contadores conseguia explicar por que os corretores faziam o que estavam fazendo. "Eu não sabia o que eu estava fazendo", afirmou Vinny. "Porém, o mais assustador era que meus gerentes também não. Fiz perguntas básicas, do tipo: 'Por que eles possuem esses títulos hipotecários?', 'Estão apenas apostando neles ou será que são parte de uma estratégia maior?'. Eu achava que precisava saber. É realmente difícil fazer uma auditoria em uma empresa sem entender o básico."

Ele concluiu que não havia uma maneira eficaz de um contador com a atribuição de auditar uma firma gigante de Wall Street descobrir se a empresa estava ganhando ou perdendo dinheiro. Havia enormes caixas pretas, cujas engrenagens ocultas estavam em constante movimento. Com vários meses de auditoria, o gerente dele cansou de suas perguntas. "Ele não conseguia me explicar nada. Dizia: 'Vinny, esta não é a nossa função. Contratei você para fazer XYZ. Faça XYZ e cale a boca.' Saí da sala dele e disse: 'Tenho de ir embora daqui.'"

Vinny começou a procurar outro emprego. Um ex-colega de escola trabalhava em uma empresa chamada Oppenheimer and Co. e estava ganhando um bom dinheiro. Ele deixou o currículo de Vinny no departamento de Recursos Humanos da empresa e o fez chegar às mãos de Steve Eisman, que estava procurando alguém para ajudá-lo a entender a contabilidade cada vez mais hermética usada pelos criadores de hipotecas subprime. "Não sei somar", afirmava Eisman. "Penso em palavras. Preciso de ajuda com números." Vinny ouviu que Eisman poderia ser uma pessoa difícil e ficou surpreso com o fato de que, quando se conheceram, Eisman parecia estar interessado apenas em saber se eles se entenderiam. "Parece que ele estava apenas procurando alguém com quem fosse fácil lidar", afirma Vinny. Eles haviam se encontrado duas vezes, quando Eisman ligou do nada. Vinny supôs que receberia uma oferta de emprego, mas logo depois de começarem a conversar, o analista recebeu uma ligação de emergência na outra linha e colocou Vinny em espera. Ele esperou durante quinze minutos em silêncio, mas nunca obteve retorno.

Dois meses depois, Eisman ligou de volta. Quando Vinny podia começar?

Eisman não se lembrava do motivo pelo qual deixou Vinny esperando sem nunca retomar a ligação, da mesma forma como não se lembrava de por que levantou no meio do almoço com um CEO importante para ir ao banheiro e nunca mais voltar. Vinny logo encontrou sua própria explicação. Quando atendeu a outra chamada naquele dia, Eisman soube que seu primeiro filho, o recém-nascido Max, tinha morrido. Valerie, gripada, foi acordada no meio da noite pela enfermeira plantonista, que tinha rolado sobre o bebê durante o sono e o asfixiado. Uma década depois, os amigos mais chegados a Eisman descreveriam este episódio como um evento que mudou sua relação com o mundo à sua volta. "Ele sempre achara que tinha um anjo da guarda", contou Valerie. "Nada de grave jamais tinha acontecido com ele. Eisman era protegido e estava seguro. Depois de Max, o anjo se foi. Qualquer coisa pode acontecer com qualquer um, a qualquer momento." A partir daquele dia, ela percebeu muitas mudanças no marido, grandes e pequenas, e Eisman confirma: "Do ponto de vista da história do universo, a morte de Max não significa nada. Só teve significado para mim."

De qualquer modo, Vinny e Eisman nunca falaram sobre o acontecido. Tudo o que Vinny sabia era que o Eisman para quem ele trabalhava não era o mesmo homem que conhecera alguns meses antes. O Eisman que entrevistara Vinny era honesto segundo todos os padrões dos analistas de Wall Street, e ainda se mostrava disposto a cooperar. A Oppenheimer estava entre os principais bancos do setor de hipotecas subprime. A empresa nunca teria o negócio bancário se Eisman, seu analista mais ousado, não estivesse disposto a bajulá-los. Por mais que gostasse de atacar as firmas menos viáveis, ele aceitava que o setor de empréstimos subprime fosse uma boa contribuição à economia norte-americana. Sua disposição em ser grosseiro com alguns desses originadores de subprime era, de certo modo, útil. Dava credibilidade às recomendações que ele fazia dos outros.

Depois do ocorrido, Eisman estava prestes a se tornar mais pessimista, o que, do ponto de vista do empregador, era considerado financeiramente contraprodutivo. "Era como se ele suspeitasse de algo", afirmou Vinny. "Ele precisava da minha ajuda para descobrir o que era." Eisman queria escrever um relatório para atacar todo o setor, mas precisava ser mais cauteloso do que o normal. "Podemos ser positivos e estarmos errados na ponta Sell-Side", diz Vinny, "mas se formos negativos e errarmos, seremos demitidos." O potencial para causar problemas chegara alguns meses antes vindo da Moody's: a agência de classificação de risco agora detinha, e oferecia para venda, todo tipo de informação nova sobre empréstimos hipotecários subprime. Embora o banco de dados da Moody's não permitisse examinar empréstimos individuais, oferecia um quadro geral dos grupos de empréstimos subjacentes aos títulos garantidos por hipotecas individuais: quantos tinham taxas flutuantes, quantas das casas hipotecadas eram ocupadas por seus proprietários, e o mais importante: quantos estavam inadimplentes. "Aqui estão os dados", informou Eisman, "entre naquela sala. Só saia de lá quando tiver entendido o que eles significam." Vinny ficou com a sensação de que Eisman já sabia tudo sobre aqueles dados.

Vinny estava sozinho. "Tenho 26 anos", afirmou, "e nunca compreendi de verdade o que são títulos lastreados em hipotecas." Eisman também não sabia nada a respeito — ele era um sujeito do mercado de ações, e a Oppenheimer sequer tinha um departamento de títulos de dívida. Vinny teve de ser autodidata. Quando terminou, tinha uma explicação para as suspeitas levantadas por Eisman em relação ao setor de hipotecas subprime. As empresas se limitavam a divulgar lucros cada vez maiores, e só. Um dos muitos aspectos que ocultavam era a taxa de inadimplência dos empréstimos imobiliários residenciais que realizavam. Quando Eisman solicitava essas informações, as empresas fingiam que o assunto era irrelevante, pois tinham vendido como títulos hipotecários todos os empréstimos a pessoas que os empacotavam. O risco não era mais das empresas. Isso não era verdade. Todas detinham uma pequena fração dos empréstimos que originaram, e estavam autorizadas a registrar como lucro o valor futuro esperado desses empréstimos. As regras contábeis permitiam que as firmas considerassem que os empréstimos seriam pagos, e não de forma antecipada. Essa suposição foi o que provocou sua ruína.

O que primeiro chamou a atenção de Vinny foram os altos pagamentos antecipados vindos de um setor chamado "casas pré-fabricadas". ("Soa melhor do que 'residências móveis.'") As "residências móveis" eram diferentes dos outros tipos de casa: seu valor caía, como o dos carros, assim que saíam da loja. O comprador de "residências móveis", diferentemente do comprador de um imóvel comum, não podia esperar obter refinanciamento em dois anos e ainda sair com dinheiro. "Por que os pagamentos antecipados eram feitos tão depressa?" Vinny se perguntava. "Não fazia sentido para mim. Em seguida, percebi que o motivo pelo qual os pagamentos antecipados eram tão altos era o fato de eles serem involuntários." "Pagamento antecipado involuntário" soa melhor do que "inadimplência". Os compradores de "residências móveis" estavam deixando de pagar seus empréstimos, suas residências estavam sendo tomadas, e os credores recebiam de volta apenas frações dos empréstimos originais. "Por fim, percebi que em todos os setores subprime os empréstimos estavam sendo pagos com antecedência ou tornando-se irrecuperáveis", disse Vinny. "Verifiquei índices incrivelmente altos de inadimplência nesses pools de hipotecas." A taxa de juros sobre os empréstimos não era alta o suficiente para justificar o risco de emprestar dinheiro a essa fatia particular da população norte-americana. Era como se as regras financeiras básicas tivessem sido suspensas em resposta a problemas sociais. Uma ideia cruzou a mente de Vinny: como fazer com que os menos favorecidos se sintam ricos quando os salários estão estagnados? Oferecendo empréstimos baratos.

A análise dos empréstimos hipotecários subprime levou seis meses, mas ao terminar, o jovem analista saiu da sala e deu a notícia a Eisman. Essas empresas de empréstimos subprime estavam crescendo tão rápido e usando métodos contábeis tão duvidosos que conseguiam mascarar o fato de não ter lucros reais, apenas ilusórios e gerados por regras contábeis. Tinham a característica essencial de um esquema Ponzi: para manter a ficção de que eram empresas lucrativas, elas precisavam de cada vez mais capital para criar mais e mais empréstimos subprime. "Na verdade, eu não tinha certeza absoluta de que estava certo", disse Vinny, "mas fui até Steve e disse: 'realmente, isso não está cheirando bem'. Era tudo o que ele precisava saber. Acho que ele precisava de provas para rebaixar as ações."

O relatório que Eisman preparou atacou todos os originadores subprime. Um a um, ele expôs os erros de várias empresas. "Aqui está a diferença", disse, "entre a visão de mundo que elas estão apresentando e os números reais." As empresas subprime não deram atenção ao seu esforço. "Ele criou uma turbulência", conta Vinny. "Todas essas firmas começaram a ligar e a gritar com ele: 'Você está errado. Seus dados estão errados.' E ele simplesmente gritou de volta: 'Os dados NÃO SÃO MEUS, SÃO SEUS!'" Um dos motivos pelos quais o relatório causou tanta revolta foi o fato de ele não ter avisado as empresas em tempo hábil. Ele violou o código de Wall Street. "Steve sabia que o relatório causaria confusão", disse Vinny. "Ele queria isso. Não queria ser convencido do contrário. Se Eisman tivesse anunciado o que pretendia fazer, tentariam convencê-lo a não divulgar o relatório."

"Nunca tivemos oportunidade de avaliar os empréstimos antes porque nunca tivemos acesso aos dados", disse Eisman mais tarde. "Meu nome estava ligado a esse setor. Toda minha reputação foi construída cobrindo essas ações. Se eu estivesse errado, seria o fim da carreira de Steve Eisman."

Eisman publicou o relatório em setembro de 1997, em meio ao que parecia ser um dos maiores períodos de expansão econômica da história dos Estados Unidos. Menos de um ano depois, a Rússia declarou moratória e um fundo de hedge chamado Long Term Capital Management foi à falência. Na busca por segurança, os primeiros a conceder empréstimos subprime tiveram seus pedidos de capital negados e logo foram à falência em massa. O fracasso foi interpretado como uma denúncia das práticas contábeis, que permitia que a empresa contabilizasse lucros antes de eles serem auferidos. Somente Vinny, até onde ele sabia, realmente compreendia a péssima qualidade dos empréstimos que as empresas haviam feito. "Gostei de saber que havia tanta ineficiência neste mercado", disse Eisman, "porque, se o mercado embarca em todas as ondas, talvez eu esteja no emprego errado. Não podemos acrescentar nada fazendo essa análise, então por que perder tempo? Eu era o único sujeito, que eu saiba, que cobria empresas que estavam indo à falência durante o período de maior prosperidade econômica que verei na vida. Vi como as coisas eram feitas na economia e foi realmente assustador."

Este foi o momento em que se tornou claro que Eisman não era apenas um cínico. Ele tinha um panorama do mundo financeiro em sua mente que era radicalmente diferente e menos fascinante do que o autorretrato feito pelo mercado. Alguns anos mais tarde, largou o emprego e foi trabalhar para a Chilton Investment, um fundo de hedge gigante. Ele tinha perdido interesse em dizer a outras pessoas onde investir seu dinheiro. Achou que conseguiria permanecer envolvido se administrasse o dinheiro e apostasse em seus próprios palpites. Depois de contratar Eisman, a Chilton Investment tinha outros objetivos. "O que aconteceu com Steve", disse um colega da Chilton, "era que todo mundo achava ele um bom sujeito, mas duvidava de sua capacidade de selecionar ações." A Chilton decidiu, então, relegá-lo à antiga função de analisar empresas auxiliando aqueles que tomavam as decisões sobre os investimentos. O analista detestou a atribuição, mas foi em frente e, ao fazê-lo, aprendeu importantes lições que o preparariam para a crise que estava prestes a ocorrer. Ele aprendeu o que realmente estava acontecendo no mercado de empréstimos ao consumidor.

O ano era 2002. Não havia empresas de empréstimos subprime de capital aberto nos EUA. No entanto, havia uma antiga gigante do setor de empréstimos ao consumidor, a Household Finance Corporation. Criada na década de 1870, ela era líder do setor há muitos anos. Eisman considerava que entendia a empresa, até se dar conta de que não era bem assim. No início de 2002, ele tinha em mãos o novo documento de vendas da Household que oferecia empréstimos garantidos por imóveis residenciais. O CEO da empresa, Bill Aldinger, conseguira fazer a Household crescer, apesar de os concorrentes falirem. Os norte-americanos, ainda digerindo o fracasso da bolha da internet, pareciam não estar em posição de assumir novas dívidas, mas a Household fazia empréstimos a um ritmo cada vez mais acelerado. Uma fonte significativa desse crescimento foi a segunda hipoteca. O documento oferecia um empréstimo de 15 anos a taxas fixas, mas disfarçava bizarramente um empréstimo de trinta anos. A empresa pegava o fluxo de pagamentos que o proprietário faria à Household ao longo de 15 anos, o distribuía durante trinta anos e perguntava: se você fizesse ao longo de trinta anos os mesmos pagamentos que está fazendo ao longo de 15, qual seria sua taxa efetiva de juros? Era uma jogada estranha e desonesta. O tomador do empréstimo era informado de que havia uma "taxa de juros efetiva de 7%", quando, na verdade, ele pagava algo em torno de 12,5%. "Era uma fraude gritante", disse Eisman, "a Household estava enganando seus clientes".

Não demorou muito para Eisman encontrar reclamações dos tomadores de empréstimos que descobriram o que estava acontecendo. Eles procurou em pequenos jornais em todo o país. Na cidade de Bellingham, no estado de Washington — a última cidade de população média antes de chegar ao Canadá —, ele encontrou um repórter chamado John Stark, que escrevia para o *Bellingham News*. Antes de Eisman ligar para ele do nada, Stark havia escrito uma matéria sobre quatro cidadãos da região que suspeitavam de terem sido enganados pela Household e que encontraram um advogado disposto a processar a empresa, a fim de anular os contratos hipotecários. "Eu estava cético no início", diz Stark. "Pensei: outro caso de alguém que pegou muito dinheiro emprestado e contratou um advogado. Não fui muito simpático à ideia." Quando o artigo foi publicado, causou tumulto: centenas de pessoas em Bellingham ou nas cidades próximas leram o jornal e descobriram que a suposta hipoteca de 7%, na verdade, era de 12,5%. "Muita gente foi afetada", disse Stark. "As pessoas estavam indignadas. Muitas não entendiam o que havia acontecido com elas."

Qualquer outro assunto que Eisman estivesse cuidando foi deixado de lado. Sua missão tornou-se uma cruzada direcionada contra a Household Finance Corporation. Ele alertou repórteres de jornais, ligou para revistas e tornou-se amigo da Association of Community Organizations for Reform Now (ACORN, Associação das Organizações Comunitárias para Reforma Imediata). Essa deve ter sido a primeira vez em que um sujeito de um fundo de hedge de Wall Street demonstrou tanto interesse por uma organização dedicada a salvaguardar os interesses dos pobres. Ele passou a incomodar o escritório do procurador-geral do estado de Washington. Ficou pasmo ao saber que ele tinha tentado investigar a Household e havia sido impedido, *por um juiz estadual*, de divulgar os resultados da investigação. Eisman obteve uma cópia desses dados; o conteúdo confirmava suas piores suspeitas. "Perguntei ao cara no escritório da Procuradoria: 'Por que ninguém foi preso ainda?' Ele respondeu: 'Esta empresa é muito poderosa. Se forem à falência, quem vai fazer empréstimos subprime no estado de Washington?' Eu disse: 'Pode acreditar, haverá um trem lotado de gente chegando para oferecer empréstimos'."

Realmente, era uma questão federal. A Household estava espalhando hipotecas enganosas no país inteiro. No entanto, o governo federal não agiu. Em vez disso, ao final de 2002, a Household celebrou um acordo extrajudicial em uma ação coletiva e concordou em pagar US$ 484 milhões em multas distribuídas em doze estados dos EUA. No ano seguinte, a empresa e sua grande carteira de empréstimos subprime foram vendidas por US$ 15,5 bilhões ao conglomerado financeiro britânico HSBC Group.

Eisman ficou chocado. "Não entrava em minha cabeça que algo assim pudesse acontecer", disse. "Esta não era qualquer empresa, mas a maior do setor de empréstimos subprime. E estava envolvida em nada menos do que uma fraude gritante. A firma deveria ter destituído o CEO e o pendurado com um guincho pelas bolas. Em vez disso, foi vendida, e o CEO ganhou US$ 100 milhões. Eu pensei: 'Meu Deus! Essa história não teve o desfecho que deveria.'" Seu pessimismo diante das altas finanças estava ganhando tons políticos. "Foi aí que comecei a ver as implicações sociais", disse. "Se fôssemos criar do zero um regime regulatório, começaríamos protegendo pessoas das classes média e média baixa, porque as chances de elas serem enganadas eram muito altas. Em vez disso, o que tínhamos era um regime em que essas pessoas eram as menos protegidas."

Eisman saía do trabalho na hora do almoço toda quarta-feira para estar presente no Midtown Comics quando a nova remessa de histórias em quadrinhos chegasse. Ele sabia mais do que qualquer adulto deveria saber sobre a vida de vários super-heróis. Conhecia o juramento do Lanterna Verde de cor, por exemplo, e conhecia a vida secreta do Batman melhor do que o próprio Cavaleiro das Trevas. Antes da morte de seu filho, Eisman lera as versões adultas dos quadrinhos da época de sua infância — *Homem-Aranha* era o favorito. Agora, lia apenas as histórias adultas mais sombrias e preferia aquelas que pegavam contos de fadas conhecidos e os transformavam sem mudar os fatos, de modo que a história se tornasse menos familiar e não fosse mais um conto de fadas. Como ele explica, "contar uma história que seja coerente com tudo que já aconteceu, mas totalmente diferente, nos leva a analisar os episódios anteriores com outra visão." Ele preferia que a relação entre Branca de Neve e os sete anões fosse um pouco mais tensa. Por isso, um conto de fadas estava sendo reinventado diante de seus olhos nos mercados financeiros. "Comecei a estudar mais de perto o que era de fato um empréstimo hipotecário subprime", afirmou Eisman. "Um empréstimo automotivo subprime é, de certo modo, honesto, porque tem uma taxa fixa. Ele pode cobrar altas taxas e arrancar seu fígado, mas pelo menos você sabe disso. O empréstimo hipotecário subprime era um roubo. Estavam atraindo as pessoas dizendo 'você vai pagar todos os seus outros empréstimos — dívida do cartão de crédito, empréstimos automotivos — fazendo esse único empréstimo. E vejam as baixas taxas!' Mas essas baixas taxas não eram reais. Eram um chamariz."

Obcecado pela Household, ele compareceu a um almoço organizado por uma grande empresa de Wall Street. O orador convidado foi Herb Sandler, CEO de uma gigante de poupança e empréstimo, a Golden West Financial Corporation. "Alguém lhe perguntou se ele acreditava no modelo de conta-corrente gratuita", lembra Eisman, "e ele respondeu 'desliguem os gravadores'. Todos desligaram os gravadores. Ele explicou que evitavam esse modelo porque era, na verdade, um ônus sobre os mais pobres — na forma de juros do cheque especial. Os bancos que usavam o modelo ganhavam em cima dos pobres, mais do que se cobrassem pelo cheque."

Eisman perguntou: "Existe algum regulador interessado nisso?"

"Não", respondeu Sandler.

"Foi aí que decidi que o sistema era realmente 'que se danem os pobres'."

Na juventude, Eisman havia sido um republicano ferrenho. Ele entrou para organizações de direita, votou duas vezes em Reagan e gostava até de Robert Bork. Só quando chegou a Wall Street, por mais estranho que pareça, é que suas inclinações políticas voltaram-se para a esquerda. Ele atribuiu ao fim da Guerra Fria seus primeiros passos de volta ao cenário político. "Não era tanto para a direita porque não havia motivo para ser de direita." Quando o CEO da Household, Bill Aldinger, chegou a seus US$ 100 milhões, Eisman estava a caminho de se tornar o primeiro socialista do mercado financeiro. "Quando se é um republicano conservador, a gente não pensa que as pessoas estão enriquecendo às custas dos outros", disse ele. Sua mente estava totalmente aberta a esta possibilidade. "Agora percebi que havia um segmento inteiro, chamado crédito pessoal que existia para roubar as pessoas."

Quando o empregador do fundo de hedge lhe negou a chance de gerenciar o risco, Eisman pediu demissão e tentou iniciar o seu próprio fundo: um grupo chamado FrontPoint Partners, que logo seria de inteira propriedade do Morgan Stanley, reunindo um conjunto de fundos de hedge. No início de 2004, a gigante dos serviços financeiros concordou em deixar Eisman montar um fundo centrado exclusivamente em empresas financeiras: bancos de Wall Street, construtoras, originadores de hipotecas, empresas com grandes divisões de serviços financeiros — a General Electric (GE), por exemplo — e qualquer outra que operasse no mercado financeiro norte-americano. Assim, o Morgan Stanley ficou com uma fatia das taxas cobradas, deu-lhe uma sala de trabalho mobiliada e uma equipe de apoio. A única coisa que não lhe deram foi dinheiro. Eisman esperava conseguir isso por conta própria. Ele viajou o mundo todo e, por fim, conheceu centenas de investidores de peso. "Basicamente, tentamos captar recursos e não conseguimos", afirma Eisman. "Todos disseram: 'É um prazer conhecê-lo. Vamos ver como você se sai'."

Na segunda metade de 2004, ele estava agitado. Não conseguira dinheiro; não sabia se conseguiria; não sabia nem sequer se poderia conseguir. Ele também não acreditava que o mundo fosse justo ou que as coisas sempre funcionassem bem, ou que tivesse alguma proteção contra os acidentes da vida. Acordava às quatro da manhã molhado de suor. Também fazia terapia. Ainda era Eisman, no entanto, por isso não era uma terapia convencional. "Grupo de trabalho", ele chamava. Um grupo de profissionais reunidos com uma psicoterapeuta para compartilhar seus problemas em um ambiente seguro. Eisman chegava sempre atrasado nesses encontros, falava sobre o que o incomodava e depois saía correndo antes que os outros participantes da sessão tivessem a chance de contar os problemas *deles*. Depois de agir assim algumas vezes, a terapeuta fez comentários sobre sua atitude, mas, aparentemente, ele não ouviu. Assim, ela se deu o trabalho de ligar para a esposa dele, sua conhecida, para pedir que Valerie conversasse com o marido. Isso também não funcionou. "Eu sempre sabia quando ele tinha ido à terapia", disse Valerie, "porque ela ligava e dizia: 'Ele fez de novo!'"

Valerie estava cansada da corrida de gato e rato. Ela disse a Eisman que, se este negócio mais recente em Wall Street não desse certo, eles sairiam de Nova York e abririam uma pousada em Rhode Island. Valerie tinha selecionado locais e volta e meia falava em passar mais tempo com as filhas gêmeas e até mesmo em criar galinhas. Era tão difícil para Eisman quanto para as pessoas que o conheciam imaginá-lo criando galinhas, mas ele concordava com a esposa. Segundo ela, "a ideia em si era tão absurda para ele que Eisman começou a se esforçar mais". O analista viajou pela Europa e pelos Estados Unidos procurando pessoas dispostas a investir com ele e encontrou justamente uma companhia de seguros, que lhe confiou US$ 50 milhões. Não era suficiente para criar um fundo de ações sustentável, mas era um começo.

Em vez de dinheiro, Eisman atraía pessoas, cujas visões de mundo eram tão sombrias quanto as suas. Vinny, que tinha acabado de escrever com ele um relatório deprimente intitulado "Uma casa sem patrimônio líquido é apenas um aluguel com dívida", entrou logo para a equipe. Porter Collins, duas vezes remador olímpico que trabalhara com Eisman no Chilton Investment e nunca compreendera por que um sujeito com ideias tão brilhantes não recebia mais responsabilidades, juntou-se ao grupo. Danny Moses, que se tornara o principal corretor de Eisman, foi o terceiro a aderir. Danny trabalhara como vendedor na Oppenheimer and Co. e tinha lembranças vívidas de Eisman fazendo e dizendo todo o tipo de coisa que os analistas do Sell-Side raramente faziam ou diziam. Por exemplo, no meio de um dia de negociação, Eisman se direcionou até o púlpito no centro da mesa de operações da Oppenheimer e pediu a atenção de todos, anunciando que "as oito próximas ações irão a zero", e depois as oito empresas realmente faliram. Criado no estado norte-americano da Geórgia e filho de um professor de finanças, Danny era menos fatalista do que Vinny ou Steve, mas ainda assim compartilhava a ideia geral de que coisas ruins podem acontecer e acontecem, especialmente em Wall Street. Quando uma empresa do mercado financeiro o ajudou a entrar em um negócio que parecia perfeito de todas as maneiras, ele perguntou ao vendedor: "Muito obrigado, mas só quero saber uma coisa: como vocês vão me ferrar?"

"Ha, ha, ha, qual é? A gente nunca faria isso", começou a dizer o corretor, mas Danny, embora educado, era insistente.

"Ambos sabemos que bons negócios como esses não acontecem por acaso entre fundos de hedge pequenos e grandes empresas de Wall Street. Eu faço o negócio, mas só depois que vocês me explicarem como vão me foder." E o vendedor explicou como Danny seria ferrado, e Danny fechou a transação.

Todos gostavam muito da ideia de administrar dinheiro com Steve Eisman. Trabalhando para ele, as pessoas não sentiam que estavam trabalhando *para* Eisman. Ele ensinava tudo, mas não supervisionava os colegas. Eisman também apontava os absurdos que via à sua volta. "É divertido levar Steve a uma reunião em Wall Street", disse Vinny, "porque ele diz 'me explique isso' trinta vezes diferentes. Ou 'Será que você poderia explicar isso melhor em uma linguagem simples e direta?' Porque, quando fazemos isso, aprendemos algumas coisas. De cara, descobrimos se o pessoal de Wall Street sabe ou não do que está falando. E muitas vezes eles não sabem!"

No início de 2005, o pequeno grupo de Eisman compartilhava a ideia de que muitas pessoas que trabalhavam no mercado financeiro não conseguiam entender o que estavam fazendo. A máquina das hipotecas subprime estava em ação e em movimento novamente, como se nunca tivesse quebrado. Se o primeiro ato da peça dos empréstimos subprime fora esquisito, este segundo ato era assustador. Trinta bilhões de dólares haviam sido significativos para os empréstimos subprime em meados da década de 1990. Em 2000, foram US$ 130 bilhões em empréstimos hipotecários subprime, e US$ 55 bilhões desses empréstimos foram reempacotados como títulos hipotecários. Em 2005, seriam US$ 625 bilhões em empréstimos hipotecários subprime, US$ 507 bilhões dos quais viraram títulos hipotecários. *Meio trilhão de dólares em títulos lastreados em hipotecas subprime em um único ano*. Os empréstimos subprime estavam no auge, mesmo com o aumento das taxas de juros — o que não fazia o menor sentido. Era ainda mais chocante que os termos dos empréstimos estivessem mudando, de maneira que aumentavam as chances de se tornarem irrecuperáveis. Lá em 1996, 65% dos empréstimos subprime tinham sido a taxas fixas, o que indica que seus tomadores típicos poderiam ser prejudicados, mas pelo menos sabiam ao certo o quanto deviam a cada mês até terem quitado todo o montante. Em 2005, 75% dos empréstimos subprime tinham algum tipo de taxa flutuante, em geral fixa pelos primeiros dois anos.

O elenco original de financistas subprime fora arruinado pela pequena fração dos empréstimos que realizaram e mantiveram em seus registros contábeis. O mercado poderia ter aprendido uma simples lição: não faça empréstimos a pessoas que não têm condições de pagá-los. Em vez disso, ele aprendeu uma lição complicada: podemos continuar fazendo esses empréstimos, mas não é preciso mantê-los nos registros. Faça-os e venda-os a departamentos de renda fixa dos grandes bancos de investimento de Wall Street, que, por sua vez, os transformarão em títulos e os venderão a investidores. O Long Beach Savings foi o primeiro banco a adotar o que foi chamado de modelo "originar e vender". Este modelo provou ser um sucesso tão grande — Wall Street compraria seus empréstimos, mesmo se você não os comprasse! — que uma nova empresa, chamada B&C Mortgage, foi fundada só para fazer isso: originar e vender. O Lehman Brothers achou essa ideia tão boa que comprou a B&C Mortgage. Ao início de 2005, todos os grandes bancos de investimento de Wall Street estavam envolvidos até o pescoço no jogo subprime. Bear Stearns, Merrill Lynch, Goldman Sachs e Morgan Stanley tinham o que chamavam de "prateleiras" para seus produtos subprime, com nomes estranhos como HEAT, SAIL e GSAMP, que dificultavam um pouco mais o entendimento do público em geral de que os maiores nomes de Wall Street subscreviam esses títulos subprime.

Eisman e sua equipe conheciam desde a base o mercado imobiliário norte-americano e Wall Street. Conheciam a maior parte dos emprestadores subprime — os sujeitos na base. Muitos eram os mesmos que haviam causado a crise do final da década de 1990. Eisman estava predisposto a suspeitar de tudo que o Goldman Sachs estivesse fazendo com as dívidas dos norte-americanos de classe média baixa. "Você precisa entender que eu fiz subprime primeiro. Vivi o pior primeiro. Esse pessoal mentia sem parar. O que aprendi com essa experiência é que Wall Street não dava a mínima para o que vendia", disse Eisman. O que ele não conseguia entender era quem estava comprando os títulos dessa segunda onda de empréstimos hipotecários subprime. "No primeiro dia, dissemos: 'Chegará o momento em que vamos ganhar uma fortuna vendendo a descoberto essas coisas. Vai estourar. Só não sabemos como ou quando'".

Por "essas coisas", Eisman queria dizer as ações de empresas envolvidas com empréstimos subprime. Os preços delas podiam tomar rumos imprevisíveis: ele não queria vendê-las a descoberto até que os empréstimos começassem a se mostrar irrecuperáveis. Para isso, Vinny ficou de olho no comportamento dos emprestadores hipotecários subprime nos EUA. No dia 25 de cada mês, os relatórios de remessa de fundos apareciam na tela de seu computador e ele procurava ali indícios de inadimplência. "De acordo com nossos estudos de acompanhamento, a qualidade do crédito ainda era boa. Pelo menos até a segunda metade de 2005", afirmou Vinny.

Na confusão dos primeiros 18 meses da administração de sua própria empresa, Eisman entrou em êxtase no exato momento em que se deu conta de que não percebeu algo óbvio. Ali estava ele, tentando descobrir quais ações selecionar, porém, a essa altura, o destino das ações dependia cada vez mais dos títulos. À medida que os mercados hipotecários subprime cresciam, todas as empresas financeiras estavam, de uma forma ou de outra, expostas. "O mundo da renda fixa acaba com o mundo das ações", afirmou. "O mundo das ações não é nada comparado com o mercado de títulos." Praticamente todo grande banco de investimento de Wall Street era de fato administrado pelos departamentos de títulos. Na maioria dos casos — Dick Fuld no Lehman Brothers, John Mack no Morgan Stanley, Jimmy Cayne no Bear Stearns — o

CEO era alguém que havia trabalhado com títulos. Desde a década de 1980, quando a principal empresa de títulos de dívida, a Salomon Brothers, ganhou tanto dinheiro que parecia estar em um setor diferente do das outras empresas, o mercado de títulos estava atrelado aos grandes retornos. "Era a regra do ouro", afirmou Eisman. "As pessoas que têm o ouro fazem as regras."

A maioria das pessoas não entendeu como o boom de duas décadas no mercado de títulos se sobrepôs a todo o resto. O analista em questão, certamente, não. Por isso sua visão era outra. Precisava aprender tudo sobre o mundo da renda fixa. Tinha planos para o mercado de títulos. O que ele não sabia era que esse mercado também tinha planos para ele, e estava prestes a sugá-lo para um buraco cavado pelo próprio Eisman.

Capítulo Dois

Em terra de cego

Assinar um cheque separa um compromisso de uma conversa.

— Warren Buffett

No início de 2004, outro investidor do mercado acionário, Michael Burry, fez sua primeira incursão no mercado de títulos. Ele aprendeu tudo o que podia sobre como emprestar dinheiro nos Estados Unidos e não contou a ninguém qual era sua nova obsessão. Sentava-se sozinho em seu escritório, em San Jose, na Califórnia, e lia livros, artigos e registros financeiros. Queria saber como funcionavam os títulos hipotecários subprime. Um número excepcional de empréstimos individuais se empilhava feito uma torre. Os andares de cima recebiam o dinheiro de volta primeiro e, por isso, obtinham melhor classificação da Moody's e da S&P e a menor taxa de juros. Os andares de baixo recebiam o dinheiro de volta por último, sofriam os primeiros prejuízos e recebiam as piores classificações de risco. Como assumiam mais riscos, os investidores dos andares de baixo recebiam uma taxa de juros mais alta do que os dos andares de cima. Os investidores que compravam títulos hipotecários precisavam decidir em que andar da torre eles queriam investir, mas Michael Burry não estava pensando em comprar títulos hipotecários. Ele queria descobrir como vender a descoberto títulos hipotecários subprime.

Cada título hipotecário era acompanhado por seu próprio prospecto de 130 páginas. Se você lesse as letras pequenas, saberia que cada título era sua própria pequena sociedade anônima. Burry passou o fim de 2004 e o início de 2005 digitalizando centenas de títulos e lendo dezenas deles, certo de que era o único que dava atenção a esses documentos além dos advogados que os redigiam — embora os prospectos pudessem ser adquiridos por US$ 100 anuais no 10KWizard.com. Como ele mesmo explicou em um e-mail:

> Vamos pegar o exemplo da NovaStar, que era credora de hipotecas subprime do tipo "originar e vender", um arquétipo na época. Os nomes [dos títulos] seriam NHEL 2004-1, NHEL 2004-2, NHEL 2004-3, NHEL 2005-1 etc. O título NHEL 2004-1 conteria empréstimos dos primeiros meses de 2004 e dos últimos meses de 2003; 2004-2 teria empréstimos do meio do ano, e 2004-3 englobaria o final de 2004. Poderíamos pegar todos esses prospectos e verificar o que estava acontecendo na parte referente a hipotecas subprime do segmento "originar e vender". Veríamos que as hipotecas ARM, apenas com o pagamento de juros de 2/28, representavam somente 5,85% do pool de hipotecas no início de 2004, mas, no final do mesmo ano, elas representavam 17,48%. Em meados de 2005, representavam 25,34% do pool. Mas a pontuação média FICO [medida de avaliação de crédito ao consumidor] do pool à razão loan-to-value* dos empréstimos "sem documentação" (empréstimos "mentirosos") e outros indicadores estavam muito estáticos... A questão é que essas medidas poderiam continuar estáticas, mas o pool total de hipotecas emitidas, empacotadas e vendidas estava piorando em termos de qualidade, porque para a mesma pontuação FICO ou para a mesma

* Quociente que relaciona o montante de um empréstimo com o valor da garantia apresentada. [*N. do R.T.*]

loan-to-value média recebíamos um percentual mais alto de hipotecas com pagamento apenas dos juros.

No início de 2004, se analisarmos os números, já era possível identificar o declínio nos padrões de empréstimo. Na visão de Burry, os padrões não só tinham caído, mas alcançado seu pior nível. O fundo do poço tinha até nome: *hipoteca subprime com taxa ajustável e amortização negativa com pagamento apenas de juros.* Você, o comprador de imóvel residencial, receberia a opção de pagar nada e transferir os juros devidos ao banco para um saldo principal mais alto. Não era difícil pensar no tipo de pessoa que se interessaria por este empréstimo: alguém sem renda. O que Burry não conseguia entender era por que uma pessoa que emprestou dinheiro desejaria estender tal empréstimo. "O que devemos observar são os que emprestam e não os que pegam os empréstimos. Os tomadores de empréstimos sempre estarão dispostos a fazer de tudo em seu favor. Cabe aos emprestadores demonstrar comedimento e, quando isso se perde, cuidado." Em 2003, o investidor sabia que os devedores estavam perdidos. No início de 2005, ele percebeu que os credores tinham ido pelo mesmo caminho.

Muitos gestores de fundos de hedge conversavam com seus investidores e tratavam os relatórios trimestrais como uma formalidade. Burry não gostava de conversar cara a cara e considerava esses relatórios a melhor maneira de informar a seus investidores o que ele iria fazer. Neles, cunhou uma expressão para descrever o que achava que estava acontecendo: "a extensão de instrumentos de crédito". Ou seja, muitas pessoas não tinham condições de pagar suas hipotecas da forma tradicional, por isso os emprestadores estavam criando novos instrumentos para justificar a concessão de novos montantes. "Era um sinal claro de que os credores haviam perdido o controle, reduzindo seus padrões para aumentar os constantes volumes de empréstimos", disse Burry. Ele entendia o motivo pelo qual estavam fazendo isso: eles não mantinham os empréstimos; os vendiam para o Goldman Sachs, o Morgan Stanley, o Wells Fargo e outros, que os transformavam em títulos e os vendiam. Os compradores finais de hipotecas subprime, segundo Burry, eram apenas "dumb money"*. Ele também os estudaria posteriormente.

Burry tinha um problema tático de investimento. Os vários andares, ou tranches, de títulos hipotecários subprime tinham um elemento em comum: era impossível vender a descoberto esses títulos. Vender a descoberto uma ação ou título exige que esses sejam emprestados, e as tranches de títulos hipotecários eram minúsculas e impossíveis de serem encontradas. Era possível comprá-las ou não, mas não era possível apostar contra elas — o mercado de hipotecas subprime simplesmente não tinha lugar para pessoas com uma visão dúbia sobre esse assunto. Talvez se soubesse que todo o mercado de títulos hipotecários subprime estava condenado ao fracasso, mas era impossível tomar uma atitude com relação a isso. Não era possível vender casas a descoberto, apenas as ações das construtoras — Pulte Homes, digamos, ou Toll Brothers —, mas isso era caro, indireto e perigoso. O preço das ações poderia subir muito, e Burry poderia se tornar insolvente.

Alguns anos antes, Burry havia descoberto o credit default swap (CDS), ou swap de crédito, tipo de seguro que cobre a falta de pagamento de títulos. Um swap de crédito era confuso porque não era de fato um swap, ou permuta. Era uma apólice de seguro, tipicamente de um título corporativo, com pagamentos de prêmio semianuais e prazo fixo. Por exemplo, você poderia pagar US$ 200 mil ao ano para comprar um CDS de dez anos no valor de US$ 100 milhões em títulos da General Electric. O máximo que perderia seria US$ 2 milhões: US$ 200 mil ao ano durante dez anos. O máximo que obteria de retorno seria US$ 100 milhões, se a General Electric não pagasse a dívida a qualquer

---

* Jargão que significa "dinheiro de particulares", por oposição a "smart money" ou "dinheiro de instituições". [*N. do R.T.*]

momento nos dez anos seguintes e os detentores dos títulos não recuperassem nada. Era uma aposta de soma zero: se você conseguisse US$ 100 milhões, o sujeito que vendeu o CDS perdia US$ 100 milhões. Também era uma aposta assimétrica, como apostar na roleta. O máximo que se perde são as fichas colocadas na mesa, mas se o seu número for sorteado, você conseguiria trinta, quarenta, até cinquenta vezes o montante apostado. "O CDS resolveu o problema do risco indeterminado para mim", afirmou Burry. "Se eu tivesse comprado um CDS, meu risco de perda era definido e certo, e o risco de ganho era muito maior."

Burry já estava no mercado de CDSs corporativos. Em 2004, ele começou a comprar seguros de empresas que, em sua opinião, poderiam sofrer em um período de retração imobiliária: credores hipotecários, seguradoras de hipotecas e assim por diante. Não era inteiramente satisfatório. Um desastre no mercado imobiliário poderia causar prejuízo a essas empresas — não havia garantia de que, de fato, elas iriam à falência. Ele queria um instrumento mais direto para apostar contra os empréstimos hipotecários subprime. No dia 19 de março de 2005, sozinho em seu escritório com a porta fechada e as cortinas cerradas, lendo um complicado livro sobre derivativos de crédito, Michael Burry teve uma ideia: CDSs para títulos hipotecários subprime.

A ideia surgiu enquanto ele lia um livro sobre a evolução do mercado de títulos nos Estados Unidos e a criação, em meados de 1990, dos primeiros CDSs corporativos pelo J.P. Morgan. Ele chegou a uma passagem que explicava por que os bancos sentiram a necessidade dos CDSs. Não era óbvio — afinal de contas, a melhor maneira de evitar o risco de a General Electric não pagar a dívida era não emprestar para a General Electric em primeiro lugar. No início, os CDSs haviam sido um instrumento de hedge: um banco tinha emprestado mais do que queria para a General Electric, porque a empresa pediu e o banco teve receio de desagradar e afastar um cliente de longa data; outro banco reconsiderou a ideia de emprestar dinheiro para a GE. No entanto, os novos derivativos tornaram-se rapidamente instrumentos para a especulação: muita gente estava disposta a apostar na probabilidade de a GE não cumprir suas obrigações. Burry pensou que Wall Street tenderia a fazer o mesmo com os títulos hipotecários subprime. Considerando o que estava acontecendo no mercado imobiliário — e o que os credores hipotecários estavam fazendo — muitos espertinhos acabariam fazendo apostas paralelas nos títulos hipotecários subprime. E a única maneira de fazê-lo seria comprar um CDS.

O CDS resolveria o único grande problema da ideia de Burry: o tempo. Os empréstimos hipotecários subprime realizados no início de 2005 estavam, em sua opinião, fadados ao fracasso. No entanto, como suas taxas de juros eram fixadas de forma baixa e não eram reajustadas durante dois anos, seriam necessários mais dois anos para que isso acontecesse. As hipotecas subprime quase sempre tinham taxas de juros flutuantes, mas a maioria vinha com "taxas teaser"* fixas por dois anos. Uma hipoteca criada no início de 2005 poderia ter uma taxa "fixa" de 6% que, em 2007, poderia pular para 11% e provocar uma onda de inadimplência. A princípio, o fraco tique-taque desses empréstimos aumentaria com o tempo até o ponto de ser possível suspeitar de que eram bombas prestes a explodir. Assim que acontecesse, ninguém estaria disposto a vender seguros para os títulos hipotecários subprime. Burry precisava colocar suas fichas na mesa de imediato e esperar que o cassino mudasse as chances do jogo. Um CDS para um título hipotecário subprime de trinta anos era uma aposta criada para durar trinta anos, teoricamente. Ele pensou que seriam necessários apenas três anos para pagá-lo.

O único problema é que não existiam CDS para títulos hipotecários subprime, não que ele soubesse. Burry precisaria instigar as grandes empresas de Wall Street a criá-los. Mas quais? Se ele estivesse certo e o

* Taxas de juros variáveis, que são inicialmente, e por certo tempo, "fixas" e muito baixas, e depois reajustáveis periodicamente. [*N. do R.T.*]

mercado imobiliário estivesse prestes a ruir, essas firmas intermediárias certamente perderiam muito dinheiro. Não havia sentido em comprar seguro de um banco que iria falir assim que o seguro tivesse que ser pago. Ele nem se deu o trabalho de ligar para o Bear Stearns e o Lehman Brothers, pois eles estavam mais expostos ao mercado de títulos hipotecários do que as outras firmas. O Goldman Sachs, o Morgan Stanley, o Deutsche Bank, o Bank of America, o UBS, o Merrill Lynch e o Citigroup eram, em sua cabeça, os mais propensos a sobreviver a um desastre. Ele ligou para todos. Cinco deles não tinham a menor ideia do que estava falando. Dois ligaram de volta e disseram que, embora esse mercado não existisse, poderia ser criado um dia. Dentro de três anos, os CDSs de títulos hipotecários subprime se tornariam um mercado de US$1 trilhão e lançariam centenas de bilhões de dólares de prejuízo dentro das grandes empresas de Wall Street. Ainda assim, quando Michael Burry procurou essas empresas no início de 2005, somente o Deutsche Bank e o Goldman Sachs tinham algum interesse em continuar a conversa. Ninguém em Wall Street via o que ele estava vendo, pelo menos era o que achava.

Burry sentia-se diferente dos outros sem saber muito bem o porquê. Aos 2 anos de idade, desenvolveu um tipo raro de câncer, e a operação para remover o tumor havia lhe custado o olho esquerdo. Um menino com um olho só vê o mundo de forma diferente dos demais, mas não demorou muito para Mike Burry enxergar essa distinção em termos mais figurativos. Os adultos insistiam o tempo todo que ele deveria olhar as pessoas nos olhos, especialmente quando estivesse conversando com elas. "Eu usava todas as minhas forças para encarar alguém nos olhos", disse ele. "Mas, se estou olhando para a pessoa, sei que não estou ouvindo ela." Seu olho esquerdo não se alinhava com a pessoa com quem tentava conversar — quando ele estava em situações sociais, a pessoa com quem estava falando lentamente se deslocava para a esquerda. "Eu realmente não sei como evitar, por isso as pessoas simplesmente continuam indo para a esquerda até estarem do meu lado esquerdo por completo, e fico tentando não virar mais a cabeça. Acabo com o rosto virado para a direita e olhando para a esquerda com meu olho bom, por cima do meu nariz", disse Burry.

Seu olho de vidro, ele supunha, era o motivo pelo qual o cara a cara com outras pessoas quase sempre terminava mal. Burry achava difícil ler os sinais não verbais, principalmente porque os interpretava de forma mais literal do que deveria. Quanto mais se esforçava, pior se saía. "Meus elogios costumavam não soar bem. Logo aprendi que elogios não davam certo. 'Para o seu tamanho, você está bem. Este é um belo vestido: parece feito em casa.'" O olho de vidro tornou-se sua explicação particular para a falta de interação. O olho lacrimejava muito e exigia atenção contínua, não era algo que as outras crianças deixassem passar despercebido. Chamavam-no de vesgo, embora não fosse esse o caso. Todos os anos pediam que ele tirasse o olho da órbita — mas, quando os atendia, ficava infeccionado e sentia-se repulsivo, o que causava ainda mais afastamento.

Em seu olho de vidro ele encontrou a explicação para seus outros traços peculiares. Sua obsessão pela justiça, por exemplo. Quando observou que as estrelas do basquete profissional tinham muito menos probabilidade de serem punidas por "andarem com a bola" do que os jogadores menos gabaritados, ele não reclamou apenas dos árbitros. Burry parou de assistir aos jogos; a injustiça da situação matou o interesse dele pelo esporte. Embora fosse competitivo, tivesse bom porte, fosse fisicamente forte e atlético, Burry não dava a mínima para esportes de equipe. O olho ajudava-o a explicar isso, pois a maioria dos esportes coletivos envolvia bola, e um menino com baixa percepção de profundidade e visão periférica limitada não tinha como jogar bem esse tipo de esporte. Ele se esforçou em posições do futebol americano que não precisassem de habilidade com a bola, mas certamente teria problemas com seu olho se trombasse em alguém com força.

Mais uma vez, era difícil para Michael determinar onde suas limitações físicas terminavam e onde começavam suas dificuldades psicológicas — ele acreditava que o olho de vidro era a base de tudo. Não suportava a injustiça dos treinadores que sempre favoreciam seus queridinhos. Árbitros que deixavam de marcar faltas faziam-no se desinteressar por esse tipo de atividade. Ele preferia nadar, pois a atividade não exige interação social alguma. Sem outros jogadores na equipe. Sem ambiguidades. Bastava nadar em sua raia e ganhar ou perder.

Com o tempo, até mesmo ele deixou de se surpreender com o fato de passar boa parte de seu tempo sozinho. Antes de completar 30 anos, Burry se via como o tipo de pessoa que não tinha amigos. Frequentara o Santa Teresa High School em San Jose, a UCLA e a Vanderbilt University School of Medicine e não fez qualquer amizade duradoura. As amizades que formou foram por escrito, por e-mail. As duas pessoas que ele considerava seus melhores amigos o conheciam há quase vinte anos, mas ele só os encontrara pessoalmente oito vezes. "Minha natureza é de não ter amigos", afirmou. "Sou feliz comigo mesmo." No entanto, Burry se casou duas vezes. Sua primeira esposa era de origem coreana e acabou indo morar em outra cidade ("ela sempre reclamava que eu parecia gostar mais da ideia de relacionamento do que da experiência de vivê-lo"), e sua segunda esposa, com quem ainda estava casado, era uma vietnamita-americana que ele conhecera no site de relacionamentos Match.com. Em seu perfil no site, ele se descreveu sinceramente como "um estudante de medicina com um olho só, poucas habilidades sociais e US$ 145 mil em empréstimos estudantis". Sua obsessão por honestidade estava intimamente relacionada com sua obsessão por justiça.

Obsessão, outro traço que ele considerava peculiar. Sua mente não tinha meio-termo: ou estava fixado em determinado tema ou nem se interessava. Havia uma desvantagem óbvia nesta característica — ele tinha mais dificuldade do que as outras pessoas em fingir interesse pelas preocupações e pelos hobbies alheios, por exemplo —, mas também havia vantagens. Mesmo quando criança, tinha uma capacidade excepcional de concentração e aprendizado, com ou sem a presença de professores. Quando em sintonia com seus interesses pessoais, a escola era fácil — tanto que, na graduação na UCLA, ele conseguia transitar muito bem entre as aulas de inglês e economia, e ainda se qualificar em disciplinas médicas para ser admitido nas melhores faculdades do país. Michael atribuiu seu fantástico poder de concentração à falta de interesse em interações humanas. E... bem, conseguia argumentar que basicamente tudo o que acontecia com ele era causado, de uma forma ou de outra, por causa de seu olho esquerdo de vidro.

Essa peculiar capacidade de trabalho e concentração o distinguia de outros estudantes de medicina. Em 1998, como residente de neurologia no Stanford Hospital, Burry mencionou aos superiores que, entre um plantão de 14 horas e outro, ficara acordado duas noites seguidas desmontando e remontando seu computador pessoal para tentar aumentar a velocidade de processamento. Ele foi encaminhado a um psiquiatra, que o diagnosticou com bipolaridade Burry soube de cara que havia sido diagnosticado equivocadamente: como poderia ser bipolar se nunca estava deprimido? Se só ficava deprimido quando estava de plantão e fingindo interesse na prática da medicina, em vez de só estudá-la? Michael se tornou médico não porque admirava a medicina, mas porque não achou muito difícil concluir a faculdade. A prática médica, por outro lado, o aborrecia e enojava. Sobre seu primeiro contato com a anatomia, ele disse: "Ver pessoas sendo carregadas com as pernas na altura dos ombros até o tanque para lavar as fezes me revirou o estômago, e eu não quis mais saber daquilo." Sobre seu sentimento em relação aos pacientes: "Eu queria ajudar as pessoas, mas nem tanto."

Ele tinha um interesse verdadeiro por computadores, não só pela tecnologia em si, mas pelos serviços que prestavam à sua eterna obsessão: o funcionamento do mercado de ações. Desde criança, quando seu pai lhe mostrara as tabelas de ações em uma revista e lhe dissera que o mercado acionário não era confiável nem merecia investimentos, o assunto o fascinara. Mesmo pequeno, ele queria impor uma lógica a este mundo dos números. Começou a ler sobre o mercado por hobby. Rapidamente, percebeu que não havia lógica alguma por trás dos gráficos, das tabelas, das oscilações e da falação de muitos profissionais do mercado que se autopromoviam. Nesse período surgiu a bolha das empresas pontocom e, de repente, o mercado acionário não fazia sentido algum. "O final da década de 1990 me forçou a me identificar como um investidor de empresas sólidas e tradicionais, um investidor em valor, porque eu achava que o que todo mundo estava fazendo era insano", disse Burry. Formalizado como um enfoque aos mercados financeiros durante a Grande Depressão por Benjamin Graham, o "investimento em valor" exigia uma pesquisa incansável por empresas tão desconhecidas ou mal compreendidas que poderiam ser compradas por um valor menor que o de liquidação. Em sua forma mais simples, o investimento em valor era uma fórmula, mas havia se transformado em outras coisas: uma delas era o que permitia a Warren Buffett, pupilo de Benjamin Graham e o mais famoso investidor em valor, fazer o que quisesse com seu dinheiro.

Burry não achava que investir se limitava a uma fórmula ou a um modelo. Quanto mais estudava Buffett, menos pensava que o empresário pudesse ser copiado. Na verdade, a lição era: para vendas espetaculares, é preciso ser espetacular. "Se você pretende ser um grande investidor, é preciso ajustar o estilo a quem você é", disse Burry. "Em determinado momento, percebi que Warren Buffett, embora tivesse a vantagem de ter aprendido com Ben Graham, não o copiou. Em vez disso, ele definiu seu próprio caminho e administrou o dinheiro de maneira peculiar, de acordo com as próprias regras... Também internalizei imediatamente a ideia de que nenhuma escola poderia ensinar alguém a ser um grande investidor. Se existisse, seria a mais popular do mundo, e caríssima. Então, não deve existir."

Investir era algo que se aprendia por conta própria, sozinho. Burry não tinha dinheiro para investir, mas ainda assim continuou obcecado pelo assunto durante os anos de escola, na faculdade e durante o curso de medicina. Ele chegou ao Stanford Hospital sem uma aula de finanças ou contabilidade, muito menos qualquer contato com empresas de Wall Street. Talvez tivesse US$ 40 mil em dinheiro, contra os US$ 145 mil em empréstimos estudantis. Ele passara os quatro anos anteriores trabalhando como residente. Ainda assim, encontrara tempo para se tornar especialista em finanças. "O tempo é uma sequência contínua variável", escreveu por e-mail a um de seus amigos em um domingo de manhã em 1999:

> Uma tarde pode voar ou arrastar-se por cinco horas. Como você, eu preencho as lacunas de tempo que as pessoas deixam de forma produtiva. Meu ímpeto para ser produtivo provavelmente me custou meu primeiro casamento e, há alguns dias, quase me custou a minha noiva. Antes de eu ir para a faculdade, ouvia os militares dizerem "fazemos mais antes das nove da manhã do que a maioria das pessoas o dia inteiro", e eu costumava pensar que *fazia mais do que os militares*. Como sabemos, existem algumas pessoas seletas que encontram prazer em certas atividades que se sobrepõem a *tudo*.

Ele não era bipolar. Era alguém isolado e segregado, que não se sentia sozinho ou infeliz. Burry não se considerava uma tragédia. Pensava, entre outras coisas, que sua personalidade incomum permitia que se concentrasse mais do que as outras pessoas. Em sua mente, tudo era resultado dos efeitos distorcidos criados pelo olho de vidro. "É por isso que eu achava que as pessoas me consideravam diferente", disse ele. "É por isso que eu me considerava diferente." Pensando assim, Burry não supôs o que poderia acontecer quando enfrentasse Wall Street de perto.

Tarde da noite em novembro de 1996, em um plantão de cardiologia no St. Thomas Hospital, em Nashville, no estado do Tennessee, Burry entrou em um computador do hospital e acessou um fórum de discussão chamado techstocks.com. Ali criou um tópico de discussão chamado investimento em valor. Tendo lido tudo a respeito de investimentos, ele decidiu aprender um pouco mais sobre como "investir no mundo real". Naquela época, havia no mercado um crescimento de ações de empresas de internet. Por volta de 1996, um site para um investidor de empresas do Vale do Silício não era o lugar natural para um investidor em valor sensato. Ainda assim, havia muitos interessados, todos querendo manifestar suas opiniões. Algumas pessoas reclamavam da ideia de um médico ter algo a dizer sobre investimentos, mas com o tempo Burry acabou dominando a discussão. O *doutor* Mike Burry — como sempre assinava suas mensagens — sentia que as outras pessoas no fórum de discussão seguiam seus conselhos e ganhavam dinheiro com isso.

Assim que descobriu que não tinha mais nada a aprender com elas, Burry abandonou o projeto para criar o que mais tarde seria conhecido como blog. Na época, blogs eram apenas uma estranha forma de comunicação. Ele trabalhava em turnos de 16 horas no hospital, dedicando o horário de meia-noite às três da manhã para escrever. Ele postava as negociações que fazia no mercado acionário e os argumentos para tal. Logo foi encontrado pelos internautas. Como afirmou o gerente financeiro de um grande fundo de investimento da Filadélfia, "a primeira coisa que imaginei foi: *a que horas ele faz isso*? O sujeito era médico residente. Eu só via a parte não médica do seu dia e isso era incrível. Ele está mostrando suas negociações a todos, e as pessoas o estão seguindo em tempo real. Está fazendo investimento em valor em meio à crise da bolha das pontocom. Ele está comprando ações de valor (Value Stocks), o que também estamos fazendo, com a diferença de que estamos perdendo dinheiro e clientes. De repente, aparece um cara com estas dicas. Ele ganhou mais de 50%. É incrível. Ele é incrível. E nós não somos os únicos a observá-lo."

Mike Burry não sabia exatamente quem estava acompanhando seus lances financeiros, mas sabia de que domínios eles eram. No começo, seus leitores eram da EarthLink e da AOL. Apenas indivíduos aleatórios. No entanto, logo o público mudou. Investidores de fundos mútuos, como o Fidelity, e grandes bancos de investimento de Wall Street, como o Morgan Stanley, visitavam seu site. Um dia, ele atacou o Vanguard Index Funds e logo recebeu dos advogados desse fundo de investimento uma notificação extrajudicial para parar. Burry desconfiava de que investidores profissionais poderiam estar seguindo seus posts, mas não tinha uma ideia clara de quem seriam. "O mercado o encontrou", diz o gestor de fundos mútuos da Filadélfia. "Ele reconhecia padrões que ninguém mais via."

Quando Burry foi para o Stanford Hospital, em 1998, para assumir a residência em neurologia, o trabalho que fazia entre meia-noite e três da manhã tinha deixado marcas significativas no setor de investimento em valor. Neste período, a loucura por ações de empresas de internet estava fora de controle e havia contagiado a comunidade médica da Stanford University. "Particularmente, os residentes e alguns professores ficaram fascinados pela bolha das pontocom. Uma minoria bastante significativa estava comprando e discutindo de tudo: Polycom, Corel, Razorfish, Pets.com, TibCo, Microsoft, Dell e Intel são nomes de empresas das quais lembro, mas 'vocetabrincando.com' era como meu cérebro filtrava muitas dessas discussões... Eu ficava calado, porque não queria que ninguém soubesse o que eu estava fazendo. Achei que poderia me encrencar se os médicos soubessem que eu não me dedicava 110% à medicina", disse Burry.

Quem se preocupa em parecer comprometido com a medicina provavelmente não o está. Quanto mais ingressava na carreira médica, mais Burry se sentia limitado pelos problemas de relacionamento interpessoal. Durante algum tempo, ele tentou se esconder na patologia, onde as pessoas tinham a decência de estarem mortas, mas não funcionou. ("Pessoas mortas, pedaços mortos. Mais pessoas mortas, mais pedaços mortos. Quero algo mais cerebral, pensei.")

Burry já havia voltado para San Jose, enterrado o pai, se casado novamente e sido mal diagnosticado como bipolar quando encerrou o site e anunciou que estava largando a neurologia para se tornar gestor de fundos. O chefe do Departamento de Neurologia de Stanford achou que Michael tinha ficado louco e deu-lhe um ano para pensar a respeito, mas ele já havia decidido. "Eu achava fascinante e, ao mesmo tempo, verossímil, que, se conseguisse administrar bem uma carteira, eu poderia ter sucesso na vida e, para isso, não importava o que as pessoas pensassem de mim, embora eu me considerasse uma boa pessoa", disse. Seus US$ 40 mil em ativos contra US$ 145 mil em empréstimos estudantis davam margem a uma pergunta: que tipo de carteira ele poderia administrar? Seu pai falecera por causa de outro erro de diagnóstico: um médico não detectara o câncer numa radiografia, e a família recebeu uma pequena indenização. O pai desaprovava o mercado acionário, mas o montante da indenização por sua morte permitiu que o filho entrasse nessa área. Sua mãe conseguiu levantar US$ 20 mil da parte dela, e seus três irmãos entraram com US$ 10 mil cada. Com isso, o Dr. Michael Burry abriu a Scion Capital. (Quando adolescente, ele adorava o livro *The Scions of Shannara*.) Ele criou um documento grandioso para atrair outras pessoas além de familiares. "O valor mínimo de aplicação para os investidores deve ser de US$ 15 milhões", dizia o texto, o que era interessante, pois excluía da lista não só ele mesmo, mas basicamente todas as pessoas que já conhecera.

Em sua busca por uma sala comercial e móveis, e enquanto abria uma conta de corretagem, ele recebeu alguns telefonemas surpreendentes. O primeiro veio de um grande fundo de investimentos de Nova York, o Gotham Capital. Fundado por um guru do investimento em valor chamado Joel Greenblatt. Burry lera o livro de Greenblatt, *You Can Be a Stock Market Genius*. ("Detestei o título, mas gostei do livro.") A equipe de Greenblatt contou que eles estavam ganhando dinheiro seguindo as ideias de Burry há algum tempo e queriam continuar assim. Será que ele permitiria que o Gotham investisse em seu fundo? "O próprio Joel Greenblatt ligou, e respondi: 'Eu estava à sua espera para poder largar a medicina.'" Gotham levou Burry e a esposa para Nova York — e esta foi a primeira vez que Michael Burry voou para a cidade e viajou de primeira classe — e os colocou em uma suíte no Intercontinental Hotel.

A caminho do encontro com Greenblatt, ele sentiu a ansiedade que sempre o atacava antes de qualquer encontro cara a cara. Confortou-se com o fato de o pessoal da Gotham ter lido o que ele escreveu. "Se você ler o que escrevi primeiro, e depois me conhecer, o encontro funciona", afirmou. "Os encontros com pessoas que não leram antes o que escrevi quase nunca dão certo. Era assim na escola, até mesmo com os professores." Mas Burry era como um teste às cegas: você tinha de decidir por conta própria se o aprovava antes de olhar para ele. Neste caso, ele estava em séria desvantagem, pois não tinha a menor ideia de como os administradores dos grandes fundos se vestiam. "Ele me liga um dia antes da reunião e pergunta: 'O que devo usar?'", diz um de seus amigos virtuais, que também era um gestor de fundos profissional . "Ele não tinha gravata, mas tinha uma jaqueta esporte azul, para funerais." Esta era outra esquisitice de Burry. Por escrito, ele se apresentava formalmente, até mesmo um pouco esnobe, mas vestia-se como quem vai à praia. A caminho do escritório do Gotham, ele entrou em pânico, foi à Tie Rack e comprou uma gravata. Burry chegou à grande empresa de gestão de fundos de Nova York com o traje mais formal de sua vida e encontrou os sócios de camiseta e moletom. A conversa foi mais ou menos assim:

— Gostaríamos de lhe dar US$ 1 milhão.

— Como?

— Queremos comprar ¼ de seu novo fundo de hedge por um US$ 1 milhão.

— Ah, é?

— Sim. Estamos oferecendo US$ 1 milhão.

— Líquidos!

De alguma maneira, Burry tinha colocado na cabeça que um dia ele queria valer um milhão de dólares líquidos, livre de impostos. Mas incluíra aquela parte final antes mesmo de compreender o que eles queriam. E a Gotham pagou! Naquele momento, com base no que Burry havia escrito em seu blog, ele deixou de ser um estudante de medicina endividado com um valor líquido de menos US$ 105 mil para se tornar um milionário com alguns empréstimos pendentes. Burry não sabia, mas era a primeira vez que Joel Greenblatt tinha feito algo assim. "Ele era obviamente um sujeito brilhante, e não existem muitos por aí", afirma Greenblatt.

Pouco tempo depois desse estranho encontro, ele recebeu uma ligação da holding de seguros White Mountain. A empresa era administrada por Jack Byrne, membro do círculo íntimo de Warren Buffett, e ele conversara com o Gotham Capital. "Não sabíamos que você estava vendendo parte de sua firma", disseram para Burry, que explicou que só havia percebido isso alguns dias antes, quando alguém lhe oferecera um milhão de dólares líquidos pela empresa. No final das contas, a White Mountain também vinha observando Michael Burry de perto. "O que mais nos intrigou foi o fato de ele ser um residente de neurologia", afirma Kip Oberting, na época na White Mountain. "Quando ele fazia isso?" Da White Mountain, ele recebeu US$ 600 mil por outra parte de seu fundo, mais a promessa de envio de US$ 10 milhões em investimentos. "Sim, sim, ele foi a única pessoa que encontramos na internet e a quem demos dinheiro sem pestanejar", disse Oberting.

No primeiro ano nos negócios, o Dr. Mike Burry teve de enfrentar por alguns instantes a dimensão social de gerenciar investimentos. "Em geral, só é possível levantar fundos se conseguimos ter um bom relacionamento com as pessoas e prefiro ficar sozinho. As pessoas que estão comigo em geral percebem isso de cara", afirmou Burry, que participou de uma conferência organizada pelo Bank of America para apresentar novos gestores de fundos a prósperos investidores, e os participantes perceberam isso. Ele fez uma palestra em que argumentou que a forma como o Bank of America media risco era completamente idiota. Segundo Burry, o banco media o risco pela volatilidade: a variação de determinada ação ou título nos últimos anos. O risco real não envolvia volatilidade, mas sim decisões de investimento erradas. Ele explicou mais tarde: "Na grande maioria dos casos, os mais ricos entre os ricos e seus representantes aceitaram o fato de que a maior parte dos gestores são medíocres, e os melhores são capazes de obter retornos médios apresentando volatilidade abaixo da média. Por esta lógica, um dólar vendido a US$ 0,50 em um dia, US$ 0,60 no dia seguinte e US$ 0,40 no próximo de alguma forma passa a valer menos do que US$ 1 vendido a US$ 0,50 durante os três dias. Defendo a ideia de que a capacidade de comprar a US$ 0,40 apresenta uma oportunidade e não um risco, e que o dólar ainda vale US$ 1." Suas palavras foram recebidas com silêncio e ele almoçou sozinho. Sentou-se em uma daquelas grandes mesas redondas enquanto observava as pessoas nas outras mesas em conversas animadas.

Quando Burry interagia com os outros nunca conseguia saber o que causava exasperação: se era a sua mensagem ou a sua pessoa. Buffett também havia tido problemas de convívio na juventude. Ele frequentou um curso de Dale Carnegie para aprender como interagir de forma mais lucrativa com os demais. Mike Burry cresceu em outra cultura monetária. A internet tinha substituído Dale Carnegie. Burry não precisava interagir com ninguém, poderia se explicar on-line e esperar que os investidores o encontrassem. Poderia escrever suas elaboradas ideias e esperar que as pessoas as lessem e enviassem seu dinheiro para ele administrar. "Buffett era popular demais para mim", disse Burry. "Nunca serei um senhor simpático."

Esse método de atrair capital agradava Mike Burry. Ou seja, o método funcionava. Ele começou a Scion Capital com um pouco mais de

US$ 1 milhão — o dinheiro de sua mãe e irmãos e seu próprio milhão, após descontados os impostos. Desde o começo, a Scion Capital teve um sucesso comercial estrondoso, quase cômico. Em seu primeiro ano de operação, 2001, o índice S&P 500 caiu 11,88%. A Scion subiu 55%. No segundo ano, o S&P 500 caiu novamente, em 22,1%, mas a Scion subiu 16%. No ano seguinte, 2003, o mercado acionário deu uma virada e subiu 28,69%, mas Mike Burry o superou: seus investimentos subiram 50%. No final de 2004, Burry administrava US$ 600 milhões e recusava dinheiro. "Se ele tivesse gerenciado o fundo para maximizar o montante que estava sob seu comando, estaria administrando muitos bilhões de dólares", afirma um gestor de fundos de hedge de Nova York que observava com crescente incredulidade o desempenho de Burry. "A Scion estava organizada de tal forma que era ruim enquanto empresa, mas boa para investir."

"Embora captar recursos possa ser um concurso de popularidade, um investimento inteligente é exatamente o oposto." Burry escreveu a seus investidores, talvez para assegurar-lhes de que não importava se eles gostavam ou não de seu gestor de fundos, ou se o conheciam.

Warren Buffett tinha um sócio mal-humorado, Charlie Munger, que certamente não dava tanta importância quanto Buffett para o fato de as pessoas gostarem dele ou não. Em 1995, Munger fizera uma palestra na Harvard Business School intitulada "The Psychology of Human Development" [A psicologia do desenvolvimento humano, em tradução livre]. Munger defendia que, se quisesse prever o comportamento das pessoas, bastava analisar o que as estimulava. A FedEx não conseguia fazer o turno da noite terminar no horário certo. Eles tentaram de tudo para acelerar o trabalho, mas nada funcionava; até que pararam de pagar os trabalhadores noturnos por hora e começaram a pagá-los por turno. A Xerox criou uma nova máquina mais eficiente e constatou que ela vendia menos do que os modelos anteriores e menos eficazes — até descobrirem que o vendedor recebia uma comissão maior pela venda dos modelos mais antigos. "Bem, você pode dizer 'todo mundo sabe disso'. Acho que sempre estive entre os 5% das pessoas em minha faixa etária que compreendem o poder dos estímulos, e durante toda minha vida eu o subestimei. Todos os anos, algum fato surpreendente faz meus limites aumentarem ainda mais", disse Munger.

As observações de Munger articularam boa parte do que Mike Burry também acreditava sobre os mercados e as pessoas que dele participavam. "Li esse discurso e pensei: 'Concordo em gênero, número e grau'", contou Burry, acrescentando: "Munger também tem um olho falso." Burry tinha sua própria perspectiva sobre este assunto, derivada da época em que ele era estudante de medicina. Mesmo em situações de vida ou morte, médicos, enfermeiros e pacientes respondiam a maus incentivos. Nos hospitais em que as taxas de reembolso para apendicectomia eram maiores, por exemplo, os cirurgiões removiam mais apêndices. A evolução da cirurgia dos olhos foi outro grande exemplo. Na década de 1990, os oftalmologistas estavam construindo sua reputação realizando procedimentos de catarata. Levavam meia hora ou menos e o plano de saúde reembolsava US$ 1.700 cada. No final da década de 1990, o plano diminuiu os níveis de reembolso para cerca de US$ 450 por procedimento, e a renda dos oftalmologistas propensos a fazer cirurgias caiu consideravelmente. No país inteiro, os oftalmologistas redescobriram um procedimento obscuro e arriscado denominado ceratotomia radial, e houve uma onda de cirurgias para corrigir pequenas imperfeições de visão. O procedimento mal estudado era vendido como a cura para todos os sofrimentos dos usuários de lentes de contato. "Na verdade, o incentivo era manter suas rendas altas, muitas vezes entre US$ 1 milhão e US$ 2 milhões e a justificativa para tal aparecia. O setor logo desenvolveu algo menos perigoso do que a ceratotomia radial, e a cirurgia a laser com o método LASIK acabou surgindo."

Assim, quando Mike Burry entrou no negócio, procurou garantir que tinha os incentivos adequados. Ele desaprovava a política típica de um gestor de fundos de hedge. Tirar 2% dos ativos como taxa de administração, como a maioria fazia, significava que o gestor do fundo recebia simplesmente por acumular vastos montantes do capital alheio. A Scion Capital cobrava dos investidores apenas suas despesas reais — que, em geral, ficavam bem abaixo de 1% dos ativos. Para ganhar o primeiro centavo para si, ele precisava fazer o dinheiro dos investidores crescer. "Pense sobre a gênese da Scion", comentou um de seus primeiros investidores. "O sujeito não tinha dinheiro e decidiu abrir mão de uma comissão que outro fundo de hedge aceita como padrão. Isso era inédito."

Desde o princípio, a Scion Capital foi bem-sucedida. Em meados de 2005, ao longo de um período em que o índice amplo do mercado de ações havia caído 6,84%, o fundo de Burry rendia acima de 242%, e ele já estava dispensando investidores. Para esse público crescente, não parecia importar se o mercado acionário estava em alta ou baixa. Mike Burry encontrava onde investir seu dinheiro de forma ousada. Ele não se valia de alavancagem e evitava operar vendido. Tudo o que ele fazia era comprar ações ordinárias, se sentar em uma sala e ler demonstrações financeiras — nada complicado demais. Por aproximadamente US$ 100 anuais ele se tornou assinante da 10-K Wizard. O processo de tomada de decisões da Scion Capital consistia em uma pessoa dentro de uma sala, com as portas fechadas e as cortinas cerradas, analisando informações disponíveis ao público e dados publicados na 10-K Wizard. Ele procurava decisões judiciais, acordos de conclusão de negociações e alterações nos regulamentos governamentais — qualquer coisa que pudesse alterar o valor de determinada empresa.

Com frequência, Burry vinha com o que chamava de investimentos "ick". Em outubro de 2001, ele explicou o conceito em sua carta aos investidores: "Investimentos 'ick' significa ter um interesse analítico especial em ações que inspiram uma primeira reação de asco, ou 'ick'."

Uma empresa com o nome alarmante de Avant! Corporation, era um bom exemplo. Ele a encontrou procurando pela palavra "aceito" nas notícias. Burry sabia que, estando à margem do jogo, ele precisava encontrar maneiras não ortodoxas de virar o jogo para conseguir vantagens e que isso significava, em última análise, encontrar situações incomuns que o restante do mundo poderia desconhecer por completo. "Eu não estava procurando notícias de escândalos de fraude ou esquemas mirabolantes propriamente ditos", afirmou. "Essa postura seria retrógrada demais. Eu queria ficar à frente de alguma situação. Procurava algum evento em andamento nos tribunais que pudesse levar a um investimento. Algum argumento, apelação ou acordo que estivesse sendo aceito(a) nos tribunais naquele momento." Um tribunal havia aceitado a apelação de uma empresa de software denominada Avant! Corporation. A Avant! havia sido acusada de roubar de uma concorrente o código-fonte do software que era a única base do negócio da empresa. A Avant! tinha US$ 100 milhões em dinheiro no banco, e ainda estava gerando US$ 100 milhões ao ano de fluxo de caixa livre — tendo um valor de mercado de US$ 250 milhões! Michael Burry começou a investigar. Quando terminou, sabia mais sobre a Avant! Corporation do que qualquer outra pessoa. Ele conseguiu ver que, mesmo se os executivos fossem presos e as multas fossem pagas (como de fato aconteceu), a firma valeria muito mais do que o mercado pressupunha na época. Grande parte dos engenheiros da empresa era de ascendência chinesa e tinha visto para trabalhar, portanto, não podia abandonar o barco antes do impacto final. Entretanto, para ganhar dinheiro com as ações da Avant!, provavelmente Burry teria que engolir prejuízos de curto prazo, uma vez que os investidores se livraram das ações em uma reação desesperada à publicidade negativa.

Burry comprou suas primeiras ações da Avant! em junho de 2001 a US$ 12 a ação. Logo em seguida, a diretoria da Avant! apareceu na capa de uma edição da revista *Business Week* com a manchete: "O crime compensa?" As ações despencaram; Burry comprou mais. A diretoria da empresa foi para a cadeia. As ações caíram ainda mais. Mike Burry continuou comprando as ações até chegarem a US$ 2 cada. Ele se tornou o maior acionista da Avant! e pressionou a administração por mudanças. Ele escreveu aos novos proprietários: "Sem a participação da aura criminal [do ex-CEO] na gerência operacional, a Avant! tem condições de demonstrar sua preocupação com os acionistas." Em agosto, em outra mensagem de e-mail, Burry escreveu: "A Avant! ainda me faz sentir como se eu estivesse dormindo com uma prostituta de rua. Por mais bem atendidas que sejam as minhas necessidades, duvido que eu vá me vangloriar disso. O fator assustador está fora dos gráficos. Acho até que se tivesse forçado a barra demais com a Avant!, estaria sendo ameaçado pela máfia chinesa." Quatro meses mais tarde, a Avant! foi incorporada e suas ações subiram para US$ 22 cada. "Esta era uma negociação clássica de Mike Burry", afirma um de seus investidores. "As ações sobem dez vezes, mas primeiro caem pela metade."

Este não é o tipo de emoção que a maioria dos investidores gosta de experimentar, mas, para Burry, era a essência do investimento em valor. Sua missão era discordar ruidosamente do sentimento popular. Isso não seria possível se ele estivesse à mercê de lances de mercado de curtíssimo prazo, por isso não permitia que seus investidores tirassem seu dinheiro no curto prazo, como fazia a maioria dos fundos de hedge. Se você confiasse seu dinheiro à Scion para investir, estaria imobilizando-o por pelo menos um ano. Burry também criou seu fundo para atrair pessoas que queriam apostar que as ações subiriam, em vez de cair. "Não sou adepto a operar vendido por convicção", disse Burry. "Em geral, não procuro negócios de curto prazo. Quero que a oportunidade de ganho seja melhor do que a de perda." Ele também não gostava da ideia de assumir o risco de vender ações a descoberto, uma vez que o risco era, teoricamente, ilimitado. Só poderia cair para zero, mas poderia subir até o infinito.

Investir bem envolvia estabelecer o preço certo pelo risco. Cada vez mais, Burry sentia que não era este o caso. O problema não estava confinado a ações individuais. A bolha da internet estourara, e os preços dos imóveis em San Jose, o epicentro da bolha, ainda estavam em alta. Ele investigou as ações das construtoras de imóveis residenciais e, mais tarde, das companhias de seguros que garantiam as hipotecas imobiliárias, como a PMI. A um de seus amigos — um grande investidor profissional da costa leste dos Estados Unidos — ele escreveu, em maio de 2003, que a bolha imobiliária estava cada vez maior por causa do comportamento irracional dos credores hipotecários, que estavam estendendo crédito facilmente. "Basta observar o nível. Nem mesmo crédito ilimitado ou sem precedentes conseguirá elevar o mercado residencial a patamares superiores", escreveu Burry. "Acho que os preços cairão, e as consequências poderão ocasionar uma queda de 50% no valor dos imóveis residenciais nos Estados Unidos... Grande parte parte da atual demanda [por residências] aos preços correntes desapareceria se as pessoas fossem convencidas de que esses valores não iriam aumentar. Os danos colaterais tendem a alcançar ordens de grandeza piores do que as que imaginamos hoje."

Quando decidiu apostar contra o mercado de títulos hipotecários subprime, no início de 2005, o primeiro grande problema encontrado por Burry foi o fato de que os bancos de investimento de Wall Street que poderiam vender CDSs a ele não compartilhavam de sua urgência. Mike Burry acreditava que precisava fazer sua aposta *naquele momento*, antes que o mercado imobiliário norte-americano despertasse e voltasse à sanidade. "Eu não esperava que a deterioração nos pools de hipotecas chegasse a níveis críticos nos próximos anos", afirmou Burry — quando as "taxas teaser" desapareceriam e os pagamentos mensais aumentariam absurdamente. Mas ele pensou que o mercado veria o mesmo se ajustaria. Alguém em Wall Street perceberia o fantástico aumento no risco das hipotecas subprime e elevaria o preço de assegurá-las. "Vai estourar antes que eu consiga fazer a negociação", escreveu em um e-mail.

Como fazia tudo por e-mail, ele acabou mantendo um registro do surgimento de um novo mercado do ponto de vista de seu primeiro cliente varejista. Em retrospecto, o mais incrível foi a rapidez com que as empresas de Wall Street passaram da fase de desconfiar do que Mike Burry estava dizendo (quando ele ligou e perguntou sobre CDSs de títulos hipotecários subprime) para a fase de reestruturação de seu negócio, de modo a deixar a nova onda dos derivativos bem no centro. O mercado original de títulos hipotecários subprime surgiu mais ou menos da mesma maneira, de forma confusa, resultado do extremo interesse de um pequeno grupo de pessoas às margens das altas finanças. Mas foram necessários anos para que amadurecesse. Esse novo mercado estaria negociando dezenas de bilhões de dólares em risco dentro de poucos meses.

A primeira coisa de que Mike Burry precisava, se fosse comprar um seguro para um grande lote de títulos hipotecários subprime, era criar algum tipo de contrato padrão com termos amplamente aceitos. Quem quer que lhe vendesse um CDS de um título hipotecário subprime um dia iria lhe dever muito dinheiro. Ele suspeitava que os dealers talvez tentassem escapar do pagamento. Um contrato dificultaria esse tipo de jogada, e tornaria mais fácil vender a um corretor o que tinha comprado de outro corretor — e, assim, buscar o melhor preço. Uma organização chamada International Swaps and Derivatives Association (ISDA) era encarregada de formalizar os termos dos novos títulos de crédito.*

---

* A ISDA foi criada em 1986 por meus chefes no Salomon Brothers para lidar com o problema imediato de uma inovação chamada swap de taxas de juros. O que parecia um negócio simples para quem o realizava — eu pago a você uma taxa fixa de juros e, em troca, você me paga uma taxa flutuante — precisou de uma série de

A ISDA já tinha uma série de regras em vigor para reger os CDSs de títulos corporativos, mas o seguro desses títulos era uma questão relativamente simples. A inadimplência poderia ou não ocorrer. Se a empresa perdesse um pagamento de juros, era preciso liquidar a operação. O comprador do seguro talvez não recebesse os 100 centavos integrais sobre o dólar — assim como o portador do título talvez não perdesse 100 centavos do dólar, uma vez que os ativos da empresa valiam alguma coisa —, mas um juiz independente poderia decidir, de maneira em geral justa e satisfatória, como seria a recuperação. Se os portadores dos títulos recebessem US$ 0,30 sobre o dólar — tendo, portanto, um prejuízo de US$ 0,70 —, o sujeito que comprara o CDS receberia US$ 0,70.

Comprar seguro para um pool de hipotecas residenciais nos Estados Unidos era mais complicado, porque o pool não inadimplia uma só vez. Em vez disso, a inadimplência ocorria com um proprietário por vez, em momentos diferentes. Os dealers — liderados pelo Deutsche Bank e o Goldman Sachs — propuseram uma solução inteligente: o "pray-as-you-go swap". O comprador do swap — o comprador do seguro — não seria pago de uma só vez, se e quando o grupo de hipotecas entrasse em colapso, mas à medida que cada proprietário deixasse de pagar.

Os advogados e os corretores das grandes empresas de Wall Street que administravam o mercado levaram meses discutindo o contrato da ISDA. O advogado de Burry, Steve Druskin, por algum motivo, recebeu permissão para participar das discussões em grupo realizadas por telefone — e até de manifestar sua opinião e oferecer o ponto de vista do

---

regras para funcionar. Por trás das regras estava o medo de que a parte na outra ponta em um swap de taxa de juros de uma empresa de Wall Street fosse à falência e não pagasse suas apostas. O swap de taxa de juros, assim como o swap de crédito, expôs uma novidade as empresas de Wall Street ao crédito de terceiros, e as outras pessoas ao crédito das empresas de Wall Street, de maneira inteiramente nova.

cliente de Wall Street. Historicamente, uma empresa de Wall Street se preocupava com a capacidade de obter crédito de seus clientes; os clientes em geral confiavam que o cassino teria condições de pagar os valores apostados aos vencedores. Mike Burry não tinha essa crença. "Não vou apostar contra um título, vou apostar contra o sistema", afirmou Burry. Ele não queria comprar seguro contra inundações do Goldman Sachs só para descobrir, na época das enchentes, que o banco estava sem recursos e sem condições de pagar o montante devido. Como o valor do contrato de seguro variava — digamos, à medida que as águas da enchente se aproximavam, mas antes de destruírem o prédio —, ele queria que o Goldman Sachs e o Deutsche Bank fixassem uma garantia real que refletiria o aumento no valor que ele tinha.

No dia 19 de maio de 2005 — um mês antes dos termos e condições serem finalizados —, Mike Burry fechou suas primeiras transações de hipotecas subprime. Ele comprou US$ 60 milhões em CDSs do Deutsche Bank — US$ 10 milhões para cada um de seis títulos diferentes. Eram chamados de "valores mobiliários de referência". Não se compra seguro para um mercado inteiro de títulos hipotecários subprime, mas para um título específico, e Burry se dedicara a encontrar os títulos certos contra os quais apostar. Ele leu dezenas de prospectos e examinou centenas de outros procurando pelos grupos de hipotecas mais duvidosos, e tinha certeza mesmo naquela época (e, mais tarde, certeza absoluta) de que ele era a única pessoa na face da Terra que lia esses documentos, além dos advogados que os redigiam. Ao fazê-lo, também se tornou o único investidor a realizar uma análise conservadora de crédito bancário nos empréstimos imobiliários, o que deveria ter sido feito antes. Ele, entretanto, era o oposto de um banqueiro conservador. Não estava procurando os melhores empréstimos para fazer, mas, sim, os piores — para poder apostar contra eles.

Ele analisava a importância relativa da razão loan-to-value dos empréstimos imobiliários residenciais, das segundas hipotecas nas residências, da localização das casas, da falta de documentação e comprovação de renda do tomador do empréstimo, e vários outros fatores para determinar, por volta de 2005, a probabilidade de um empréstimo residencial feito nos Estados Unidos tornar-se irrecuperável. Depois, ele procurava os títulos lastreados pelos piores empréstimos. Burry ficou surpreso com o fato de que o Deutsche Bank parecia não se importar com os títulos contra os quais ele decidia apostar. Do ponto de vista do banco, pelo que Burry achava, todos os títulos hipotecários subprime eram iguais. O preço do seguro não era determinado por análises independentes, mas pelas classificações conferidas ao título pelas agências de classificação de risco Moody's e Standard & Poor's*. Se ele quisesse comprar seguro sobre a tranche classificada como AAA, supostamente sem risco, ele poderia pagar 20 pontos base (0,20%); nas tranches de maior risco, classificadas como A, ele poderia pagar 50 pontos base (0,50%); e naquelas tranches menos seguras ainda, classificadas como BBB, 200 pontos base, ou seja, 2%. (Um ponto base corresponde a um centésimo de um ponto percentual.) As tranches classificadas como BBB — que valeriam zero

* As duas principais agências de classificação de risco empregam terminologias ligeiramente diferentes para transmitir a mesma ideia. O que a Standard & Poor's chama de AAA, a Moody's chama de Aaa, mas os dois termos descrevem um título com o menor risco de inadimplência. Para fins de simplicidade, o texto usará apenas os termos da S&P, ou seja, AAA. Em 2008, quando as classificações de um grande número de títulos subprime provaram não ter sentido, a intenção inicial foi questionada. Os investidores de Wall Street sempre interpretaram que eles significavam as chances de inadimplência. Por exemplo, um título classificado como AAA historicamente tinha menos de 1 chance em 10 mil de inadimplência em seu primeiro ano de existência. Um título classificado como AA — a segunda classificação mais alta — tinha menos de 1 chance em 1.000 de inadimplência e um título classificado como BBB, menos de 1 chance em 500 de inadimplência. Em 2008, as agências de classificação alegariam que nunca pretenderam que suas classificações fossem consideradas medidas precisas. As classificações eram o melhor palpite das agências para classificar o risco.

se o pool de hipotecas subjacentes tivesse um prejuízo de apenas 7% — eram o que ele procurava. Burry considerava esta uma aposta muito conservadora, que ele conseguiu, por meio de análise, transformar em algo mais seguro. Quem quer que já tenha visto um prospecto pode verificar que havia muitas diferenças críticas entre um título BBB e o seguinte — o percentual de "empréstimos com o pagamento apenas de juros" (interest-only loans) contidos em seu pool de hipotecas subjacentes, por exemplo. Burry partiu, então, para selecionar os piores e ficou um pouco preocupado com o fato de que os bancos de investimento acabariam descobrindo o quanto ele sabia sobre títulos hipotecários específicos e ajustariam seus preços.

Mais uma vez, eles o chocavam e o encantavam: o Goldman Sachs enviou um e-mail com uma longa lista de títulos hipotecários duvidosos para escolher. "Isso foi chocante para mim", afirmou Burry. "Todos tinham preços determinados de acordo com a menor classificação de uma das três grandes agências de classificação de risco." Ele poderia fazer sua seleção sem alertá-los sobre o quanto sabia. Era como se você pudesse contratar seguro contra inundações para uma casa no vale pelo mesmo preço daquele para uma casa no topo da montanha.

O mercado não fazia sentido, mas isso não impediu que outras empresas de Wall Street entrassem nele, em parte porque Mike Burry estava incomodando. Durante semanas ele perseguiu o Bank of America até conseguir que o banco concordasse em vender a ele US$ 5 milhões em CDSs. Vinte minutos após o envio da mensagem eletrônica confirmando a transação, receberam a resposta de Burry: "Podemos fechar outra?" Em poucas semanas, ele comprou várias centenas de milhões de dólares em CDSs de meia dúzia de bancos, em lotes de US$ 5 milhões. Nenhum dos vendedores parecia se importar muito com os títulos que estavam assegurando. Mike Burry encontrou um pool com 100% de hipotecas com amortização negativa e taxa flutuante de juros — em que os tomadores de empréstimos poderiam escolher a opção de não pagar juros e simplesmente acumular uma dívida cada vez maior até entrarem em inadimplência. O Goldman Sachs não só lhe vendeu o seguro do grupo de hipotecas, como também enviou uma nota parabenizando-o por ser a primeira pessoa, dentro ou fora de Wall Street, a ter comprado seguro para aquele item específico. "Estou ensinando os especialistas", vangloriou-se Burry em um e-mail.

Ele não perdia muito tempo pensando em por que esses banqueiros de investimentos supostamente perspicazes estavam dispostos a vender seguros tão baratos. Preocupava-se com a possibilidade de outras pessoas perceberem e, com isso, perder a oportunidade. "Eu me fingia de bobo, tentando parecer que não sabia bem o que estava fazendo. 'Como se faz isso de novo?', 'Ah, onde eu encontro essa informação, hein?', ou então, 'É mesmo?' quando eles me diziam algo óbvio." Este era um dos benefícios adicionais de viver tantos anos basicamente alheio ao mundo à sua volta: Burry conseguia acreditar que estava certo e que o mundo ao redor estava errado.

Quanto mais as empresas de Wall Street entravam no novo negócio, mais fácil era para Burry fazer suas apostas. Durante os primeiros meses, ele conseguiu vender a descoberto até US$ 10 milhões de cada vez. Depois, no final de junho de 2005, ele recebeu uma ligação do Goldman Sachs perguntando se gostaria de aumentar seu volume de negociação para US$ 100 milhões cada. "O que precisamos lembrar aqui", escreveu no dia seguinte, depois de fazer a transação, "é que são US$ 100 milhões. Essa é uma quantidade absurda de dinheiro. E acaba sendo jogada de um lado para outro como se fossem três dígitos em vez de nove."

No final de julho, Burry detinha CDSs no valor de US$ 750 milhões em títulos hipotecários subprime e se vangloriava do feito em particular. "Acho que nenhum outro fundo de hedge do planeta tem esse tipo de investimento, não chega nem perto deste grau de investimento em relação ao tamanho da carteira", ele escreveu a um de seus investidores, que ouvira dizer que o gestor de seu fundo de hedge tinha uma estratégia inovadora. Ele ficava imaginando quem exatamente estava na outra ponta de suas operações. Que louco estaria vendendo tantos seguros para títulos que ele selecionara como prestes a explodir? O CDS era um jogo de soma zero. Se Mike Burry ganhasse US$ 100 milhões quando os títulos hipotecários subprime selecionados a dedo entrassem em inadimplência, outra pessoa certamente teria perdido US$ 100 milhões. O Goldman Sachs deixou bem claro que não era o vendedor final. O banco estava entre o comprador e o vendedor do seguro e ganhando em cima disso.

A prontidão da pessoa que vendia a Burry essa enorme quantidade de seguro barato deu-lhe outra ideia: começar um fundo que não fizesse nada além de comprar seguro para títulos hipotecários subprime. Em um fundo de US$ 600 milhões que tinha como objetivo selecionar ações, sua aposta já era gigantesca, mas se ele conseguisse captar os recursos para esse novo propósito, poderia ganhar muitos bilhões a mais. Em agosto, escreveu uma proposta para um fundo que chamou de Milton's Opus e o enviou a seus investidores. ("A primeira pergunta sempre era 'o que é Milton's Opus?'" Ele respondia: "*O Paraíso Perdido*", mas, em geral, isso só levava a outra pergunta.) A maioria nem sequer desconfiava de que seu melhor selecionador de ações se distraíra com esses contratos de seguro obscuros denominados Credit Default Swaps, ou CDS. Muitos não queriam nem saber. Alguns se perguntavam se isso significava que ele já estava fazendo esse tipo de coisa com o dinheiro deles.

Em vez de captar recursos para comprar CDS de títulos hipotecários subprime, Burry acabou tornando ainda mais difícil manter aqueles que já possuía. Seus investidores ficavam felizes em deixá-lo escolher as ações, mas quase todos duvidavam de sua capacidade de prever grandes tendências macroeconômicas. Certamente não entendiam por que Burry deveria ter qualquer perspectiva especial sobre o mercado multitrilionário de títulos hipotecários subprime. A Milton's Opus teve uma morte rápida.

Em outubro de 2005, em sua carta aos investidores, Burry foi sincero e contou que eles detinham pelo menos US$ 1 bilhão em CDSs de títulos hipotecários subprime. "Às vezes, os mercados erram feio", escreveu ele.

> Os mercados erraram quando deram à America Online dinheiro vivo para comprar a Time Warner. Erraram quando apostaram contra George Soros e a favor da libra esterlina. E estão errando agora, quando continuam a flutuar como se a mais significativa bolha de crédito jamais vista não existisse. As oportunidades são raras, e grandes oportunidades em que se possa investir capital ilimitado com enormes retornos potenciais são ainda mais raras. Vender a descoberto os títulos hipotecários mais problemáticos da história de forma seletiva hoje representa essa oportunidade.

No segundo trimestre de 2005, a falta de pagamento das dívidas de cartões de crédito atingiu a maior alta de todos os tempos, embora os preços dos imóveis residenciais estivessem altíssimos. Ou seja, mesmo com esse ativo para garantir o crédito, os norte-americanos estavam enfrentando cada vez mais dificuldades em cumprir suas obrigações. O Fed tinha elevado as taxas de juros, mas as taxas das hipotecas ainda estavam caindo — porque Wall Street estava encontrando maneiras cada vez mais inteligentes de permitir que as pessoas fizessem empréstimos. Burry agora tinha uma aposta de mais de US$ 1 bilhão na mesa e só poderia fazê-la crescer se atraísse mais dinheiro. Assim, ele contou tudo a seus investidores: o mercado de títulos hipotecários dos Estados Unidos era enorme, maior do que o mercado de notas e títulos do Tesouro norte-americano. Toda a economia baseava-se nessa estabilidade, e esta, por sua vez, dependia da alta contínua dos preços dos imóveis residenciais. "É ridículo pensar que bolhas de ativos só possam ser reconhecidas em retrospecto", escreveu Burry. "Existem identificadores específicos que são reconhecíveis durante a inflação da bolha.

Uma característica das manias é a elevação rápida da incidência e da complexidade das fraudes... O FBI informa que as fraudes relacionadas a hipotecas aumentaram cinco vezes desde 2000." O mau comportamento não estava mais às margens do que seria de outro modo uma economia saudável; era sua característica central. "O ponto relevante sobre as fraudes imobiliárias modernas é o fato de serem parte integral das instituições de nosso país", acrescentou.

Isso não foi muito diferente do que Burry vinha dizendo em suas cartas trimestrais a seus investidores nos últimos anos. Em julho de 2003, ele escrevera uma longa missiva sobre as causas e consequências do que considerava ser um colapso do setor imobiliário: "Alan Greenspan garantiu que os preços dos imóveis residenciais não tendem a bolhas inflacionárias — ou a importantes deflações — em qualquer escala nacional", afirma Burry. "Isso é ridículo, é claro... Em 1933, durante o quarto ano da Grande Depressão, os Estados Unidos viram-se em meio a uma crise imobiliária que derrubou o número de casas em construção para 10% do nível de 1925. Aproximadamente metade de toda a dívida hipotecária estava inadimplente. Durante a década de 1930, os preços das casas caíram cerca de 80% em todo o país." Ele bateu na mesma tecla em janeiro de 2004 e depois em janeiro de 2005: "Quer tomar emprestado US$ 1 milhão por apenas US$ 25 ao mês? O Quicken Loans agora introduziu uma hipoteca de taxa ajustável com pagamento apenas de juros, o que confere aos tomadores de empréstimos seis meses sem pagamento algum e uma taxa de juros de 0,03%, sem dúvida em apoio àquela fatia saudável de norte-americanos — o comprador de imóveis com problema de fluxo de caixa de curto prazo."

Quando os investidores descobriram que seu gestor de fundos tinha feito exatamente o que afirmara com o dinheiro deles há muito tempo, não ficaram exatamente satisfeitos. Como observou um investidor, "Mike é o melhor selecionador de ações que conhecemos. E ele está fazendo... o quê?" Alguns ficaram irritados com o fato de que um sujeito que fora contratado para escolher ações tivesse, em vez disso, selecionado títulos hipotecários podres. Outros se perguntavam: se os CDS realmente fossem um bom negócio, por que o Goldman Sachs os venderia? Alguns questionavam se seria inteligente tentar exigir o pagamento imediato de um ciclo imobiliário de setenta anos. Outros não entendiam o que era um CDS, ou como funcionava. "Em minha experiência, previsões apocalípticas sobre os mercados financeiros norte-americanos raramente se realizam em horizontes limitados", escreveu um investidor a Burry. "Houve casos apocalípticos que poderiam ter ocorrido nos mercados financeiros dos EUA durante boa parte da minha carreira. Em geral, não se concretizaram." Mike Burry respondeu que, embora fosse verdade que previa o armagedom, não apostava que fosse acontecer. Essa era a beleza dos CDSs: permitiam que ele ganhasse uma fortuna se apenas fração minúscula desses pools de hipotecas duvidosas se tornasse irreparável.

Inadvertidamente, ele abriu um debate com seus próprios investidores, o que considerava ser uma de suas piores atividades. "Odiava discutir ideias com investidores porque, com isso, me torno Defensor da Ideia, e isso influencia o processo de pensamento", comentou Burry. Quando nos tornamos defensores de uma ideia, é mais difícil mudar de opinião. Ele não tinha escolha: entre as pessoas que lhe davam dinheiro havia um ceticismo enraizado em relação ao assim chamado macropensamento. "Ouvi dizer que a White Mountain prefere que eu continue tricotando", escreveu Burry, irritado, a seu investidor, "embora não esteja claro para mim que a White Mountain tenha compreendido o que realmente significa o meu tricô". Ninguém mais parecia capaz de enxergar o que para ele era patente: esses CDSs eram todos parte de uma busca global por valor. "Minha busca por valor é incessante", escreveu Burry para a White Mountain, "não existe partida de golfe ou outro hobby qualquer capaz de me distrair. Enxergar valor é o meu trabalho."

Quando abriu a Scion, Burry disse aos potenciais investidores que, como ele estava no ramo de fazer apostas pouco comuns, deveriam avaliá-lo a longo prazo — digamos, durante cinco anos. Agora Burry estava sendo avaliado a todo momento. "No início, as pessoas investiam em mim por causa das minhas cartas", disse. "De algum modo, depois de investirem, eles pararam de lê-las." Seu sucesso fantástico atraiu inúmeros novos investidores, mas eles estavam menos interessados no espírito de sua empresa do que em quanto dinheiro Burry seria capaz de acumular. A cada trimestre ele dizia aos investidores quanto ganhara ou perdera com as seleções de ações. Agora, tinha de explicar que precisavam subtrair os prêmios de seguros de títulos hipotecários subprime desse número. Um investidor de Nova York ligou e o ameaçou: "Olha, muitas pessoas estão falando em tirar os recursos da sua mão."

Como o dinheiro dos investidores estava comprometido com a Scion Capital durante algum tempo, o único recurso deles era enviar e-mails irritados pedindo que Burry justificasse sua nova estratégia. "As pessoas se prendem à diferença entre +5% e -5% durante alguns anos", respondeu ele a um investidor que protestara contra sua nova estratégia, "quando, na verdade, a pergunta é: ao longo de dez anos, quem gera 10% anuais ou mais? Acredito piamente que, para alcançar essa vantagem, preciso ser capaz de enxergar além dos próximos anos... Tenho de ser firme diante do descontentamento geral se for isso que os cálculos básicos me disserem". Nos cinco anos desde que Burry começara nesse negócio, o índice S&P 500, em comparação ao qual ele era medido, caíra 6,84%. No mesmo período, ele lembrou aos investidores, a Scion Capital superou 242%. Ele considerou que tinha corda suficiente para se enforcar, mas estava errado. "Estou construindo castelos de areia sensacionais, mas nada impede que a maré chegue e engula tudo", escreveu.

* * *

Por incrível que pareça, à medida que os investidores de Mike Burry se acalmaram, sua contrapartida em Wall Street renovou o interesse pelo que ele estava fazendo. No fim de outubro de 2005, um corretor subprime do Goldman Sachs ligou para perguntar por que ele estava comprando CDSs de tranches tão específicas de títulos hipotecários subprime. O corretor deixou escapar que vários fundos de hedge estavam procurando o Goldman para saber "como fazer a operação a descoberto que a Scion estava fazendo no setor imobiliário". Dentre os interessados, estavam pessoas anteriormente convidadas para a Milton's Opus — e que a princípio demonstraram grande interesse. "Na maioria dos casos, eles não sabiam nada sobre o negócio e queriam a ajuda do Goldman para replicá-lo", escreveu Burry em um e-mail a seu CFO. "Suspeito de que o Goldman Sachs tenha ajudado essas pessoas, embora elas neguem." De qualquer modo, ele compreendia por que não conseguira capital para a Milton's Opus. "Se eu descrever em detalhes, parece atraente e as pessoas acham que conseguirão fazer por conta própria", escreveu por e-mail a um confidente. "Se você não descreve bem o negócio, parece assustador e binário, e não atraio o capital necessário." Ele não tinha talento para vendas.

O mercado hipotecário subprime parecia estar se revelando. Do nada, no dia 4 de novembro, Burry recebeu um e-mail do principal sujeito do subprime no Deutsche Bank, um colega chamado Greg Lippmann. O banco havia rompido relações com Mike Burry em junho, depois de ele ter sido excessivamente agressivo, na visão do banco, em suas exigências por garantia. Lippmann disse que gostaria de comprar de volta os seis CDSs originais que a Scion havia comprado em maio. Como os US$ 60 milhões representavam uma pequena fatia da carteira de Burry, e como ele não queria mais nenhuma ligação com o Deutsche Bank e vice-versa, Burry os vendeu, com lucro. Greg Lippmann escreveu de volta rapidamente e sem qualquer preocupação com a gramática: "Você não quer nos dar outros títulos... a gente diz o quanto vai pagar."

Greg Lippmann, do Deutsche Bank, queria comprar seu bilhão de dólares em CDSs! "Obrigado pelo interesse, Greg", respondeu Burry, "estamos bem por enquanto". Ele desligou, pensando "Que estranho. A última vez que negociei com o Deutsche Bank foi há cinco meses. Como Greg Lippmann pode saber que tenho esse número de CDSs?"

Três dias mais tarde, ele foi procurado pelo Goldman Sachs. A representante de vendas, Veronica Grinstein, ligou para ele do celular em vez de usar o telefone do escritório. (As empresas de Wall Street registravam todas as chamadas feitas das mesas de operação.) "Eu gostaria de pedir um favor especial", disse ela, que também queria comprar alguns de seus CDSs. Grinstein falou que a diretoria estava preocupada, porque achava que os corretores haviam vendido todos esses seguros sem saber onde poderiam comprá-los de volta. Será que Mike Burry poderia vender para eles US$ 25 milhões em CDSs, a preços generosos, para os títulos hipotecários subprime de sua escolha? Veronica pedia isso, obviamente, só para acalmar a diretoria do Goldman. Ao desligar, Burry ligou para o Bank of America, por intuição, para ver se o banco estaria disposto a vender mais. O banco não queria. Eles também queriam comprar. Em seguida, foi a vez do Morgan Stanley — também de repente. Ele não havia feito muitos negócios com o banco, mas é claro que o Morgan Stanley também queria comprar o que tivesse em mãos. Burry não entendia muito bem por que todos esses bancos de repente estavam tão interessados em comprar seguro de títulos hipotecários subprime, mas havia um motivo óbvio: sem qualquer previsão, o desempenho dos empréstimos estava indo de mal a pior. Ainda em maio, o fundador da Scion apostava em sua teoria do comportamento humano: os empréstimos eram estruturados para não terem bom desempenho. Já em novembro, eles realmente estavam mal das pernas.

Na manhã seguinte, Burry abriu o *Wall Street Journal* para encontrar um artigo que explicasse como um número alarmante de hipotecas com taxa ajustável estavam entrando em inadimplência, nos primeiros nove meses, a taxas nunca vistas antes. A classe média baixa estava sendo barrada. Havia até um pequeno gráfico para os leitores que não tinham tempo para ler o artigo inteiro. Ele pensou: o gato subiu no telhado. O mundo está prestes a mudar. Os credores elevarão seus padrões, as agências de classificação de risco farão análises mais detalhadas, e nenhum corretor em sã consciência venderá seguros para títulos hipotecários subprime a preços similares aos praticados até então. "Acho que a lâmpada vai acender a qualquer momento e algum executivo de crédito espertinho vai dizer: 'Caiam fora dessas negociações.'", afirmou Burry. A maior parte dos corretores de Wall Street estava prestes a perder muito dinheiro —, mas talvez houvesse uma exceção. Mike Burry acabara de receber outro e-mail, de um de seus próprios investidores, que sugeria que o Deutsche Bank fora influenciado por sua visão unilateral dos mercados financeiros: "Greg Lippmann, o principal negociante [de hipotecas subprime] do Deutsche Bank[,] esteve aqui outro dia", dizia a mensagem. "Ele nos disse que havia vendido a descoberto US$ 1 bilhão desse negócio e que ganharia 'mares' de dinheiro (ou algo parecido). Sua prepotência foi um tanto assustadora."

Capítulo Três

"Como um sujeito que não fala inglês pode mentir?"

Quando Greg Lippmann apareceu na sala de conferências do FrontPoint, em fevereiro de 2006, Steve Eisman sabia o suficiente sobre o mercado de títulos para se preocupar, e Vincent Daniel sabia o suficiente para desconfiar de qualquer pessoa nesse negócio. Um investidor que passava do mercado de ações para o mercado de títulos de dívida era como uma pequena criatura criada em uma ilha sem predadores que é jogada em um fosso cheio de serpentes. Era possível ser enganado pelas grandes empresas de Wall Street no mercado de ações, mas era preciso se esforçar para isso. Todas as negociações eram feitas em telas eletrônicas, de modo que sempre se tinha uma visão clara do preço das ações de qualquer empresa. O mercado não era só transparente, como também altamente policiado. Não se esperaria que um corretor de Wall Street compartilhasse com você todas as suas ideias negativas sobre empresas de capital aberto, mas ele com certeza não se esforçaria muito para enganá-lo com mentiras deslavadas, ou usaria informações privilegiadas para negociar contra você, porque havia pelo menos alguma chance de ser pego na mentira ou na fraude, caso o fizesse. A presença de milhões de pequenos investidores havia politizado o mercado de ações. Ele fora legislado e regulado para, pelo menos, parecer justo.

O mercado de títulos, por consistir principalmente em grandes investidores institucionais, não sofreu pressão política populista semelhante. Mesmo que tenha surgido para ofuscar o mercado de ações, escapava de qualquer regulamentação. Os vendedores de títulos diziam e faziam qualquer coisa sem medo de serem denunciados a alguma autoridade. Os negociantes de títulos poderiam explorar informações privilegiadas sem se preocupar se seriam pegos ou não. Os técnicos em títulos poderiam sonhar com valores mobiliários cada vez mais complicados sem se preocupar muito com regulamentação governamental — motivo pelo qual tantos derivativos haviam se originado, de uma forma ou de outra, dos títulos. Os títulos com mais liquidez e volume do mercado — como os do Tesouro dos EUA, por exemplo — eram negociados em telões, mas, em muitos casos, a única forma de determinar se o preço apresentado por algum corretor chegava perto do justo era ligar e esperar encontrar outro corretor de títulos fazendo uma negociação semelhante naquele tipo específico de valor mobiliário. A opacidade e a complexidade do mercado de títulos era, para as grandes empresas de Wall Street, uma enorme vantagem. O cliente desse mercado vivia em constante pavor do que não conhecia. Se os departamentos de títulos eram cada vez mais a fonte de lucros, isso se deve em parte ao fato de que, no mercado de títulos, ainda era possível ganhar enormes somas de dinheiro por causa do medo e da ignorância dos clientes.

Por isso, não foi por acaso que Greg Lippmann, ao entrar no escritório de Steve Eisman, encontrou um muro de suspeitas. "Moisés poderia ter entrado por aquela porta, mas, se tivesse vindo da renda fixa, Vinny certamente não confiaria nele", afirmou Eisman.

Ainda assim, se uma equipe de especialistas tivesse se dedicado a criar um ser humano para maximizar a probabilidade de ele aterrorizar um cliente de Wall Street, teria criado alguém como Lippmann. Ele negociava títulos para o Deutsche Bank, mas, como a maioria dos corretores de títulos do banco — ou do Credit Suisse ou do UBS ou de algum outro grande banco estrangeiro que havia comprado uma base de operações nos mercados financeiros nos EUA —, Lippmann era norte-americano. Magro e muito tenso, falava rápido demais para que alguém compreendesse exatamente o que ele tinha a dizer. Seus cabelos eram penteados para trás, como Gordon Gekko, e suas costeletas eram longas, como as de um compositor romântico da década de 1920 ou um artista pornô da década de 1970. Ele usava gravatas berrantes e dizia as maiores barbaridades sem a menor consciência de como soaria se as repetisse de forma agressiva. Apimentava suas conversas com referências misteriosas sobre o dinheiro que ganhava. Há muito tempo o pessoal de Wall Street havia aprendido que a última coisa sobre a qual deveriam conversar com pessoas de fora do mercado era as bonificações que recebiam. "Digamos que eles me pagaram US$ 6 milhões no ano passado", diria Lippmann. "Não estou dizendo que pagaram. Foi menos do que isso. Mas não estou afirmando que foi muito menos." Antes que você pudesse protestar dizendo: "Mas eu não perguntei.", ele diria: "Pelo ano que tive, não tinha como eles me pagarem menos do que US$ 4 milhões." Agora você já estava pensando no assunto: "Então, o número está entre US$ 4 e 6 milhões." Você poderia ter começado falando sobre o Balé de Nova York, mas acabava jogando Batalha Naval. Lippmann vivia dando essas coordenadas, até que você fosse quase forçado a identificar a localização do navio — exatamente o que todo mundo em Wall Street esperava que você não fizesse.

Em outra violação do código, o negociador deixava muito claro que qualquer que fosse a quantia recebida de seus empregadores estava muito aquém do que ele merecia. "A função da alta diretoria é pagar as pessoas", disse. "Se ela ferrasse cem caras com 100 mil, isso significava mais US$ 10 milhões para ela. Existem quatro categorias de clientes: felizes, satisfeitos, insatisfeitos e indignados. Se o cliente estivesse feliz, isso significava que os altos diretores tinham se dado mal: eles não querem o cliente feliz. Por outro lado, não o querem indignado a ponto de desistir. O ponto ideal é entre o insatisfeito e o indignado." Em algum momento entre 1986 e 2006, um memorando circulava em Wall Street afirmando que, se alguém quisesse continuar ganhando dinheiro lançando papéis a esmo sem um propósito social óbvio, era melhor camuflar sua verdadeira natureza. Greg Lippmann era incapaz de disfarçar ou de mascarar seus motivos. Esta não era uma atitude incomum. O incomum era ele agir abertamente.

O aspecto menos controverso de sua personalidade era a controvérsia. Ele não era apenas um bom negociante de títulos, era ótimo. Lippman não era cruel. Não era nem mesmo rude, pelo menos não intencionalmente. Apenas evocava sentimentos extremos nos outros. Um corretor que trabalhou com ele durante anos o chamava de "o babaca conhecido como Greg Lippmann". Quando lhe perguntavam o motivo, respondia: "Ele levava tudo às últimas consequências."

"Adoro o Greg", disse um de seus chefes do Deutsche Bank. "Não tenho nenhum comentário negativo a fazer a seu respeito, a não ser que ele é completamente maluco." Mas quando a controvérsia ao redor da personalidade dele se dissipava, era possível verificar que ela se baseava em duas reclamações simples. A primeira, de que ele era interesseiro e se autopromovia. A segunda era que Lippman ficava alerta diante do interesse e da autopromoção dos outros. Ele tinha uma capacidade quase excêntrica de identificar motivos duvidosos. Se você tivesse acabado de doar US$ 20 milhões à sua universidade, por exemplo, e estivesse sentindo o brilho da devoção altruísta a uma causa maior do que você, Lippmann seria o primeiro a perguntar: "Então, você doou US$ 20 milhões porque este é o mínimo para colocar seu nome num prédio, não é?"

Esse sujeito aparece do nada para vender a Steve Eisman o que ele alega ser sua própria ideia: a de apostar contra o mercado de títulos hipotecários subprime. Lippmann defendera seu ponto de vista em uma longa e envolvente apresentação de 42 páginas. Durante os últimos três anos, os preços dos imóveis residenciais haviam crescido muito mais rapidamente do que nos últimos trinta anos. Os preços dos imóveis ainda não haviam caído, mas tinham parado de aumentar. Mesmo assim, os empréstimos garantidos por eles estavam caindo no primeiro ano a taxas vertiginosas — de 1% para 4%. Quem emprestava dinheiro para comprar uma casa e deixava de pagar em 12 meses? Lippmann continuou apresentando suas ideias e mostrou a Eisman um pequeno gráfico que criara e que, segundo ele, fora o motivo de seu interesse pelo negócio. O gráfico ilustrava um fato surpreendente: desde 2000, as pessoas cujas casas haviam subido de preço entre 1% e 5% tinham quase quatro vezes mais chances de não conseguir pagar seus empréstimos do que as pessoas cujas casas valorizaram mais de 10%. Milhões de norte-americanos só teriam condições de pagar suas hipotecas se os preços dos imóveis residenciais aumentassem drasticamente, o que permitiria que eles fizessem empréstimos ainda maiores.

Em resumo, o pulo do gato era o seguinte: o preço das residências não precisava cair. Bastava que parasse de subir com ritmo alucinante para que muitos norte-americanos deixassem de pagar seus empréstimos imobiliários.

O título da apresentação era "Vender a descoberto tranches de mezanino de hipotecas residenciais". Esta era uma forma pomposa de descrever a ideia de Mike Burry de apostar contra os empréstimos imobiliários residenciais norte-americanos: comprar CDSs dos piores tipos de títulos hipotecários subprime, classificados como BBB. O próprio Lippmann descreveu o negócio a um colega do Deutsche Bank que vira a apresentação e o chamou de Chicken Little. "Dane-se", respondeu Lippmann, "estou vendendo sua casa a descoberto."

A beleza dos CDSs era que eles resolviam o problema do tempo. Eisman não precisava mais adivinhar quando o mercado hipotecário subprime entraria em colapso. Eles também lhe permitiam se posicionar para ganhar muitas vezes os montantes que poderia perder. Pior cenário: norte-americanos insolventes conseguindo pagar seus empréstimos hipotecários subprime, o que significava ficar pagando um prêmio de seguro em torno de 2% ao ano durante pelo menos seis anos — a expectativa de vida mais longa esperada para supostos empréstimos acordados de trinta anos.

O entusiasmo com o qual os devedores subprime pagavam seus empréstimos era ainda outro aspecto estranho desse mercado emergente. Estava relacionado à estrutura dos empréstimos, que eram fixos durante dois ou três anos a uma 'taxa teaser' e artificialmente baixa antes de disparar para a taxa flutuante. "Eles estavam concedendo empréstimos a pessoas de baixa renda a uma 'taxa teaser' quando sabiam que eles não poderiam pagar a dívida a uma taxa de juros normal", disse Eisman. "O negócio era feito de forma que, quando os devedores chegassem ao final do período de 'taxas teaser', precisassem refinanciar a dívida e, com isso, os credores ganhariam mais dinheiro." Empréstimos de trinta anos foram estruturados para pagamento em apenas alguns anos. Na pior das hipóteses, se você comprasse CDSs de US$ 100 milhões em títulos hipotecários subprime, poderia acabar dispensando os prêmios durante seis anos — em outras palavras, US$ 12 milhões. Na melhor das hipóteses, as perdas com os empréstimos subiram dos atuais 4% para 8%, e você ficaria com US$ 100 milhões. Os agenciadores de apostas estavam oferecendo algo em torno de 6:1 e 10:1 quando as chances de o negócio dar certo estariam mais na ordem de 2:1. Quem quer que estivesse no negócio de fazer apostas inteligentes simplesmente não poderia ficar de fora dessa.

Quem resolvia a questão era a equipe de um só homem de Lippmann. Seu nome era Eugene Xu, mas aqueles que ouviram apresentação de Lippmann sabiam que ele era chamado de o "analista chinês de Lippmann". Xu era um analista do Deutsche Bank, mas Greg dava a todos a impressão de que o mantinha preso a seu terminal Bloomberg, como um animal de estimação. Chinês de verdade — nem mesmo sino-americano — Xu aparentemente não falava inglês, só números. Lippmann contava que a China tinha uma olimpíada nacional de matemática, na qual Eugene ficara em segundo lugar. *Em toda a China*. Eugene Xu era responsável por todos os dados quantitativos da apresentação do norte-americano. Quando Eugene entrava em cena, ninguém perturbava Lippmann para falar sobre suas contas ou seus dados. Como ele dizia: "Como um sujeito que não fala inglês pode mentir?"

Havia muito mais em jogo aí. Lippmann contava com detalhes fascinantes: o comportamento histórico dos proprietários de imóveis nos EUA; a estupidez e a corrupção das agências de classificação de risco, a Moody's e a S&P, que classificavam como BBB títulos subprime que tinham fraco desempenho quando os prejuízos com os pools subjacentes de empréstimos residenciais alcançavam apenas 8%;* a fraude generalizada no mercado hipotecário e a insanidade dos investidores em hipotecas subprime, muitos dos quais pareciam viver em Düsseldorf, na Alemanha. "Sempre que lhe perguntávamos quem estava comprando esse lixo ele respondia apenas 'Düsseldorf'", disse Vinny. Não importava se Düsseldorf estava comprando à vista títulos hipotecários subprime ou vendendo CDSs desses mesmos títulos, pois todos significavam uma só coisa: o lado comprado da aposta.

Lippmann também vibrava consigo mesmo. Ele supunha que Eisman poderia ficar tão rico com o negócio que compraria o Los Angeles Dodgers. ("Não estou dizendo que você conseguirá comprar o Dodgers.")

---

* Esses prejuízos englobavam não só os devedores que entravam em inadimplência, mas também o custo de cada inadimplência. Afinal, o credor detinha a garantia de pagamento da casa. Em geral, em caso de falta de pagamento, o credor obtinha cerca de US$ 0,50 de cada dólar. Assim, aproximadamente 16% dos devedores em um pool de hipotecas precisava entrar em inadimplência para que o pool apresentasse prejuízos de 8%.

Eisman poderia ficar tão rico que estrelas de cinema o desejariam. ("Não estou dizendo que você vai sair com a Jessica Simpson.") Com uma das mãos, Lippmann apresentava os fatos do negócio. Com a outra, ele os afastava, como um mago da adivinhação em busca de um lado oculto da personalidade de Eisman.

Com um olho em Greg Lippmann e outro em Steve Eisman, Vincent Daniel já esperava que a sala explodisse. Em vez disso, Eisman não achou Greg Lippmann reprovável. *Grande sujeito!* Eisman tinha algumas perguntas a fazer. Primeira: você poderia explicar novamente como funciona um CDS? Segunda: por que você está me pedindo para apostar contra títulos que a sua própria empresa está criando e fazendo com que as agências de classificação de risco avaliem mal? "Ao longo de toda a minha vida, nunca vi alguém do sell-side chegar e dizer 'opere vendido'", disse Eisman. Lippmann não era nem mesmo um vendedor de títulos, era um negociante que podia operar comprado nesses mesmos títulos hipotecários subprime. "Eu não desconfiava dele", diz Eisman, "eu não o entendia. Vinny era quem tinha certeza absoluta de que o cara iria nos foder de alguma maneira."

Eisman não teve problema algum em apostar contra as hipotecas subprime. Na verdade, havia poucas coisas que poderiam lhe dar tanto prazer quanto a ideia de ir dormir todas as noites, possivelmente durante os próximos seis anos, sabendo que ele estava operando vendido em um mercado financeiro que passara a conhecer e a desprezar e que explodiria um dia. "Quando ele entrou e disse que podíamos ganhar dinheiro vendendo títulos a descoberto de alto risco, era como se tivesse colocado uma supermodelo nua na minha frente", disse Eisman. "Eu só não entendia por que ele queria que eu fizesse isso." Essa pergunta, no final das contas, era mais interessante do que o próprio Steve suspeitava.

O mercado hipotecário subprime estava gerando US$ 500 bilhões em novos empréstimos por ano, mas o círculo de pessoas que redistribuíam o risco de que o mercado entraria em colapso era minúsculo. Quando a vendedora do Goldman Sachs ligou para Mike Burry e disse-lhe que a empresa tinha interesse em vender CDSs em lotes de US$ 100 milhões, Burry adivinhou, com razão, que o Goldman não estava do outro lado de suas apostas. O banco não seria estúpido a ponto de apostar de forma tão significativa que milhões de norte-americanos falidos pagariam seus empréstimos imobiliários. Ele não sabia quem, ou por que ou quanto, mas sabia que alguma entidade corporativa gigantesca com classificação AAA estava vendendo os CDSs de títulos hipotecários subprime. Somente uma empresa AAA poderia assumir esse risco, sem adiantamentos e sem perguntas. Burry também estava certo a esse respeito, mas seriam necessários mais três anos até que ele tivesse certeza absoluta. No outro lado de sua aposta contra os títulos hipotecários subprime estava a companhia de seguros AIG — American International Group, Inc. Ou melhor, uma unidade da AIG, a AIG FP.

A AIG Financial Products foi criada em 1987 por refugiados do departamento de títulos de Michael Milken na Drexel Burnham, liderados por um negociante chamado Howard Sosin, que alegou ter um modelo melhor para negociar e valorizar swaps de taxas de juros. A inovação financeira da década de 1980 trouxe todo tipo de consequências e uma delas foi um rápido aumento no número de negociações entre as grandes financeiras, as quais exigiam que cada uma assumisse os riscos de crédito da outra. Os swaps de taxas de juros — em que uma parte troca a taxa de juros flutuante pela taxa fixa da outra parte — foram uma dessas inovações. Uma vez, a Chrysler emitiu um título pelo Morgan Stanley, e as únicas pessoas que ficaram com o risco de crédito foram os investidores que compraram o título da Chrysler. A empresa de automóveis poderia vender seus títulos e, ao mesmo tempo, entrar em uma transação de swap de taxa de juros de dez anos com o Morgan Stanley — e, de uma hora para outra, ambos ficariam expostos. Se a Chrysler fosse à falência, os detentores dos títulos obviamente teriam prejuízo. Dependendo da natureza do swap e do movimento das taxas de juros, o Morgan Stanley também poderia perder. Se ele entrasse em colapso, a grande empresa automobilística, com todos aqueles que tivessem feito swaps de taxas de juros com o banco, sofreriam as consequências. O risco financeiro havia sido criado do nada, e clamava por ser identificado ou disfarçado.

Sosin entra em cena, com seu supostamente novo e melhorado modelo de swap de taxa de juros — embora a Drexel Burnham não fosse líder de mercado em swaps de taxas de juros na época. Era natural para uma corporação "blue chip" com a maior classificação de crédito estar em meio a swaps, opções de longo prazo e outras inovações de distribuição de risco. As características necessárias para essa empresa incluíam não ser um banco — ou seja, ela não estaria sujeita à regulamentação bancária e à necessidade de reservar capital para cobrir ativos de risco — e estar disposta a esconder riscos incomuns em seu balanço patrimonial. Precisava ser capaz de garantir US$ 100 bilhões em empréstimos hipotecários subprime, por exemplo, sem ter que divulgar a ninguém o que tinha feito. Não havia motivo concreto para essa empresa ser a AIG; poderia ter sido qualquer empresa AAA com um balanço patrimonial gigantesco, como a Berkshire Hathaway, ou a General Electric. A AIG chegou primeiro.

Em um sistema financeiro que gerava rapidamente riscos complexos, a AIG FP tornou-se uma grande absorvedora desses riscos. No início, deveria parecer que a empresa estava sendo paga para garantir eventos com uma probabilidade extremamente baixa de ocorrer, como de fato estava. Seu sucesso deu origem a imitadores: Zurich Re FP, Swiss Re FP, Credit Suisse FP, Gen Re FP. ("Re" significa Resseguro.) Todas essas entidades foram centrais nos acontecimentos das duas últimas décadas. Sem elas, os novos riscos criados não teriam onde se esconder e permaneceriam à vista dos reguladores do setor bancário. Quando a crise chegou, todas foram varridas pela náusea geral sentida na presença de riscos financeiros complicados. No entanto, houve um momento em que a sua existência parecia necessária ao mundo financeiro. A AIG FP era o modelo para todas as demais.

Os primeiros 15 anos da divisão foram consistentes e surpreendentemente lucrativos. Não havia a menor suspeita de que essa divisão estivesse correndo riscos que a faria perder dinheiro, muito menos abalar a gigantesca controladora. Em 1993, quando Howard Sosin saiu, levou consigo US$ 200 milhões, sua parcela do que parecia ser uma fantástica máquina de dinheiro. Em 1998, a AIG FP entrou no novo mercado por swaps de crédito corporativo. Vendeu seguros aos bancos contra o risco de inadimplência por parte de um grande número de empresas de capital aberto com grau de investimento. O CDS acabara de ser inventado por banqueiros do J.P. Morgan, que então passaram a procurar uma empresa AAA disposta a vendê-los — e encontraram a AIG FP.* O mercado começou de forma bem inocente, pelos padrões de Wall Street.

De fato, a probabilidade de que um grande número de empresas com grau de investimento em países e setores diferentes não pagasse suas dívidas ao mesmo tempo era muito baixa. Os CDSs vendidos pela AIG FP que seguravam grupos desses empréstimos provaram ser um bom negócio. Em 2001, a empresa, agora administrada por um sujeito chamado Joe Cassano, poderia contar com a geração de US$ 300 milhões ao ano, ou 15% dos lucros da AIG.

Na época, início dos anos 2000, os mercados financeiros realizaram essa fantástica jogada enganosa de vendas em dois estágios. O primeiro era aplicar uma fórmula que fora criada para lidar com o risco de crédito corporativo ao risco de crédito ao consumidor. Os bancos que usavam a AIG FP para segurar pilhas de empréstimos para a IBM e a GE procuravam a seguradora para segurar outros mais complicados, que incluíam

---

* A história de como e por que o fizeram foi contada de forma detalhada pela jornalista Gillian Tett, do *Financial Times*, em seu livro *O ouro dos tolos*.

dívida de cartão de crédito, empréstimos estudantis, empréstimos automotivos, hipotecas prime, arrendamentos de aeronaves e praticamente qualquer outro que gerasse fluxo de caixa. Como havia vários tipos de empréstimos concedidos a pessoas diferentes, a lógica que se aplicava aos empréstimos corporativos parecia se aplicar a elas também: eram diversificados o suficiente para não desandarem todos ao mesmo tempo.

O segundo estágio, que teve início no final de 2004, consistia em substituir os empréstimos estudantis, automotivos e outros por bolos ainda maiores formados apenas de empréstimos hipotecários subprime. "O problema", como explicou um corretor da AIP FP, "é que algo mais aconteceu e interpretamos como se fosse a mesma coisa que já estávamos fazendo". Os montantes de "empréstimos ao consumidor" que as empresas de Wall Street, lideradas pelo Goldman Sachs, pediram para a AIG FP segurar a passagem de 2% das hipotecas subprime para 95%. Em questão de meses, a AIG FP de fato comprou US$ 50 bilhões em títulos hipotecários subprime BBB, ao segurá-los contra a falta de pagamento. Mas ninguém disse nada a respeito — nem o CEO da AIG, Martin Sullivan, nem o diretor da AIG FP, Joe Cassano, nem o responsável pela venda dos serviços de CDSs da seguradora para as grandes empresas de Wall Street, Al Frost, do escritório da AIG FP em Connecticut. As transações, para todos os efeitos, eram autorizadas na AIG FP e depois na diretoria da AIG. Todos os envolvidos pressupunham que estavam recebendo prêmios de seguro para assumir basicamente o mesmo tipo de risco que vinham assumindo há quase uma década. Não estavam. Na verdade, eles eram os maiores proprietários de títulos hipotecários subprime do mundo.

Greg Lippmann observava seus colegas do Goldman Sachs encontrarem e aproveitarem a disposição de terceiros em vender enormes quantidades de seguros baratos para títulos hipotecários subprime e adivinhava de cara a identidade do vendedor. Boatos se espalharam rapidamente no pequeno mundo dos criadores e negociantes de títulos subprime: a AIG FP vendia CDSs de títulos subprime AAA por meros 0,12% ao ano. Doze pontos base! Lippmann não sabia exatamente como o Goldman Sachs persuadira a AIG FP a fornecer o mesmo serviço ao florescente mercado de títulos hipotecários subprime destinado ao mercado de empréstimos corporativos. Tudo o que se sabia era que, em rápida sucessão, o Goldman criou uma série de transações multibilionárias que transferiram para a AIG a responsabilidade por todos os prejuízos futuros de US$ 20 bilhões em títulos subprime BBB. Foi incrível: em troca de alguns milhões anuais, essa companhia de seguros estava assumindo o risco de que US$ 20 bilhões simplesmente desapareceriam. As transações com o Goldman foram fechadas em questão de meses e exigiram os esforços de apenas alguns especialistas da mesa de negociação do Goldman e um vendedor chamado Andrew Davilman, que, por seus serviços, logo seria promovido a diretor-executivo. Os corretores do banco de investimentos registraram lucros entre US$ 1,5 bilhão e US$ 3 bilhões — o que, até mesmo para os padrões do mercado de títulos, era um montante espetacular.

Nesse processo, o Goldman Sachs criou um título tão opaco e complexo que permaneceria mal compreendido pelos investidores e agências de classificação de crédito — a CDO (obrigação de dívida garantida ou Collateral Debt Obligation) "sintética" lastreada em títulos hipotecários subprime sintéticos. Como o CDS, a CDO havia sido inventada para redistribuir o risco de inadimplência de títulos governamentais ou corporativos e agora estava sendo remodelada para disfarçar o risco dos empréstimos hipotecários subprime. Sua lógica era a mesma dos títulos hipotecários originais. Em um título hipotecário eram reunidos milhares de empréstimos e, supondo que seria pouco provável que todos desandassem de uma só vez, criava-se uma torre de títulos, em que tanto o risco quanto o retorno diminuíam à medida que se subia andares. Em uma CDO, centenas de *títulos hipotecários* diferentes — em geral, aqueles nos andares mais baixos e de maior risco da torre original — eram agrupados e utilizados para construir uma torre nova de títulos. O observador inocente poderia perguntar de forma sensata: "Qual é o propósito de usar os andares de uma torre de dívida simplesmente para criar outra forma de dívida?". A resposta é: "Estão perto demais do chão." Com mais chances de sofrer inundações e sendo os primeiros a assumir os prejuízos, eles têm uma classificação de crédito mais baixa: BBB. Esses títulos eram mais difíceis de vender do que os AAA, nos andares superiores e mais seguros do prédio.

A resposta completa era que os lucros seriam astronômicos se esses títulos pudessem ser reclassificados como AAA, diminuindo, assim, o risco percebido, mesmo que de forma desonesta e artificial. Foi isso que o Goldman Sachs fez astutamente. Sua solução engenhosa — que logo seria a de todos — para o problema de vender os andares de baixo parece, em retrospecto, quase mágica. Tendo reunido os cem primeiros andares de cem prédios de hipotecas subprime diferentes (cem títulos diferentes classificados como BBB), eles persuadiram as agências de classificação de risco de que esses títulos não eram iguais, como aparentavam ser. Eles eram, na verdade, outra carteira diversificada de ativos! Isso era absurdo. Os cem prédios ocupavam a mesma planície; em caso de enchente, todos os andares inferiores seriam afetados igualmente. Mas isso nem importava: as agências de classificação de risco, que recebiam gordas comissões do Goldman Sachs e de outras empresas de Wall Street por cada transação avaliada, declararam 80% da nova torre de dívida como AAA.

A CDO era, na verdade, um serviço de lavagem de crédito para os residentes da classe média baixa norte-americana. Para Wall Street, era uma máquina que transformava chumbo em ouro.

Na década de 1980, o objetivo original proposto para os títulos lastreados por hipotecas era redistribuir o risco associado a empréstimos hipotecários residenciais. Esses empréstimos poderiam chegar às mãos de investidores dispostos a pagar muito por eles. A taxa de juros paga pelo proprietário do imóvel, portanto, cairia. O objetivo da inovação era tornar os mercados financeiros mais eficientes. Mas, de alguma maneira, o mesmo espírito inovador estava sendo usado para alcançar o objetivo oposto: ocultar o risco, complicando-o. O mercado pagava aos corretores de títulos do Goldman Sachs para tornar o mercado menos eficiente. Com salários estagnados e consumo crescente, massas de norte-americanos sem dinheiro tinham uma demanda quase ilimitada por empréstimos e uma grande incerteza de pagá-los. Tudo o que tinham a seu favor, do ponto de vista dos engenheiros financeiros de Wall Street, era que seus destinos poderiam ser mal-interpretados como não relacionados. Supondo que uma pilha de empréstimos hipotecários subprime não estava exposta às mesmas forças que a outra — que um título hipotecário subprime com empréstimos concentrados na Flórida não era muito parecido com um título hipotecário subprime mais concentrado na Califórnia — os engenheiros criaram a ilusão de segurança. A AIG FP aceitou a ilusão como realidade.

As pessoas que trabalhavam na mesa de operações de títulos hipotecários do Goldman Sachs eram extremamente inteligentes. Todas tinham apresentado desempenho escolar excepcional e frequentado as melhores universidades dos Estados Unidos. Mas não era preciso ser um gênio para perceber a fortuna a ser ganha com a lavagem dos títulos BBB em AAA. Encontrar US$ 20 bilhões em títulos classificados como BBB para serem "lavados" era o que exigia o talento de um gênio. Na torre original de empréstimos — o título hipotecário original — somente um único andar inferior recebeu a classificação BBB. Um bilhão de dólares de empréstimos imobiliários residenciais ruins poderiam gerar apenas US$ 20 milhões das piores tranches BBB. Dito de outro modo: para criar uma CDO de US$ 1 bilhão composta de títulos hipotecários avaliados como BBB, era preciso emprestar US$

50 bilhões em dinheiro para seres humanos reais. Isso exigia tempo e dedicação. Um CDS não precisava de nada disso.

Havia mais de uma maneira de pensar sobre a compra de US$ 1 bilhão em CDSs feita por Mike Burry. A primeira era um contrato de seguro simples, até mesmo inocente. Burry fazia seus pagamentos de prêmios semianuais e, em retorno, recebia proteção contra a inadimplência de títulos no valor de US$ 1 bilhão. Ele receberia zero de retorno se os títulos BBB que assegurava provassem ser bons, ou US$ 1 bilhão, se os títulos BBB tivessem um mau desempenho. Mas é claro que Mike Burry não era titular desses títulos hipotecários, nem nada parecido. Ele não tinha propriedade para "segurar"; era como se tivesse comprado seguro contra incêndio em uma favela com um histórico de grandes incêndios. Para ele, como para Steve Eisman, um CDS não era considerado seguro, mas uma aposta especulativa contra o mercado — e esta era a segunda maneira de pensar sobre o assunto.

Havia também uma terceira maneira de pensar sobre esse novo instrumento, considerada até mais tortuosa: uma réplica quase perfeita de um título hipotecário subprime. Os fluxos de caixa dos CDSs de Mike Burry replicavam os fluxos de caixa dos títulos hipotecários subprime BBB contra os quais ele apostava. O prêmio de 2,5% ao ano que ele estava pagando imitava o spread sobre a taxa Libor* que os títulos hipotecários subprime pagavam a um investidor real. O bilhão de dólares de algum sujeito que tivesse vendido a Mike Burry seus CDSs estaria à deriva caso os títulos tivessem um mau desempenho, e replicava o potencial prejuízo de um proprietário real de títulos.

Na superfície, o florescente mercado de apostas paralelas em títulos hipotecários subprime parecia ser o equivalente financeiro do *Fantasy*

---

* *London Interbank Offered Rate:* taxa interbancária do mercado de Londres — a taxa de juros em que os bancos emprestam dinheiro uns aos outros. No passado, considerada mais ou menos segura; hoje, considerada mais ou menos arriscada.

Football, um tipo de jogo no qual os participantes criam uma equipe imaginária com base nos jogadores reais de uma liga de futebol americano, ou seja, uma imitação benigna e tola do que seria um investimento. É pena que exista uma diferença entre o futebol e as finanças imaginárias: quando um jogador de futebol imaginário escala Peyton Manning para a sua equipe, ele não cria um segundo Peyton Manning. Quando Mike Burry comprava um CDS baseado em um título lastreado em hipoteca subprime do Long Beach Savings, ele permitia que o Goldman Sachs criasse outro título idêntico ao original em todos os aspectos, exceto um: não havia empréstimos imobiliários residenciais nem compradores de imóveis reais. Somente os lucros e os prejuízos da "aposta secundária"* nos títulos eram reais.

Assim, para gerar US$ 1 bilhão em títulos hipotecários subprime BBB, o Goldman Sachs não precisou originar US$ 50 bilhões em empréstimos imobiliários. Precisou simplesmente provocar Mike Burry ou outro pessimista do mercado a selecionar cem títulos BBB diferentes e pagar US$ 10 milhões em CDS de cada um. Assim que tivesse seu pacote (chamado de "CDO sintética", o termo sofisticado para uma CDO composta de nada além de CDS), o banco o levava para a Moody's ou a Standard & Poor's. "As agências de classificação de risco, na verdade, não tinham seu próprio modelo de CDO", afirma um ex-corretor de CDOs do Goldman. "Os bancos enviariam seu próprio modelo para a Moody's e diriam: 'O que vocês acham?'" De alguma maneira, 80% do que tinham sido títulos BBB de alto risco agora pareciam títulos AAA. Os 20% restantes, com avaliações de crédito mais baixas, em geral eram mais difíceis de vender, mas poderiam, incrivelmente, ser empilhados em outro grupo e reprocessados em mais títulos AAA. A máquina que transformou 100% de chumbo em um

* "Side bet" no original: termo do pôquer que designa uma aposta extra que funciona como um seguro contra um resultado adverso específico. [*N. do R.T.*]

minério que agora era 80% ouro e 20% chumbo aceitaria o chumbo residual e transformaria 80% disso em ouro também.

Os detalhes eram complicados, mas a essência dessa nova máquina de dinheiro era simples: transformava muitos empréstimos de risco em uma pilha de títulos, a maioria dos quais classificados como AAA, depois pegava os títulos remanescentes com a pior avaliação e os transformava em CDOs AAA. E, como não era possível estender os empréstimos imobiliários de forma rápida o bastante para criar um número suficiente de títulos com classificação mais baixa, usava os CDSs para replicar o pior dos títulos existentes, muitas e muitas vezes. O Goldman Sachs ficou entre Michael Burry e a AIG. Michael Burry pagou 250 pontos base (2,5%) para comprar CDSs dos piores títulos BBB do mercado, e a AIG pagou apenas 12 pontos base (0,12%) para vender CDSs para esses mesmos títulos, filtrados por uma CDO sintética e proclamada AAA. Havia alguns outros detalhes* — parte do chumbo

* Caro leitor, se você conseguiu acompanhar a história até agora, merece não só uma estrelinha especial, mas uma resposta para uma pergunta complicada. Se Mike Burry era o único que estava comprando CDSs de títulos hipotecários subprime, e ele comprara US$ 1 bilhão em swaps, quem assumiu os outros quase US$ 19 bilhões na ponta vendida da negociação com a AIG? A resposta é: primeiro, Mike Burry foi seguido por outros, incluindo o próprio Goldman Sachs — assim, o banco estava em posição de vender a seus clientes títulos criados por seus próprios negociantes, para poder apostar contra eles. Segundo, havia um substituto bruto, confuso, lento, mas aceitável para os CDSs de Mike Burry: os fluxos de caixa reais. De acordo com um corretor de derivativos do Goldman, o banco compraria a tranche AAA de alguma CDO, a acoplaria com os CDSs que a AIG vendia ao Goldman, que seguravam a tranche (a um custo bem inferior ao seu rendimento), declararia todo o pacote como sendo livre de risco, e o tiraria de seu balanço patrimonial. É claro que nada disso era livre de riscos: se a AIG fosse à falência, o seguro não valeria nada, e o Goldman poderia perder tudo. Hoje, o Goldman Sachs não tem como explicar o que fez, e essa falta de transparência se estende aos seus próprios acionistas. "Se uma equipe de peritos contábeis examinasse os livros do Goldman, ficaria chocada ao verificar como o banco era bom em ocultar seus negócios", afirma um ex-funcionário da AIG FP, que ajudou a resolver a confusão e que mantinha estreito contato com seus colegas do banco.

era vendido para os investidores alemães em Düsseldorf — mas, quando a poeira baixou, o Goldman Sachs havia tirado aproximadamente 2% do topo, sem riscos, e ficou com todo o lucro. Não havia necessidade de o dinheiro mudar de lado — comprado ou vendido. Os dois lados poderiam fechar uma transação com o Goldman Sachs assinando um pedaço de papel. Os empréstimos hipotecários residenciais originais, cujo destino era motivo de aposta dos dois lados, não tinham outra função. Estranhamente, existiam apenas para que seu destino pudesse ser objeto de apostas.

O mercado para "sintéticos" removeu qualquer limitação no tamanho do risco associado aos empréstimos hipotecários subprime. Para fazer uma aposta de US$ 1 bilhão, não era mais necessário acumular essa quantia em empréstimos hipotecários reais. Bastava financiar outra pessoa no mercado que estivesse disposta a assumir o outro lado da aposta.

Não era à toa que o Goldman Sachs de repente estava tão disposto a vender CDSs a Mike Burry em lotes gigantes de US$ 100 milhões, ou que o negociante de títulos do Goldman Sachs tivesse sido surpreendentemente indiferente aos títulos subprime contra os quais Mike Burry apostara. O seguro que Burry comprou foi inserido em uma CDO sintética e passado para a AIG. Os quase US$ 20 bilhões em CDSs vendidos pela AIG para o Goldman Sachs significavam US$ 400 milhões em lucros sem risco. *A cada ano*. As transações duravam tanto quanto os títulos subjacentes, que tinham uma expectativa de vida de cerca de seis anos, o que, fazendo as contas, implicava um lucro de US$ 2,4 bilhões para o corretor do Goldman Sachs.

Uma técnica de Wall Street para extrair lucros do mercado de títulos deveria ter gerado algumas perguntas. Por que corretores supostamente sofisticados da AIG FP estavam fazendo isso? Se os CDSs eram seguros, porque não eram regulados como seguros? Por que, por exemplo, a AIG não era obrigada a reservar capital para cobri-los? Por que, ainda sobre isso, a Moody's e a Standard & Poor's estavam dispostas a abençoar a 80% de um pool de empréstimos hipotecários arriscados a mesma classificação AAA que era conferida às dívidas do Tesouro dos Estados Unidos? Por que alguém dentro do Goldman Sachs não aparecia para dizer "Isso é obsceno. As agências de classificação, que dão o preço final a todos esses empréstimos hipotecários subprime, claramente não compreendem o risco, e essa estupidez está criando a receita para a catástrofe"? Ao que parece, nenhuma dessas perguntas nem sequer passou pela mente dos "market insiders" tão rápido quanto esta: como faço o que o Goldman Sachs acaba de fazer? O Deutsche Bank, especialmente, sentia-se até certo ponto envergonhado com o fato de o Goldman Sachs ter sido o primeiro a encontrar esse filão. Ao lado do Goldman Sachs, o Deutsche Bank era um dos agentes de mercado líderes em derivativos hipotecários obtusos. Düsseldorf tinha alguma função nesse novo mercado. Se houvesse alemães tolos o suficiente dispostos a comprar derivativos hipotecários subprime, o Deutsche Bank certamente seria o primeiro a encontrá-los.

Nada disso era relevante para Greg Lippmann. Ele não administrava o negócio de CDOs do Deutsche Bank — esta era responsabilidade de um sujeito chamado Michael Lamont. Lippmann era apenas o negociante responsável por comprar e vender títulos hipotecários subprime e, por extensão, CDSs de títulos subprime. Mas com tão poucos investidores dispostos a fazer uma aposta direta contra o mercado de títulos subprime, os chefes de Lippmann pediram que ele entrasse em cena para servir como substituto de Mike Burry e fazer uma aposta explícita contra o mercado. Se Lippmann pudesse comprar CDSs do departamento de CDO do Deutsche Bank, eles também poderiam fechar essas negociações com a AIG, antes que ela acordasse e parasse de fazê-las. "Greg foi forçado a vender as CDOs a descoberto", afirmou um ex-membro sênior da equipe de CDOs do Deutsche Bank. "Digo 'forçado', mas na verdade ninguém força Greg a fazer nada." Houve alguma manipulação das pessoas que administravam as operações de

CDOs da empresa, mas Lippmann se viu em um cenário desconfortável, operando vendido em títulos hipotecários subprime.

Lippmann teve pelo menos um bom motivo para não comprar uma briga feia: havia um mercado incrivelmente lucrativo prestes a ser criado. Os mercados financeiros são uma coleção de argumentos. Quanto menos transparente o mercado e mais complicados os valores mobiliários, mais dinheiro as mesas de operação das grandes empresas de Wall Street conseguem ganhar com a discussão. A disputa constante em relação ao valor das ações de uma grande empresa de capital aberto tem pouquíssimo valor, uma vez que tanto o comprador quanto o vendedor conseguem ver o preço justo da ação no registro eletrônico, e a comissão do corretor é reduzida pela concorrência. A disputa pelo valor dos CDSs para títulos hipotecários subprime — um valor mobiliário complexo derivado de outro título complexo — poderia ser uma mina de ouro. O único outro negociante que estava conquistando o mercado de CDSs era o Goldman Sachs, por isso, no início, havia pouca competição de preços. A oferta, graças à AIG, era praticamente ilimitada. O problema era a demanda: encontrar investidores que aceitassem fazer a operação de Mike Burry. Por incrível que pareça, nesse período da história financeira, depois do qual tanta coisa mudou de forma confusa e rápida, a única limitação no mercado hipotecário subprime era a escassez de pessoas dispostas a apostar contra ele.

Para vender aos investidores a ideia de apostar contra os títulos hipotecários subprime — de comprar sua pilha de CDSs —, Greg Lippmann precisava de um argumento novo e mais elaborado. Entra em cena o Grande Analista Chinês. Lippmann pediu a Eugene Xu para estudar o efeito da apreciação dos preços dos imóveis residenciais nos empréstimos hipotecários subprime. Xu fez tudo o que o segundo homem mais inteligente da China poderia fazer e, por fim, voltou com um gráfico ilustrando as taxas de inadimplência em vários cenários de preços de imóveis: preços altos, preços flutuantes, preços baixos.

Lippmann analisou os gráficos... e se surpreendeu. Até ele ficou chocado com os números. *Não era preciso que entrassem em colapso; bastava que parassem de subir tão rápido.* Os preços dos imóveis residenciais ainda estavam subindo e havia uma taxa de inadimplência beirando 4%. Se subisse apenas para 7%, os títulos com o menor grau de investimento, BBB$^-$, cairiam para zero. Se subisse para 8%, os títulos com a menor classificação seguinte, BBB, cairiam para zero.

Naquela época, novembro de 2005, Greg Lippmann percebeu que não se importava de possuir uma pilha de CDSs de títulos hipotecários subprime. Eles não eram um seguro; eram uma aposta, e ele gostava das probabilidades do jogo. Ele *queria* operar vendido.

Isso era novo. Greg Lippmann havia negociado títulos lastreados em vários empréstimos ao consumidor — automotivos, de cartão de crédito, hipotecas — desde 1991, quando se formou pela University of Pennsylvania e começou a trabalhar no Credit Suisse. Ele nunca havia conseguido operar vendido em tais títulos, porque era impossível tomá-los emprestado. A única opção que ele ou qualquer outro negociante de títulos lastreados em ativos tivera era de gostar desses títulos ou adorá-los. Nunca houve motivos para odiá-los. Agora ele poderia e iria odiá-los. Mas isso o distanciava da multidão — e também representava para Greg Lippmann um novo risco profissional. Como ele mesmo explicou: "Se você está em um negócio em que só pode fazer uma coisa e ela não dá certo, é difícil para os chefes ficarem zangados com você." Agora havia opções, mas se ele apostasse contra os títulos hipotecários subprime e estivesse errado, seus chefes ficariam bem irritados.

No verdadeiro espírito de um homem que conhece uma verdade inconveniente, Greg Lippmann partiu, com uma cópia de sua apresentação debaixo do braço, para conquistar o pessoal dos investimentos institucionais. Ele talvez tenha iniciado sua investigação do mercado hipotecário subprime com o espírito de um vendedor de Wall Street, procurando menos pela verdade do que por uma boa abordagem de vendas. Mas, por incrível que pareça, Lippmann achava que tinha um plano engenhoso para enriquecer seus clientes. Ele cobraria generosas comissões para negociar seus CDSs, mas isso provaria ser trivial diante da fortuna que eles ganhariam. Não queria mais vender; ele estava fazendo favores. *Cuidado. Um presente para você.*

Os investidores institucionais não sabiam como interpretá-lo, pelo menos não no início. "Acho que ele sofre de algum tipo de transtorno de personalidade narcisista", disse um gestor de fundos que ouviu a proposta de Lippmann, mas não entrou na operação. "Ele nos deixou muito assustados, chegou e descreveu essa operação brilhante. Faz todo sentido. Para nós, o risco era o seguinte: fechamos o negócio, a operação dá certo e depois? Como sair dela? Ele controla o mercado; talvez seja a única pessoa para quem possamos vender. Lippmann respondeu: 'Vocês não têm como sair dessa piscina sem a minha ajuda e, quando pedirem a toalha, vou acabar com vocês arrancando seus olhos.' Ele realmente disse isso, que iria acabar com a nossa raça. O cara foi totalmente transparente", comentou outro gestor.

Eles adoraram, até certo ponto, mas decidiram que não queriam passar pela experiência de terem seus olhos arrancados. "O que pesou contra Greg foi o excesso de sinceridade", afirmou o gestor de fundos.

Lippmann enfrentou as objeções normais que qualquer cliente de Wall Street manifestava a qualquer vendedor de títulos — *se o negócio é tão bom assim, por que você está me oferecendo?* —, além de outras menos comuns. Comprar CDSs significava pagar prêmios de seguros durante anos, talvez, à espera da inadimplência dos proprietários de imóveis norte-americanos. Os investidores do mercado de títulos, como os negociantes desse mercado, resistiam visceralmente a qualquer operação em que precisassem pagar para entrar e procuravam outras operações que lhes pagassem apenas por terem comparecido. (Um grande investidor do mercado de títulos batizou seu iate de *Positive Carry*, ou "carregamento positivo".) Operações em que os investidores precisavam pagar 2% ao ano só para entrar eram uma maldição. Outros tipos de investidores trouxeram outros tipos de objeções. "Não consigo explicar os CDSs aos meus investidores" era uma resposta comum à proposta de Lippmann. Ou "tenho um primo que trabalha na Moody's e ele diz que esse negócio (de títulos hipotecários subprime) é quente". Ou "falei com o Bear Stearns e eles disseram que você está louco". Lippmann passou vinte horas com um representante de um fundo de hedge e achou que o tinha convencido, mas o sujeito resolveu ligar para um colega da época da universidade que trabalhava para uma construtora e mudou de ideia.

Mas a resposta mais comum de todos os investidores que ouviram os argumentos de Lippmann era: "Estou convencido. Você está certo. Não é minha função operar vendido no mercado subprime."

Também não era função de Lippmann. Ele queria ser o pedágio, tirando um pouco de compradores e vendedores à medida que eles passassem por seus registros de operações. Agora, estava em uma relação diferente e mais obstinada com seu mercado e empregador. A posição vendida de Lippmann talvez tenha sido forçada, mas no final de 2005, ele já a havia incorporado às suas operações e acumulado US$ 1 bilhão. Dezesseis andares acima dele, na sede do Deutsche Bank em Wall Street, várias centenas de funcionários muito bem pagos compravam empréstimos hipotecários subprime, os empacotavam em títulos e os vendiam. Outro grupo preparava as tranches mais repulsivas e impossíveis de vender desses títulos, e de CDSs desses títulos, e as transformavam em CDOs. Quanto mais aumentava a posição vendida de Lippmann, maior era a expressão implícita de desprezo por essas pessoas e seu setor — um setor que se tornava rapidamente o negócio mais lucrativo de Wall Street. O custo das operações, em prêmios pagos por Lippmann, estava na casa das dezenas de milhões de dólares por ano, e seus prejuízos pareciam ainda maiores. O comprador de um CDS concordava em pagar prêmios pela duração do título hipotecário subjacente. Desde que os títulos subjacentes permanecessem em circulação, o comprador e o vendedor de CDS eram obrigados a emitir garantias reais em resposta a seus movimentos de preços. Surpreendentemente, os preços dos títulos hipotecários subprime estavam subindo. Dentro de alguns meses, a posição em CDSs de Lippmann teria de ser reduzida em US$ 30 milhões. Seus superiores pediram várias vezes a ele que explicasse por que estava agindo assim. "Muitos se perguntavam se esta era a melhor maneira de aproveitar o tempo de Greg e os nossos recursos", afirmou um executivo do Deutsche Bank que observava o crescente conflito.

Em vez de se entregar às pressões, Lippmann teve uma ideia para fazê-las desaparecer: derrubar o mercado. A AIG era praticamente a única compradora de CDOs AAA (ou seja, títulos hipotecários subprime BBB transformados em CDOs AAA). A AIG estava, no final das contas, na outra ponta dos CDSs que Mike Burry estava comprando. Se a seguradora parasse de comprar títulos (ou melhor, parasse de segurá-los contra a inadimplência), todo o mercado de títulos hipotecários subprime poderia entrar em colapso, e os CDSs de Lippmann valeriam uma fortuna. No final de 2005, ele foi a Londres para tentar fazer com que isso acontecesse. Encontrou-se com um funcionário da AIG FP chamado Tom Fewings, que trabalhava diretamente para o chefe da instituição, Cassano. Lippmann, que sempre acrescentava dados à sua apresentação, gerou sua versão mais recente de "Vender a descoberto tranches do mezanino de hipotecas residenciais" e apresentou a Fewings seus argumentos. Fewings não fez qualquer objeção séria, e Lippmann deixou o escritório da AIG achando que ele tinha se convertido à sua causa. Como previsto, logo depois da visita de Lippmann, a AIG FP parou de vender CDSs. Melhor ainda:

a empresa considerou que poderia realmente querer *comprar* CDSs. Já prevendo que poderia vender alguns deles, Lippmann acumulou mais desses swaps.

Durante um breve período, ele achou que havia mudado o mundo sozinho. Lippmann entrou na AIG FP e demonstrou como o Deutsche Bank, junto com praticamente todas as outras empresas de Wall Street, achava que eles eram bobos. A AIG FP entendeu o que se passava.

Capítulo Quatro

Como selecionar um trabalhador imigrante

Eles não notaram. Não exatamente. A primeira pessoa da AIG FP a perceber a loucura do comportamento da empresa e soar o alarme não foi Tom Fewings, que rapidamente esqueceu o encontro com Lippmann, mas Gene Park. Ele trabalhava em um escritório da AIG FP em Connecticut e ficava perto o suficiente dos negociantes de CDSs para ter uma ideia geral do que estavam aprontando. Em meados de 2005, leu uma matéria de capa do *Wall Street Journal* sobre a credora hipotecária New Century. Ele observou como os dividendos da empresa estavam altos e imaginou se deveria comprar ações da empresa para si. Entretanto, ao pesquisar sobre a New Century, Park viu que a empresa era titular de todas essas hipotecas subprime — e ele podia ver em suas próprias demonstrações financeiras que a qualidade desses empréstimos era assustadoramente ruim. Logo após sua investigação particular sobre a New Century, ele recebeu um telefonema de um antigo colega da faculdade desempregado, que não tinha um tostão furado e que recebera ofertas de vários bancos de empréstimos habitacionais para comprar uma casa que ele não podia pagar. Foi aí que caiu a ficha para Park: ele observara um colega de trabalho, Al Frost, anunciar transações com CDS com grandes empresas de Wall Street. Se um ano antes, Frost teria feito uma transação de US$ 1 bilhão por mês, agora fazia vinte delas, todas garantindo pilhas diversificadas de empréstimos ao consumidor. "Estávamos fazendo todo tipo de negociação com todo tipo de empresa de Wall Street, exceto o Citigroup", afirmou um negociante. "O Citigroup decidiu que gostava do risco, e o manteve em seus registros contábeis. Ficamos com todo o resto." Quando os operadores perguntavam a Frost por que Wall Street de repente estava tão ávida em fechar negócio com a AIG, como um deles descreveu — "ele explicava que eles gostavam da AIG porque a empresa agia rápido" — Park percebeu que a natureza dessas pilhas de empréstimos ao consumidor garantidos pela AIG FP estava mudando, que elas continham muito mais hipotecas subprime do que se imaginava, e que se os proprietários de imóveis nos Estados Unidos deixassem de pagar seus empréstimos em números cada vez maiores, a AIG não teria de onde tirar os recursos para cobrir os prejuízos. Quando Park levou isso a uma reunião, sua recompensa foi ser levado para uma sala separada por Joe Cassano, que gritou com ele e afirmou que Gene não sabia do que estava falando.

O fato de Joe Cassano, o chefe da AIG FP, ser filho de um policial e ter estudado ciência política no Brooklyn College parece muito menos importante do que sua necessidade de obediência e controle total. Ele passara boa parte da carreira, primeiro no Drexel Burnham e depois na AIG FP, não como negociante de títulos, mas trabalhando nos bastidores. Em toda a AIG FP, a visão do chefe era incrivelmente consistente: Cassano tinha uma certa maldade ao lidar com risco financeiro, mas um verdadeiro talento para intimidar qualquer pessoa que duvidasse dele. "A AIG FP tornou-se uma ditadura", afirmou um negociante londrino.

"Joe intimidava todo mundo. Ele humilhava as pessoas e tentava compensar isso com enormes somas de dinheiro."

"Um dia, ele ligou para mim aborrecido por causa de uma transação em que perdera dinheiro", conta um negociante de Connecticut. "Ele me disse: '*Quando você perde dinheiro, é o meu maldito dinheiro*. Repita isso'. Respondi: 'O quê?'"

"Repita: 'Joe, *é o seu maldito dinheiro*!' Então, eu disse: 'É o seu maldito dinheiro, Joe'."

"A cultura mudou", diz um terceiro negociante. "O nível de medo era tão alto que, quando tínhamos essas reuniões matinais, apresentávamos o que fazíamos de modo a não aborrecê-lo. Se você de alguma maneira criticasse a organização, era como abrir as portas do inferno." Um quarto operador afirma: "Joe sempre dizia: 'esta é a minha empresa. Você trabalha para a minha empresa'. Ele via você com uma garrafinha de água e dizia 'esta é a minha água'. O almoço era de graça, mas Joe sempre fazia a gente sentir como se ele o tivesse pago". Outro operador completa: "Na administração de Joe, o debate e a discussão que eram comuns na época de Tom [Savage, o CEO anterior] acabaram. Eu conversava [com Tom] da mesma maneira como estou conversando com você. Mas com Joe na plateia". Um sexto depoimento: "A maneira de lidar com Joe era sempre começar dizendo 'você está certo, Joe'".

Mesmo de acordo com o padrão dos vilões de Wall Street, cujas falhas de caráter acabam sendo exageradas diante do crime cometido, Cassano tornou-se um monstro das histórias em quadrinhos. "Um dia, ele entrou e viu que alguém tinha deixado os pesos no equipamento de musculação, na sala de ginástica", informa uma sétima fonte, em Connecticut. "Ele saiu procurando os mais sarados na empresa, tentando encontrar o culpado. Ele gritava: 'Quem deixou a porra do peso na máquina de musculação? Quem deixou a porra do peso na máquina de musculação?'."

Por incrível que pareça, Cassano podia direcionar seu ódio tanto a um negociante lucrativo quanto a um não lucrativo, porque a raiva era acionada não pelo prejuízo financeiro, mas pelo menor indício de insurreição. Mais estranho ainda, sua aversão não tinha um efeito óbvio no salário do destinatário. Um negociante poderia ser alvo de abusos de todo tipo do chefe e ainda assim receber bonificações altas no fim do ano, determinados por aquele mesmo chefe. Um dos motivos pelos quais os operadores da AIG FP aguentavam Joe Cassano, apesar dos insultos, eram os altíssimos salários. Um homem que valorizava a lealdade e a obediência acima de quaisquer outros traços de personalidade não tinha outro instrumento de comando a não ser o dinheiro. Ele funcionava como instrumento gerencial, mas até certo ponto. Se você ficasse na outra ponta de uma operação do Goldman Sachs, era melhor saber exatamente o que o banco estava planejando. A AIG FP podia atrair pessoas brilhantes, que eram perfeitamente capazes de manter o mesmo nível dos colegas do banco, no entanto, eles eram contidos por um chefe com um entendimento imperfeito das nuances de seu próprio negócio e cujo julgamento estava obscurecido por sua insegurança.

Mais para o final de 2005, Cassano promoveu Al Frost e depois procurou alguém para substituí-lo como embaixador nas mesas de operação de títulos de Wall Street. A função, na verdade, era dizer "sim" toda vez que algum negociante de Wall Street perguntasse se ele gostaria de segurar — e, portanto, de fato, comprar — uma pilha de 1 bilhão em títulos lastreados em empréstimos ao consumidor. Por vários motivos, Gene Park era um possível candidato. Assim, ele decidiu examinar os empréstimos que a AIG FP estava assegurando de forma mais detalhada. A magnitude do mal-entendido o chocou. As supostamente diversificadas pilhas de empréstimos ao consumidor agora consistiam em hipotecas subprime norte-americanas. Park realizou uma pesquisa particular. Perguntou às pessoas mais envolvidas na decisão de vender CDSs de empréstimos ao consumidor que percentual desses empréstimos eram de hipotecas subprime. Ele perguntou a Gary Gorton, um professor de Yale que havia criado o modelo utilizado por Cassano para determinar o preço dos CDSs: Gorton supôs que as pilhas eram compostas no máximo por 10% de subprime. Ele perguntou a um analista de risco em Londres, que respondeu 20%. "Nenhum deles sabia que era 95%", afirma um operador. "Tenho certeza de que Cassano também não sabia." Sua ignorância parece incrível, mas, na época, todo um sistema financeiro estava baseado no desconhecimento, e remunerava-o.

Quando Joe Cassano convidou Gene Park a Londres para a reunião em que ele seria "promovido" para criar um número ainda maior dessas bombas-relógio, Park sabia que não queria fazer parte desse jogo. Se fosse forçado a aceitar o cargo, pediria demissão. Isso, naturalmente, enfureceu Joe Cassano, que chamou Park de preguiçoso e o acusou de inventar motivos para não querer fechar transações que exigiriam burocracia. Confrontado com um novo fato — de que sua empresa tinha US$ 50 bilhões em títulos hipotecários subprime BBB, mascarados como carteiras diversificadas AAA de empréstimos ao consumidor —, Cassano primeiro procurou racionalizar a questão. Ele pensou que qualquer dinheiro recebido na venda de seguro contra inadimplência em títulos com excelente classificação de risco seria dinheiro fácil. "Para haver inadimplência", ele dizia, "os preços dos imóveis residenciais nos Estados Unidos precisariam cair", e Joe Cassano não acreditava que esses preços cairiam no país inteiro ao mesmo tempo. Afinal de contas, a Moody's e a S&P haviam classificado esses títulos como AAA!

Cassano, ainda assim, concordou em marcar uma reunião com todas as grandes empresas de Wall Street e discutir a lógica de suas transações — para investigar como um monte de empréstimos duvidosos podia ser transformado em títulos AAA. Junto com Gene Park e alguns outros, ele participou de uma série de reuniões com negociantes do Deutsche Bank, Goldman Sachs e outros, e todos argumentaram que era pouco provável que os preços dos imóveis residenciais caíssem ao mesmo tempo. "Todos disseram a mesma coisa", disse um dos negociantes presentes. "Eles apresentavam dados históricos dos últimos sessenta anos e diziam que os preços nunca caíram todos ao mesmo tempo." (Dois meses depois da reunião com o Goldman Sachs, um dos negociantes da AIG FP se encontrou com o sujeito do Goldman que havia apresentado esse argumento e que agora dizia: "Cá entre nós, você está certo. Esse negócio vai explodir".) Os negociantes da AIG FP presentes ficaram chocados com a falta de análise ou seriedade que parecia caracterizar a máquina de hipotecas subprime: era simplesmente uma aposta de que os preços dos imóveis não cairiam. Assim que ele compreendeu isso e que a interpretou como tendo sido sua própria ideia, Joe Cassano mudou de atitude. No início de 2006, ele concordou com Gene Park: a AIG FP não deveria mais assegurar essas transações — embora continuasse assegurando aquelas que já garantia.

Nessa época, a decisão não parecia ser muito importante para a AIG FP. A divisão gerava quase US$ 2 bilhões por ano em lucros. No período de pico, todo o negócio de CDSs contribuía apenas com US$ 180 milhões desse montante. Cassano ficara irritado com Park e demorou para mudar de opinião, principalmente porque Gene ousara contradizê-lo.

O único negociante de Wall Street que havia tentado persuadir a AIG FP a parar de apostar no mercado hipotecário subprime não presenciou essas atividades políticas internas. Greg Lippmann partiu do pressuposto de que a força de seu argumento tinha convencido o pessoal da AIG FP — até perceber que não foi isso que aconteceu. Ele nunca entendeu por que a seguradora mudou de ideia, mas ficou tão exposta. Não vendeu mais CDSs a Wall Street e não fez nada para compensar os US$ 50 bilhões que já havia vendido.

Até mesmo isso, pensou Lippmann, poderia causar o colapso do mercado. Se a AIG FP se recusasse a assumir a ponta comprada da operação ninguém a assumiria e o mercado de hipotecas subprime acabaria. Mas — e aqui estava o começo de um grande mistério — o mercado não esboçou reação alguma. As empresas de Wall Street encontraram novos compradores de CDOs subprime AAA — novos lugares para enfiar tranches BBB de títulos hipotecários subprime de maior risco —, embora nem mesmo Greg Lippmann soubesse direito quem eram essas pessoas.

A máquina de hipotecas subprime continuava a pleno vapor. Os empréstimos, feitos a seres humanos de verdade, só ficavam mais arriscados; porém, bizarramente, o preço do seguro — o preço de compra de um CDS — caía. Em abril de 2006, os superiores de Lippmann no Deutsche Bank pediram que ele defendesse sua aposta quixotesca. Queriam que ele ganhasse dinheiro operando como intermediário nesse novo mercado, da mesma maneira que o Goldman Sachs fazia, intermediando transações para compradores e vendedores. Chegaram a um acordo: Greg manteria sua posição vendida desde que pudesse provar que, se precisasse vender, haveria outro investidor disposto a tirar tudo de suas mãos de uma hora para outra. Ou seja, ele precisava estimular um mercado mais ativo em CDSs. Se quisesse manter sua aposta, teria de encontrar outras pessoas dispostas a acompanhá-lo.

No verão de 2006, Greg Lippmann tinha uma nova metáfora na cabeça: um cabo de guerra. Toda a máquina de empréstimos hipotecários subprime — incluindo seu próprio empregador, o Deutsche Bank — puxava em uma ponta da corda, enquanto ele, Greg Lippmann, puxava na outra ponta. Ele precisava da ajuda de outras pessoas. Todos puxavam ao mesmo tempo. Seus colegas pagariam uma comissão por Lippmann estar ao lado deles, mas eles também ficariam ricos.

Lippmann logo descobriu que as pessoas que ele mais queria que enxergassem a verdade nua e crua do mercado de hipotecas subprime — aquelas que administravam fundos especializados em operações de títulos hipotecários — eram as que menos tinham condições de enxergar algo além do que já vinham enxergando há anos. Aqui estava um fato estranho, mas verdadeiro: quanto mais perto você estivesse do mercado, mais difícil era perceber sua loucura. Ciente disso, Lippmann buscou investidores em ações bastante expostas aos preços dos imóveis residenciais, ou aos preços com queda das ações do setor imobiliário, e apresentou a eles a ideia como uma proteção. "Olha, vocês estão ganhando uma fortuna à medida que os preços aumentam. Por que não gastar um pouco para se proteger em caso de colapso?" Ganância não tinha funcionado, por isso ele tentou o medo, obtendo uma lista de todos os grandes acionistas da New Century, a grande credora subprime. Em destaque na lista estava um fundo de hedge chamado FrontPoint Partners. Ele ligou para o vendedor do Deutsche Bank para marcar uma reunião. O vendedor não percebeu que havia mais de um fundo de hedge dentro do FrontPoint — não era um único fundo, mas um conjunto de fundos de hedge administrados de forma independente — e que o fundo detentor de ações da New Century era um pequeno grupo baseado na costa oeste.

Quando Greg Lippmann chegou à sala de conferências de Steve Eisman no centro de Manhattan, Eisman o surpreendeu dizendo: "Não somos a FrontPoint que detém ações da New Century. Somos a FrontPoint que *vende a descoberto* ações da New Century". Eisman já apostava contra as ações de empresas, tais como a New Century e o IndyMac Bank, que originavam empréstimos subprime, com empresas que construíam as casas compradas com os empréstimos, tais como a Toll Brothers. Essas apostas não eram de todo satisfatórias, porque não eram apostas contra as empresas, mas um "sentimento de mercado" sobre elas. Além disso, era caro mantê-las. As empresas pagavam altos dividendos, e suas ações eram caras para pegar emprestado. A New Century, por exemplo, pagava dividendos de 20% e o empréstimo de suas ações custava 12% ao ano para pegar emprestado. Pelo prazer de vender a descoberto US$ 100 milhões em ações da New Century, Steve Eisman pagava US$ 32 milhões ao ano.

Em sua busca por investidores do mercado acionário que ele pudesse assustar anunciando um cenário de devastação como o do juízo final, Lippmann achara a sorte grande: encontrou um investidor em ações que tinha uma visão ainda mais sombria do mercado de hipotecas subprime do que ele. Eisman sabia mais sobre o mercado, seus personagens e a corrupção do que qualquer outra pessoa com quem Lippmann tivesse conversado. Se alguém poderia fazer uma aposta dramática contra o subprime, ele pensou, era Eisman — e por isso ficou intrigado quando Eisman não o fez. Ele ficou ainda mais intrigado quando, vários meses depois, o novo chefe de operações de Eisman, Danny Moses, e seu coordenador de pesquisa, Vinny Daniel, pediram que ele voltasse para explicar tudo de novo.

O problema com alguém interesseiro é que a extensão de seus interesses nunca está evidente. Danny simplesmente não confiou em Lippmann quando o conheceu. "Maldito Lippmann", ele o chamou, como se dissesse, "Maldito Lippmann, nunca olha a gente nos olhos. Não suporto isso". Vinny não acreditava que o Deutsche Bank deixaria esse cara livre para agir e torpedear seu mercado, a menos que isso atendesse aos estreitos interesses do banco. Para Danny e Vinny, Greg Lippmann era a personificação do mercado de títulos, o que quer dizer que sua única missão na terra era prejudicar os clientes.

No intervalo de alguns meses, Danny e Vinny ligaram três vezes, e Lippmann retornou a ligação — esse fato por si só aumentou as suspeitas quanto às intenções dele. Certamente, ele não estava indo de Wall Street até o centro empresarial para promover a paz mundial. Por que ele estava ali? Em cada oportunidade, Lippmann falava sem parar, e Danny e Vinny olhavam para ele intrigados. Suas reuniões adquiriram um ar de charada literária pós-moderna. A história parecia verdadeira, mesmo que o narrador parecesse suspeito. Em algum momento durante cada uma das sessões, Vinny o interrompia para perguntar: "Greg, estou tentando entender por que você está aqui". Este era o sinal para bombardear Lippmann com perguntas de acusação:

— Se essa ideia é tão boa, porque, então, você não pede demissão do Deutsche Bank e abre um fundo de hedge para ganhar uma fortuna para si?

— Eu precisaria de seis meses para montar um fundo de hedge. O mundo pode acordar para essa insanidade na semana que vem. Tenho que jogar com as cartas que me deram.

— Se essa ideia é tão boa, por que você está passando a dica de mão beijada para nós?

— Não estou fazendo nada de mão beijada. A oferta é infinita.

— Tá certo. Mas por que se incomodar em nos avisar?

— Vou cobrar de vocês para negociar. Preciso pagar minhas contas de luz.

— É soma zero. Quem está na outra ponta? Quem é o idiota?

— Düsseldorf. Alemães idiotas. Eles levam as agências de classificação a sério. Eles acreditam nas regras.

— Por que o Deutsche Bank permite que você estrague um mercado em que eles são essenciais?

— Eu não tenho qualquer tipo de ligação especial com o Deutsche Bank... Eu só trabalho lá.

— Papo furado. Eles pagam o seu salário. Como vamos saber se as pessoas que administram sua máquina de CDOs não estão apenas usando o seu entusiasmo para operar vendido em seu próprio mercado a fim de nos explorar?

— Você conhece as pessoas que administram nossa máquina de CDOs?

Em determinado momento, Danny e Vinny deixaram até de fingir que estavam buscando novas informações sobre os CDSs e os títulos hipotecários subprime. Eles só esperavam que o sujeito caísse em contradição de alguma maneira para confirmar que de fato ele era o mentiroso de Wall Street que achavam que era. "Estamos tentando descobrir onde nos encaixamos neste cenário", disse Vinny. "Não acredito que ele precise de nós porque tem demais. Por que, então, ele está fazendo isso?" De sua parte, Lippmann sentia-se como se fosse uma espécie de testemunha sendo interrogada: esses caras estavam tentando dobrá-lo. Alguns meses depois, ele passaria sua dica para Phil Falcone, que administrava um enorme fundo de hedge chamado Harbinger Capital. Falcone compraria bilhões de dólares em CDSs na hora. Ele conhecia um décimo do que Danny e Vinny sabiam sobre o mercado hipotecário subprime, mas confiava em Lippmann, e esses caras não. Em seu último encontro, Vinny finalmente explicou a questão. "Greg", disse ele, "não me leve a mal. Mas só estou tentando entender como você vai me ferrar."

Danny e Vinny nunca chegaram a terminar sua avaliação da alma de Greg Lippmann. Em vez disso, foram interrompidos por duas notícias urgentes. A primeira veio em maio de 2006: a Standard & Poor's anunciou planos para mudar o modelo usado para classificar os títulos hipotecários subprime. O modelo seria alterado em 1º de julho de 2006, dizia o anúncio, mas todos os títulos emitidos antes daquela data seriam classificados segundo o modelo antigo e supostamente menos rigoroso. De repente, a criação dos títulos subprime estourou. "Estavam emitindo aos montes, produzindo a maior quantidade possível para que pudessem ser classificados de acordo com o modelo antigo", afirmou Vinny. O medo de novas e melhores classificações mais favoráveis sugeria que mesmo as grandes empresas de Wall Street sabiam que os títulos que estavam criando estavam sobrevalorizados.

A outra dizia respeito aos preços dos imóveis residenciais. Eisman conversava frequentemente com uma analista do mercado imobiliário residencial no Credit Suisse chamada Ivy Zelman. "A medida simples da sanidade dos preços das residências" argumentou Zelman, "era a razão entre o preço médio de uma residência e a renda". Historicamente, nos Estados Unidos, essa razão era cerca de 3:1; no final de 2004, subira em nível nacional para 4:1. "As pessoas diziam que o índice era muito alto em alguns outros países também", afirmou a analista. "Mas o problema não era apenas a razão de 4:1. Em Los Angeles, a razão era de *10:1* e, em Miami, era de 8,5:1. Somado a isso estavam os compradores. Eles não eram compradores de verdade. Eram especuladores."* O número de casas à venda começou a subir em meados de 2005 e nunca parou. No meio do ano de 2006, o índice Case-Shiller de preços residenciais alcançou um pico, e os preços dos imóveis residenciais em todo o país começaram a cair. Durante um ano inteiro, os preços cairiam em 2%.

As duas notícias — elevação dos padrões de classificação de risco e preços dos imóveis residenciais em queda — deveriam ter acabado como o mercado de títulos subprime e feito com que o preço dos seguros de títulos aumentasse. Em vez disso, o preço dos seguros caiu. O seguro para a pior tranche BBB de um título hipotecário subprime agora custava menos de 2% ao ano. "Finalmente fechamos a transação com Lippmann", afirma Eisman. "Depois tentamos entender o que havíamos feito."

No instante em que fecharam sua primeira transação, eles entraram para a longa e crescente lista de e-mails de Greg Lippmann. Até o colapso, Lippmann os bombardeava com propaganda sobre o

---

* Zelman desagradou e afastou seu empregador de Wall Street com o seu pessimismo e, finalmente, pediu demissão e abriu sua própria firma de consultoria. "Já há algum tempo entendia que não era tão difícil enxergar o que estava acontecendo", diz ela. "O difícil era saber quando iria parar." A analista falava de vez em quando com Eisman, e sempre saía das conversas sentindo-se mais otimista com relação às suas visões e mais pessimista com relação ao mundo. "A gente precisava daquela certeza ocasional de que não estávamos loucos", afirmou.

mercado habitacional e suas próprias ideias sobre contra quais títulos hipotecários subprime seus clientes deveriam apostar. "Sempre que Lippmann nos oferecia um papel, Vinny e eu nos encarávamos e recusávamos", afirma Danny Moses. Eles acolhiam os conselhos de Lippmann, mas até certo ponto. Ainda não conseguiam confiar em pessoas de dentro de um departamento de títulos de Wall Street. De qualquer modo, era o trabalho deles, e não de Lippmann, avaliar os títulos individuais.

Michael Burry concentrava-se na estrutura dos empréstimos e apostava em grupos com altas concentrações dos tipos que ele acreditava que iriam quebrar. Eisman e seus sócios focavam as pessoas que fecharam as transações de empréstimos. O mercado subprime atingiu parte do público norte-americano que, em geral, nada tinha a ver com Wall Street: a tranche entre o quinto percentil e o vigésimo nono em suas avaliações de crédito. Ou seja, os credores concediam empréstimos a pessoas que tinham menor capacidade creditícia do que 71% da população. Quais desses norte-americanos mais necessitados iriam arruinar suas finanças? Quanto os preços de suas residências precisariam cair para que seus empréstimos explodissem? Que criadores de hipotecas eram os mais corruptos? Quais empresas de Wall Street estavam criando os títulos hipotecários mais desonestos? Que tipo de pessoa, e em que parte do país, apresentava o maior nível de irresponsabilidade financeira? A taxa de inadimplência no estado da Geórgia era cinco vezes maior do que na Flórida, embora os dois estados tivessem o mesmo índice de desemprego. Por quê? Indiana tinha uma taxa de inadimplência de 25%; a Califórnia, de apenas 5%, embora os californianos fossem, à primeira vista, financeiramente bem menos irresponsáveis. Por quê? Vinny e Danny voaram para Miami, onde visitaram bairros vazios construídos com empréstimos subprime, e viram com seus próprios olhos como a situação era grave. "Todos me ligam e dizem: 'Meu Deus, o que aconteceu aqui é uma calamidade'", relembrou Eisman.

Em resumo, eles fizeram o tipo de análise de crédito básica que devia ter sido feita antes de os empréstimos serem concedidos. Depois saíram em busca dos vigaristas e dos bobos. "Percebi a real gravidade da situação quando pedi a Lippmann uma lista das transações de 2006 contendo alto índice de empréstimos sem comprovação de renda", disse Eisman. Predisposto a suspeitar de fraudes no mercado, ele queria apostar contra os norte-americanos que receberam empréstimos sem precisar comprovar renda ou emprego. "Imaginei que Lippmann me enviaria transações em que 20% dos empréstimos fossem sem comprovação de renda. Na lista enviada por ele, 50% ou mais tinham sido feitos sem essa comprovação", disse Eisman.

Eles ligaram para as mesas de operações de Wall Street e pediram para consultar as listas de títulos hipotecários subprime, para que pudessem encontrar os piores e comprar o melhor seguro. As posições vendidas mais interessantes — os títulos efetivamente lastreados em hipotecas com maior risco de inadimplência — tinham várias características. Em primeiro lugar, os empréstimos subjacentes estavam concentrados no que o pessoal de Wall Street agora chamava de estados de areia: Califórnia, Flórida, Nevada e Arizona. Os preços dos imóveis residenciais nesses estados haviam aumentado depressa durante a expansão econômica e tendiam a despencar mais rápido também — e, quando isso acontecesse, essas baixas taxas de inadimplência da Califórnia subiriam vertiginosamente. Em segundo lugar, os empréstimos teriam sido feitos por credores hipotecários mais duvidosos. O Long Beach Savings, de propriedade da Washington Mutual, era um exemplo de incontinência financeira. O Long Beach Savings fora o primeiro a abraçar o modelo "originar e vender" e agora estava transferindo recursos para os compradores de imóveis da forma mais rápida possível, sem fazer muitas perguntas. Em terceiro lugar, os pools teriam um número maior do que a média de empréstimos com pouca ou nenhuma exigência de documentação — ou seja, empréstimos com maior probabilidade de fraude.

Para Eisman e seus sócios, o Long Beach Savings era especializado em pedir que os proprietários de imóveis residenciais sem crédito e sem comprovação de renda aceitassem hipotecas com taxas flutuantes. Sem entrada e com o pagamento de juros adiado, caso solicitado. Nos blogs imobiliários do sul da Califórnia proliferavam histórias de abusos financeiros possibilitados pelas chamadas ARMs (sigla de *adjustable-rate mortgages* ou hipotecas de taxas ajustáveis) com opção de pagamento de trinta anos. Em Bakersfield, na Califórnia, um agricultor mexicano de morangos com renda de US$ 14 mil e sem saber uma palavra de inglês recebeu emprestado cada centavo de que precisou para comprar uma casa por US$ 724 mil.

Quanto mais examinavam os títulos individuais, mais identificavam padrões nos empréstimos que poderiam ser explorados para obter lucro, como a nova preferência por conceder empréstimos de vasta monta a imigrantes pobres. Um dia, a empregada sul-americana de Eisman o procurou para dizer que estava planejando comprar uma casa em um condomínio no bairro do Queens. "O preço era absurdo, e ofereceram a ela uma hipoteca de taxa ajustável e sem pagamento antecipado", afirma Eisman, que a convenceu a fazer uma hipoteca convencional com taxa fixa. Logo depois, a enfermeira contratada para cuidar de suas filhas gêmeas em 2003 ligou para ele. "Ela era uma jamaicana simpática", disse Eisman. "E me disse que ela e a irmã eram proprietárias de seis casas no Queens. 'Corinne, como isso aconteceu?', perguntei." Aconteceu, porque depois de comprarem a primeira casa e o valor da propriedade aumentar, os credores sugeriram que elas refinanciassem o imóvel e ficassem com US$ 250 mil em dinheiro, que elas usaram para comprar outra casa. Em seguida, o preço dessa casa aumentou também, e elas repetiram a experiência. "Quando terminaram, eram proprietárias de cinco casas, o mercado começou a cair, e elas não tinham condições de honrar nenhum dos pagamentos."

A súbita facilidade dessa enfermeira em obter empréstimos não era acidental: como praticamente tudo o que estava acontecendo entre credores e devedores hipotecários subprime, essa facilidade era resultado dos defeitos existentes nos modelos utilizados para avaliar os títulos hipotecários subprime pelas duas principais agências de classificação de risco, Moody's e Standard & Poor's.

As grandes empresas de Wall Street — Bear Stearns, Lehman Brothers, Goldman Sachs, Citigroup e outras — tinham o mesmo objetivo que qualquer grande fábrica: pagar o mínimo possível pela matéria-prima (empréstimos residenciais) e cobrar o máximo possível pelo produto final (títulos hipotecários). O preço do produto final era movido pelas classificações atribuídas a eles pelos modelos utilizados pela Moody's e S&P. A lógica desses modelos era oficialmente secreta: tanto a Moody's quanto a S&P afirmavam ser impossível manipulá-las. Mas todo mundo em Wall Street sabia que os administradores dos modelos estavam atrás de exploração. "Quem não consegue emprego em Wall Street vai para a Moody's", disse um negociante do Goldman Sachs que virou gestor de fundos. Dentro da agência de classificação havia outra hierarquia, até menos lisonjeira para os avaliadores dos títulos hipotecários subprime. "Nas agências de classificação, o pessoal do crédito corporativo é o menos pior", afirma um dos analistas que criava títulos hipotecários para o Morgan Stanley. "Depois está o pessoal das hipotecas prime, em seguida, o dos títulos lastreados em ativos, que basicamente sofrem de morte cerebral."* As mesas de operações de títulos de Wall Street, cujos empregados recebiam salários de sete dígitos por ano, começaram a pedir aos desmiolados com morte cerebral com salários de cinco dígitos as mais altas classificações para os piores tipos de empréstimos. Eles cumpriram a missão com maestria e eficiência excepcionais. Rapidamente, perceberam, por exemplo, que o pessoal da Moody's

---

* Estranhamente, os títulos hipotecários subprime são classificados não como títulos hipotecários mas, com os títulos lastreados em empréstimos de cartão de crédito, automotivos e outras garantias reais mais estranhas, como "títulos lastreados em ativos".

e da S&P não avaliava os empréstimos residenciais individuais, e sequer prestavam atenção neles. Tudo que eles e seus respectivos modelos viam e avaliavam, eram as características gerais dos grupos de empréstimos.

A forma de lidar com a pontuação FICO era um exemplo. A pontuação FICO — assim chamada porque foi inventada, na década de 1950, por uma empresa chamada Fair Isaac Corporation — tinha o objetivo de medir a capacidade de obter crédito dos tomadores de empréstimo individuais. A mais alta pontuação FICO possível era 850; a mais baixa, 300; a mediana nos Estados Unidos era 723. A pontuação FICO era simplista. Não levava em conta a renda do tomador de empréstimo, por exemplo. Também podia ser burlada. Um candidato a tomador de empréstimo poderia aumentar sua pontuação FICO ao fazer um empréstimo de cartão de crédito e pagar a dívida. Mas isso não importa: o problema com a pontuação FICO acabou ofuscado pela forma inapropriada com que era usada pelas agências de classificação de risco. A Moody's e a S&P pediram aos empacotadores de empréstimos não uma lista da pontuação FICO de todos os tomadores de empréstimos, mas a *média* da pontuação FICO do pool de empréstimos. Para atender aos padrões das agências de classificação — maximizar o percentual de títulos AAA criados a partir de qualquer pool de empréstimos — a pontuação FICO média dos tomadores no pool precisava ser aproximadamente 615. Havia mais de uma maneira de chegar a esse número. E aí estava a grande sacada. Um pool de empréstimos composto por tomadores com pontuação FICO de 615 tinha uma probabilidade muito menor de sofrer grandes prejuízos do que um pool cuja metade era de tomadores com pontuação FICO de 550 e a outra metade com pontuação FICO de 680. Era quase certo que a pessoa com pontuação FICO de 550 deixaria de pagar e que não devia ter recebido o empréstimo. Mas o furo nos modelos das agências de classificação permitiu que o empréstimo fosse feito, desde que o devedor com pontuação FICO de 680 fosse encontrado para contrabalançar o caloteiro e manter a média em 615.

Onde encontrar tomadores de empréstimos com alta pontuação FICO? Aqui as mesas de operações de Wall Street exploraram outro ponto cego nos modelos das agências de classificação. Aparentemente, as agências não entenderam a diferença entre uma pontuação FICO "fina" e uma "grossa". Uma pontuação FICO "fina" implicava um breve histórico de crédito. O arquivo era fino porque o tomador de empréstimo não tinha um longo histórico de empréstimos. Os imigrantes que nunca deixaram de pagar uma dívida, porque nunca haviam recebido um empréstimo, em geral tinham pontuação FICO "fina" surpreendentemente alta. Assim, uma enfermeira jamaicana ou um agricultor mexicano de morangos com uma renda de US$ 14 mil e o desejo de pedir emprestado US$ 750 mil, quando filtrados segundo os modelos da Moody's e da S&P, se tornavam mais úteis, do ponto de vista de mascarar o crédito. Eles poderiam, de fato, melhorar a aparente qualidade do pool de empréstimos e aumentar o percentual que poderia ser declarado AAA. O mexicano colheu morangos, Wall Street colheu sua pontuação FICO.

Os modelos usados pelas agências de classificação estavam repletos desse tipo de oportunidade. O truque era encontrá-las antes das outras empresas. Por exemplo, descobrir que tanto a Moody quanto a S&P favoreciam hipotecas de taxas flutuantes com baixas taxas iniciais em relação às taxas fixas. Ou que não se importavam se um empréstimo tivesse sido feito em um mercado imobiliário florescente ou normal. Ou que pareciam não perceber a fraude implícita nos empréstimos sem comprovação de renda. Ou que estavam cegas à presença de "segundas silenciosas" — segundas hipotecas que privavam o proprietário do imóvel de seu patrimônio líquido, que ficava sem incentivo financeiro algum e acabava entregando as chaves da casa ao banco e abandonando o negócio. Toda vez que algum empacotador espertinho de títulos hipotecários de Wall Street descobria outro exemplo da idiotice ou da negligência das agências de classificação de risco, ele tinha uma vantagem competitiva no mercado: pools de empréstimos mais podres eram mais baratos de comprar do que os menos podres. Pools concentrando empréstimos de curto e longo prazos, com pontuações FICO muito baixas e muito altas, eram uma barganha em comparação com os grupos concentrados em torno da média 615 — pelo menos até que o restante de Wall Street percebesse o furo nos cérebros das agências de classificação de risco e aumentasse seu preço. Antes de isso acontecer, a empresa de Wall Street tinha um monopólio perverso. Ela ligava para um originador e dizia: "Não conta para ninguém, mas se você me trouxer um pool de empréstimos com alta pontuação FICO 'fina', pagaremos mais do que o restante do mercado". Quanto mais grosseiros os erros das agências de classificação, maiores as oportunidades para as mesas de operações de Wall Street.

Na metade do segundo semestre de 2006, Eisman e seus sócios não sabiam de nada disso. Só sabiam que os bancos de investimento de Wall Street aparentemente empregavam pessoas só para manipular os modelos das agências de classificação de risco. Em um mercado racional, os títulos lastreados em pools de empréstimos mais fracos teriam um preço menor do que os títulos lastreados em empréstimos mais fortes. Os títulos hipotecários subprime tinham seus preços determinados pelas classificações conferidas pela Moody's. As tranches AAA eram todas negociadas a um preço, as tranches BBB eram negociadas a outro, embora houvesse diferenças significativas de uma tranche BBB para outra. Como os títulos tinham seu preço definido pela classificação da Moody's, aqueles com preços mais altos eram os que haviam sido classificados da forma mais absurda possível. Esses eram os títulos que as empresas de Wall Street fizeram as agências de classificação avaliar de forma mais inadequada. "Não entra na minha cabeça que isso seja permitido", afirmou Eisman "acho que já disse isso mil vezes."

Eisman não sabia exatamente como as agências de classificação tinham sido ludibriadas. Ele precisava saber. Assim, começou a longa busca de sua equipe para encontrar os títulos mais supervalorizados em um mercado de títulos supervalorizados. Aproximadamente um mês depois, após a compra dos primeiros CDSs para títulos hipotecários subprime de Lippmann, Vincent Daniel e Danny Moses foram a Orlando participar de uma conferência sobre o assunto. O nome da conferência era vago — ABS East — mas, na verdade, era uma feira voltada para um setor bem restrito: os sujeitos que originavam hipotecas subprime, as empresas de Wall Street que empacotavam e vendiam essas hipotecas, os gestores de fundos que investiam apenas em títulos lastreados em hipotecas subprime, as agências que classificavam esses títulos e os advogados que faziam o que os advogados fazem. Daniel e Moses acreditaram que faziam uma visita de cortesia a um setor secundário, mas estavam enganados. "Havia muita gente que vivia à custa desse setor", disse Daniel. "Aí percebemos que os departamentos de renda fixa das empresas de corretagem estavam baseados nisso."

Foi aí também que fizeram o primeiro contato cara a cara com as agências de classificação. O pessoal de Greg Lippmann preparou tudo para eles, com a condição de que não mencionassem que estavam apostando contra os títulos hipotecários subprime, e não a favor. "Nosso único objetivo deveria ser: 'Estamos aqui para comprar esses títulos'. As pessoas deveriam pensar: 'Ah, eles querem comprar títulos porque devem estar atraentes'", afirmou Moses. Em uma pequena sala no hotel Orlando Ritz-Carlton, eles se reuniram com a Moody's e a S&P. Vinny e Danny já suspeitavam de que o mercado subprime havia subcontratado sua análise de crédito a pessoas que não estavam fazendo análise de crédito. Nada do que ouviram naquele dia acalmou suas suspeitas. O pessoal da S&P estava cauteloso, mas a moça da Moody's foi surpreendentemente franca. Ela disse a eles que, embora fosse responsável pela avaliação dos títulos hipotecários subprime, não tinha permissão dos chefes para baixar a classificação daqueles que, em sua opinião, mereciam ter a classificação baixada. "Ela disse que submetia uma lista com cem títulos e recebia de volta uma com 25, sem qualquer explicação", afirmou Danny.

Vinny, o analista, fez a maioria das perguntas, mas Danny participou com grande interesse. "Vinny entrega o jogo", disse Moses. "Quando ele fica interessado, coloca a mão na boca, apoia o cotovelo na mesa e diz: 'Deixa eu perguntar uma coisa...'. Quando vi que ele estava agindo assim, percebi que suspeitava de algo."

— O que não entendo é o seguinte — disse Vinny, com a mão no queixo. — Você tem dois títulos que parecem idênticos. Como um deles é classificado como AAA e o outro não?

— Não sou eu quem toma as decisões — respondeu a moça da Moody's, mas ela ficou claramente apreensiva.

— Outra coisa que não consigo entender — disse Vinny. — Como avaliar uma parte de um título composto exclusivamente de hipotecas subprime AAA?

— Essa é uma boa pergunta.

Bingo.

"Ela foi ótima porque não sabia quais eram as nossas intenções", disse Moses.

Eles ligaram para Eisman de Orlando e disseram: "Por mais corrompido que você considere o setor, a coisa é pior". "Orlando não era sequer a conferência principal", afirmou Daniel. "Orlando era uma conferência de pouca importância. A nata se reunia em Las Vegas. Dissemos a Steve: 'Você precisa ir a Vegas. Só pra ver isso.'" Eles realmente acharam que estavam diante de um segredo. Durante o terceiro trimestre de 2006, eles se comportaram como se tivessem se deparado com um fantástico mapa do tesouro, embora dotado de poucas e confusas instruções. Eisman chegava em casa à noite muito mais bem-humorado do que de costume, causando espanto à esposa. "Eu estava feliz", diz Valerie. "Pensei: 'Graças a Deus existe um lugar para aliviar toda essa angústia'. Ele dizia: 'Descobri uma coisa. É uma mina de ouro. Ninguém mais sabe disso.'"

Capítulo Cinco

Capitalistas acidentais

O que Eisman descobrira de fato era uma mina de ouro, mas não era segredo. Em setembro de 2006, Greg Lippmann havia apresentado seu argumento a cerca de 250 grandes investidores em particular, e a mais centenas de pessoas nas conferências do Deutsche Bank. No final de 2006, de acordo com o PerTrac Hedge Fund Database Study, 13.675 fundos de hedge reportaram resultados, e milhares de outros tipos de investidores institucionais investiram em CDSs. A mensagem de Lippmann, de uma forma ou de outra, havia chegado até eles. No entanto, somente cerca de cem deles interessou-se por CDSs de títulos hipotecários nesse novo mercado. A maioria comprou o seguro para hipotecas subprime não como uma aposta direta contra elas, mas como uma proteção contra a aposta implícita que haviam feito *nelas* — suas carteiras de ações ou títulos relacionados a imóveis norte-americanos. Um grupo menor usava os CDSs para fazer o que muitas vezes acabavam sendo apostas espetacularmente desastrosas no valor relativo dos títulos hipotecários subprime: comprar um desses títulos vendendo outro ao mesmo tempo. Eles apostariam, por exemplo, que os títulos com um número maior de empréstimos feitos na Califórnia teriam pior desempenho do que aqueles com poucos empréstimos feitos no mesmo lugar. Ou que o patamar superior de títulos AAA teria melhor desempenho do que os BBB, de patamar inferior. Ou que os títulos emitidos pelo Lehman Brothers ou Goldman Sachs (ambos famosos por empacotar os piores empréstimos imobiliários dos Estados Unidos) teriam desempenho pior do que os empacotados pelo J.P. Morgan ou pelo Wells Fargo (que, de fato, pareciam se preocupar um pouco com o tipo de empréstimo que era empacotado em títulos).

Um grupo menor de pessoas — mais de dez e menos de vinte — fez uma aposta direta contra todo o mercado multitrilionário de hipotecas subprime e, por extensão, contra o sistema financeiro global. Por si só esse era um fato extraordinário: a catástrofe era previsível, mas pouquíssimos percebiam. Entre eles havia um fundo de hedge de Mineápolis chamado Whitebox, outro de Boston chamado The Baupost Group, mais um de São Francisco, o Passport Capital, mais outro de Nova Jersey, o Elm Ridge, além de um grupo de Nova York: Elliot Associates, Cedar Hill Capital Partners, QVT Financial e Philip Falcone's Harbinger Capital Partners. O que a maioria dos investidores tinha em comum era o fato de que haviam ouvido, de forma direta ou indireta, os argumentos de Greg Lippmann. Em Dallas, Texas, um ex-vendedor de títulos do Bear Stearns, Kyle Bass, criou um fundo de hedge chamado Hayman Capital em meados de 2006 e, logo depois disso, comprou CDSs de títulos hipotecários subprime. Bass ouvira a ideia de Alan Fournier, da Pennant Capital, em Nova Jersey — que, por sua vez, ouvira a ideia de Lippmann. Um rico investidor imobiliário norte-americano chamado Jeff Green comprou vários bilhões de dólares em CDSs para títulos hipotecários subprime para si depois de ouvir falar deles por meio de John Paulson, gestor de fundos de hedge de Nova York. Paulson também ouviu falar da história de Greg

Lippmann — e, como ele havia desenvolvido uma posição maciça em CDS, usou Lippmann para sondar opiniões. Um operador de "investimento próprio" do Goldman Sachs, em Londres, informou que um operador no Deutsche Bank, em Nova York, tinha um forte argumento, atravessou o país para se encontrar com Lippmann e voltou proprietário de CDSs no valor de US$ 1 bilhão em títulos hipotecários subprime. Um investidor de um fundo de hedge grego chamado Theo Phanos ouviu Lippmann falar sobre a sua ideia em uma conferência do Deutsche Bank em Phoenix, no Arizona, e imediatamente fez sua própria aposta. Se alguém mapeasse como essa ideia se espalhou, como seria feito no caso de um vírus, a maioria das linhas indicavam Lippmann. Ele era o Paciente Zero. Apenas um portador da doença poderia alegar de maneira plausível que o infectara. No entanto, Mike Burry estava preso em seu escritório em San Jose, na Califórnia, e não falava com ninguém.

Esse mundo minúsculo dos investidores que fizeram grandes apostas contra os títulos hipotecários subprime continha um mundo ainda menor dentro dele: pessoas para quem o negócio se tornou uma obsessão. Um grupo pequeno de investidores percebeu o que estava acontecendo não só ao sistema financeiro, mas também à sociedade a qual ele deveria atender. Fizeram investimentos tão grandes contra esse sistema, em relação ao seu capital, que acabaram desistindo de atuar como gestores de investimento convencionais e partiram para outra coisa. John Paulson era o que tinha mais dinheiro para investir, por isso era o exemplo mais óbvio. Nove meses depois que Mike Burry tentou criar, sem sucesso, um fundo exclusivamente para comprar CDSs para títulos hipotecários subprime, Paulson conseguiu, apresentando-os aos investidores não como uma catástrofe prestes a acontecer, mas como um hedge barato contra a possibilidade remota de uma catástrofe. Paulson era 15 anos mais velho do que Burry, e muito mais conhecido em Wall Street. Entretanto, ele ainda era, de certa maneira, um intruso. "Liguei para o Goldman Sachs para perguntar sobre Paulson", afirmou um rico investidor a quem Paulson havia solicitado recursos em meados de 2006. "Eles me disseram que ele era o cara de um fundo de hedge de "terceira classe" que não sabia do que estava falando." Paulson captou vários bilhões de dólares dos investidores que consideraram esse fundo uma apólice de seguros para suas carteiras de ações e títulos relacionados a imóveis. O que o preparou para ver o que estava acontecendo no mercado de títulos hipotecários, segundo o próprio Paulson, foi um histórico de buscar sempre títulos supervalorizados contra os quais apostar. "Eu adorava o conceito de vender a descoberto com um título, porque o risco de maus resultados é limitado", ele disse. "É uma aposta assimétrica." Paulson ficou chocado em constatar como era mais fácil e mais barato comprar um CDS do que vender a descoberto um título ao valor de mercado — embora representassem exatamente a mesma aposta. "Consegui meio bilhão. Eles disseram: 'Quer tentar um bilhão?' E eu disse: 'Por que estou perdendo tempo aqui?' Foram necessários dois ou três dias para chegar a US$ 25 bilhões." Paulson nunca havia encontrado um mercado no qual o investidor poderia operar vendido US$ 25 bilhões em uma ação ou título sem fazer com que o preço oscilasse, ou até mesmo despencasse. "Poderíamos ter chegado aos US$ 50 bilhões, se quiséssemos."

Até mesmo no fim do verão de 2006, quando os preços dos imóveis residenciais nos EUA começaram a cair, somente um certo tipo de pessoa conseguia enxergar o lado ruim das coisas e reagir a elas — discernir, no perfil de uma bela jovem, o rosto de uma bruxa velha. Cada uma dessas pessoas dava um conselho diferente sobre o sistema financeiro, da mesma forma que as pessoas que sobrevivem a acidentes aéreos falam sobre o desastre. Todas elas eram, por definição, estranhas, cada uma a sua maneira. John Paulson estava interessado em apostar contra os empréstimos duvidosos e dedicado a tentar convencer outras pessoas a fazê-lo junto com ele. Mike Burry era estranho em seu desejo de ficar isolado da opinião pública e do contato direto com outros seres humanos; em vez disso, se concentrava em dados concretos e em incentivos que orientam o comportamento financeiro futuro. Steve Eisman era estranho em sua convicção de que alavancar a classe média norte-americana era um evento corrompido e corrompedor, e que o mercado hipotecário subprime em particular era um motor de exploração e, por fim, de destruição. Cada um ocupava um espaço; cada um tinha uma visão que complementava a do outro, uma atitude diante do risco que, se fosse mais predominante, poderia ter evitado a catástrofe. Mas havia pelo menos uma lacuna que nenhum investidor profissional de ponta conseguia preencher, e quem o fez foi Charlie Ledley.

Ledley, o curiosamente incerto, era estranho em sua crença de que a melhor maneira de ganhar dinheiro em Wall Street era buscar aquilo que Wall Street acreditasse ser menos provável de acontecer, e apostar que isso iria acontecer. Charlie e seus sócios já haviam feito isso muitas vezes, e tinham alcançado sucesso suficiente para saber que os mercados estavam predispostos a subestimar a probabilidade de mudanças drásticas. Mesmo assim, em setembro de 2006, ao folhear um documento enviado a ele por um amigo, uma apresentação sobre como operar vendido em títulos hipotecários subprime preparada por um sujeito do Deutsche Bank chamado Greg Lippmann, a primeira coisa que Ledley pensou foi: "Isso é bom demais para ser verdade." Ele nunca havia negociado um título hipotecário, não sabia praticamente nada sobre imóveis e ficava impressionado com o jargão do mercado de títulos. Na verdade, não tinha nem certeza de que o Deutsche Bank ou outra pessoa qualquer permitiria que ele comprasse CDSs de títulos hipotecários subprime — afinal esse era um mercado para investidores institucionais, e ele e seus dois sócios, Ben Hockett e Jamie Mai, não poderiam ser considerados uma instituição. "Mas acabei de ver isso e pensei 'como é possível?'" Ele mandou a ideia a seus sócios com a pergunta: "Por que não existe alguém mais esperto do que nós fazendo isso?"

* * *

Todo novo negócio é inerentemente implausível, mas a ideia de Jamie Mai e Charlie Ledley, no início de 2003, para uma empresa de gestão de investimentos beirava o absurdo: dois homens de 30 anos com uma conta na Schwab de US$ 110 mil ocupam uma garagem no fundo do quintal da casa de um amigo em Berkeley, na Califórnia, e se intitulam Cornwall Capital Management. Nenhum deles tinha motivo para acreditar que tinha qualquer talento para investir. Ambos trabalharam por um breve período de tempo para a empresa de private equity Golub Associates como soldados presos às suas mesas, mas nenhum dos dois realmente havia tomado decisão alguma de investimento de verdade. Jamie Mai era alto e bonito. Ele tinha o ar de alguém que está no comando — até abrir a boca e trair sua falta de confiança em tudo, assim como o hábito de gaguejar e interromper sua fala no meio como se não estivesse certo do que dizia. Charlie Ledley era ainda pior: era pálido como um coveiro e tinha os modos de um homem que fazia de tudo para protelar ao máximo qualquer ação definitiva. Se faziam a ele uma pergunta simples, sua reação era olhar para o nada, balançar a cabeça e piscar como um ator que esqueceu suas falas, de modo que, quando finalmente abria a boca, o som que emergia fazia você pular da cadeira. *Ele fala!*

Ambos eram vistos pelos contemporâneos como pessoas de bom coração, desorganizadas, brilhantes, curiosas, mas sem uma direção certa — o tipo de gente que poderia comparecer à festa de comemoração dos 15 anos de formatura com a barba por fazer e uma história de vida complicada. Charlie saiu do Amherst College após seu primeiro ano para ser voluntário na primeira campanha presidencial de Bill Clinton e, embora tenha voltado aos estudos, ficou muito mais interessado em seu próprio idealismo do que em ganhar dinheiro. O primeiro emprego dele depois de formar-se pela Duke University foi entregar barcos à vela a ricaços ao longo da costa leste dos Estados Unidos. ("Foi aí que se tornou claro para mim que eu teria que escolher uma profissão para seguir.") Aos

28 anos, ele tirara 18 meses de licença para viajar pelo mundo com a namorada. Frequentara Berkeley não em busca de solo fértil onde pudesse multiplicar seu dinheiro, mas porque a namorada queria morar lá. Charlie nem mesmo queria estar em Berkeley; ele crescera em Manhattan e se transformava em abóbora quando atravessava uma ponte ou túnel. Mudou-se para Berkeley porque a ideia de gerir investimentos em conjunto e os US$ 110 mil eram de Jamie, assim como a garagem em que Charlie agora dormia.

Em vez de dinheiro ou bom senso, o que eles tinham era uma ideia sobre mercados financeiros. Ou, para ser mais exato, uma série de ideias relacionadas. Sua atuação no mercado de private equity — em que empresas compram e vendem firmas inteiras no mercado de balcão — os levou a acreditar que os mercados de negociações de ações privadas poderiam ser mais eficientes do que os públicos. "Em transações privadas", afirmou Charlie, "normalmente temos um assessor nos dois lados que é sofisticado. Não temos colaboradores que não sabem o valor das coisas. Nos mercados públicos, existem pessoas focadas em rendimentos trimestrais em vez de no negócio em si. Há gente fazendo coisas pelos motivos mais bizarros." Eles acreditavam também que os mercados financeiros públicos não tinham investidores com interesse na economia como um todo. O pessoal do mercado de ações dos EUA tomava decisões em seu próprio mercado de ações; o pessoal do mercado de títulos do Japão tomava decisões no mercado de títulos japonês; e assim por diante. "Existem pessoas que não fazem nada além de investir em dívida de assistência médica com capitalização média", disse Charlie. "Não acho que o problema seja específico de finanças. Acho que o paroquialismo é comum à vida intelectual moderna. Não há tentativa de integração." Muitas pessoas são bem remuneradas pelo mercado financeiro por uma especialização restrita, e poucas recebem pouco por visões globais e panorâmicas que são necessárias quando é preciso alocar capital entre mercados.

No início de 2003, a Cornwall Capital acabara de abrir as portas, o que significava que Jamie e Charlie passavam ainda mais tempo de seus dias na garagem de Berkeley — o quarto de Charlie — discutindo sobre o mercado. Eles decidiram que a Cornwall Capital não procuraria simplesmente ineficiências de mercado, mas em âmbito global, em todos os mercados: ações, títulos, câmbio, commodities. A essas duas ambiciosas metas eles logo acrescentaram uma terceira, até menos simples, quando se depararam com a primeira grande oportunidade: uma empresa de cartões de crédito, chamada Capital One Financial.

A Capital One era um raro exemplo de empresa que parecia ter encontrado uma maneira inteligente de emprestar dinheiro com pouca capacidade creditícia. Seu negócio era cartões de crédito, e não empréstimos imobiliários, mas lidava com a mesma classe socioeconômica de pessoas cujos empréstimos imobiliários terminariam em catástrofes apenas alguns anos depois. Ao longo da década de 1990 e durante a década de 2000, a empresa alegava, e o mercado acreditava, que ela possuía melhores instrumentos do que outras para analisar a capacidade creditícia de usuários de cartão de crédito subprime e para precificar o risco de emprestar a eles. Tinha sobrevivido a um período difícil do setor, no final da década de 1990, quando muitas concorrentes foram à falência. Em julho de 2002, as ações da empresa despencaram, caindo 60% em dois dias, depois de a diretoria da Capital One ter divulgado que havia uma disputa interna. A questão era sobre quanto capital precisavam reservar como garantia contra potenciais prejuízos subprime com seus dois reguladores governamentais, a Office of Thrift Supervision (agência de supervisão de instituições de poupança) e o Federal Reserve.

De repente, o mercado se dera conta de que a Capital One não era realmente mais esperta do que o restante do seu setor, mas era melhor em ocultar seus prejuízos. Os reguladores haviam descoberto a fraude e o mercado suspeitava e estava prestes a punir a Capital One. Evidências circunstanciais organizaram-se em torno do que parecia um caso de condenação. Por exemplo, a SEC anunciou que estava investigando o CFO da companhia, que acabara de renunciar, por vender suas ações na empresa dois meses antes de ela anunciar sua disputa com os reguladores e o preço das ações despencar.

Ao longo dos seis meses seguintes, a empresa continuou a ganhar dinheiro a taxas impressionantes. Alegava que não havia feito nada de errado, que os reguladores estavam sendo caprichosos e não anunciaram prejuízos significativos em sua carteira de US$ 20 bilhões em empréstimos subprime. Os preços das ações continuaram baixos. Charlie e Jamie estudaram o caso, o que quer dizer que participaram de conferências do setor e ligaram para várias pessoas que não conheciam pedindo informação de todo tipo: vendedores a descoberto, ex-empregados da Capital One, consultores de gestão que assessoraram a empresa, concorrentes e até mesmo reguladores do governo. "O que ficou claro era que havia uma quantidade limitada de informação disponível e nós tínhamos a mesma informação que todo mundo" disse Charlie. Eles decidiram que a Capital One provavelmente tinha recursos melhores para fazer empréstimos subprime. Isso deixava apenas uma pergunta em aberto: será que ela era administrada por bandidos?

Essa não era uma pergunta que dois desconhecidos de 30 e poucos anos, aspirantes a investidores em Berkeley, na Califórnia, com US$ 110 mil em uma conta da Schwab deveriam achar que tinham condições de responder. Mas eles acharam. Partiram em busca de ex-colegas de faculdade do CEO da Capital One, Richard Fairbank, e colecionaram referências sobre sua personalidade. Jamie fez pesquisas nos registros financeiros da SEC sobre a Capital One em busca de alguém na empresa que ele pudesse conhecer. "Se tivéssemos pedido para falar com o CEO, certamente não teríamos conseguido", explicou Charlie. Finalmente, surgiu o nome de Peter Schnall, vice-presidente encarregado da carteira subprime. "Fiquei com a impressão de que eles não se importavam muito com as pessoas com quem Peter Schnall conversava", afirmou Charlie. "Porque quando liguei e pedi para falar com Peter, a atitude deles foi 'e por que não?'." Eles se apresentaram como a Cornwall Capital Management, mas não mencionaram o que era a empresa. "É engraçado", conta Jamie, "as pessoas não se sentem confortáveis perguntando quanto dinheiro você tem e por isso você não precisa contar a elas."

Perguntaram a Schnall se eles poderiam visitá-lo para conversar antes de fazer um investimento. "Tudo o que queríamos era ver se ele parecia um bandido", disse Charlie. Julgaram-no como persuasivo. Curiosamente, ele estava comprando ações de sua própria empresa. Saíram da reunião achando que a disputa da Capital One com seus reguladores era irrelevante e que a empresa era honesta. "Concluímos que talvez fossem uns cretinos, mas provavelmente não eram", disse Jamie.

O que aconteceu em seguida os levou, quase que por acidente, a uma abordagem incomum aos mercados financeiros que logo os tornaria ricos. Nos seis meses após a divulgação dos problemas da empresa com o Federal Reserve e a Office of Thrift Supervision, as ações da Capital One estavam sendo negociadas a uma faixa estreita de cerca de US$ 30 a ação. Essa estabilidade mascarava uma profunda incerteza. Trinta dólares por ação claramente não era o preço "certo" da Capital One. A empresa ou era uma fraude e, nesse caso, as ações ou valiam zero ou era tão honesta quanto Charlie e Jamie supuseram e, nesse caso, as ações valiam cerca de US$ 60. Jamie Mai tinha acabado de ler *You Can Be a Stock Market Genius* [Você pode ser um gênio do mercado, em tradução livre], um livro de Joel Greenblatt, o mesmo sujeito que apostou no fundo de hedge de Mike Burry. Depois, Greenblatt descreveu como poderia ganhar muito dinheiro usando um derivativo chamado LEAP (sigla de *Long-term Equity Anticipation Security*), que conferia ao comprador o direito de comprar ações a um preço fixo durante determinado período de tempo. Havia momentos, explicou Greenblatt, em que fazia mais sentido comprar opções de uma ação do que a própria ação. Isso, no mundo de "investidores em valor" de Greenblatt, era uma verdadeira heresia. Os "investidores em valor" tradicionais evitavam as opções porque elas supunham a capacidade de cronometrar as oscilações de preços em ações subvalorizadas. O ponto simples defendido por Greenblatt era que, quando o valor de uma ação obviamente dependia de algum evento iminente cuja data era conhecida (a data de uma fusão, por exemplo, ou a de um julgamento), o investidor poderia, em sã consciência, empregar opções para expressar suas visões. Isso deu a Jamie uma ideia: comprar uma opção de longo prazo para adquirir as ações da Capital One. "Era mais ou menos assim: 'Uau, tivemos essa visão — essa ação ordinária parece interessante. Mas, caramba, olha os preços dessas opções!'."

O direito de comprar ações da Capital One por US$ 40 a qualquer momento nos próximos dois anos e meio custava um pouco mais de US$ 3. Isso não fazia sentido. Os problemas da Capital One com os reguladores seriam resolvidos, ou não, nos poucos meses seguintes. Quando fossem resolvidos, as ações cairiam a zero ou subiriam para US$ 60. Analisando um pouco melhor a questão, Jamie verificou que o modelo utilizado em Wall Street para determinar o preço dos LEAP, o modelo de Black-Scholes de precificação de opções, partia de alguns pressupostos estranhos. Por exemplo, assumia uma curva de distribuição normal (curva em forma de sino) para os preços futuros de ações. Se as ações da Capital One estivessem sendo negociadas a US$ 30 cada, o modelo supunha que, ao longo dos dois anos seguintes, as ações tinham maior probabilidade de chegar a US$ 35 do que a US$ 40, e menor probabilidade de chegar a US$ 40 por ação do que a US$ 45 por ação, e assim por diante. Essa suposição fazia sentido apenas para quem nada sabia sobre a empresa. Nesse caso, o modelo estava equivocado: quando as ações da Capital One mudassem de posição, como certamente aconteceria, tenderiam a avançar muito, em vez de pouco.

A Cornwall Capital Management comprou 8 mil LEAPs. Seus prejuízos potenciais estavam limitados aos US$ 26 mil que pagaram por sua opção de comprar as ações. Seus ganhos potenciais eram teoricamente ilimitados. Logo depois que a Cornwall Capital colocou suas fichas na mesa de apostas, a Capital One foi absolvida pelos reguladores, os preços de suas ações subiram e a posição em opções da Cornwall Capital valia US$ 526 mil. "Ficamos alucinados!", disse Charlie.

"Não acreditávamos que as pessoas nos venderiam suas opções de longo prazo por tão pouco", disse Jamie. "Partimos para procurar mais opções de longo prazo."

Essa se tornou uma estratégia fantasticamente lucrativa: comece com o que parece ser uma opção barata para comprar ou vender ações coreanas, ou lombo de porco ou câmbio de algum país do terceiro mundo — na realidade, qualquer coisa que tivesse um preço destinado a sofrer uma mudança drástica — e trace o caminho até o que aquela opção permite comprar ou vender. As opções atendiam às personalidades de Jamie e Charlie: eles nunca precisariam ter certeza de nada. Ambos estavam predispostos a sentir que as pessoas e, por extensão, os mercados, tinham certezas demais sobre coisas incertas. Ambos consideravam que as pessoas e, por extensão, os mercados tinham dificuldade em relacionar as probabilidades adequadas a eventos altamente improváveis. Ambos tinham problemas em chegar a uma opinião fechada, mas não tinham problema algum em reagir ao que ambos julgavam como crenças falsas das outras pessoas. Toda vez que se deparavam com uma irresistível aposta com poucas chances de ganhar, um deles dedicava-se a defender essa posição em uma sofisticada e completa apresentação em PowerPoint. Na verdade, não havia ninguém a quem apresentar suas ideias. Eles só criaram a apresentação para soarem plausíveis o suficiente diante um do outro. Entravam nos mercados somente porque acreditavam que algo dramático poderia estar prestes a acontecer, mercados esses nos quais poderiam fazer uma aposta com baixa probabilidade de sucesso e talvez ter um retorno grande. Eles não sabiam nada a respeito de ações coreanas ou moedas de países do terceiro mundo, mas não precisavam. Se achassem o que parecia ser uma aposta barata nos movimentos de preços de qualquer valor mobiliário, poderiam contratar um especialista para ajudá-los a destrinchar os detalhes. "Este tem sido um padrão nosso: confiar apenas no trabalho de pessoas inteligentes que sabem mais do que nós", afirma Jamie Mai.

Seu sucesso com a Capital One foi seguido por um sucesso semelhante em uma empresa de televisão a cabo europeia em crise chamada United Pan-European Cables (UPC). Dessa vez, como tinham mais dinheiro, eles compraram US$ 500 mil em opções de compra, a uma quantia muito diferente do preço de mercado. Quando a UPC se restabeleceu, eles alcançaram lucros de US$ 5 milhões. "Estávamos enlouquecidos", declarou Jamie. Em seguida, apostaram em uma empresa que entregava tanques de oxigênio nas casas de pessoas doentes. Essa aposta de US$ 200 mil rapidamente transformou-se em US$ 3 milhões. "Estávamos quites", disse Charlie. "Achamos hilário. Pela primeira vez, eu conseguia me imaginar trabalhando nisso por um bom tempo."

Eles haviam se deparado com uma grave falha nos mercados financeiros modernos ou com um grande jogo de apostas. Como era característico deles, não tinham certeza de coisa alguma. Como disse Charlie, "é difícil saber quando temos sorte ou quando somos espertos". Eles perceberam que, quando tivessem um registro estatisticamente válido disso, ou já teriam morrido ou estariam próximos da morte. Assim, não perderam muito tempo se preocupando em saber se eram sortudos ou espertos. De qualquer modo, tinham consciência de que não sabiam tanto quanto deveriam, especialmente sobre as opções financeiras. Eles contrataram um ph.D. do departamento de Estatística da Universidade da Califórnia, em Berkeley, para ajudá-los, mas ele desistiu depois de saber que o estudo seria sobre o mercado de futuros de lombo de porco. "Bom, o cara era vegetariano", disse Jamie. "Ele tinha problemas com o capitalismo em geral, mas o lombo de porco o tirou do sério." Eles ficaram sozinhos diante de teorias financeiras complicadas. "Passamos muito tempo construindo modelos de Black-Scholes sozinhos e vendo o que acontecia quando mudávamos as hipóteses", afirmou Jamie. O que os deixou muito impressionados era a facilidade com a qual os modelos permitiam que alguém especulasse em situações que tendiam a terminar em uma de duas maneiras possíveis. Se, no ano seguinte, determinada ação valesse zero ou US$ 100, era tolice alguém vender por US$ 3 uma opção de compra em ano de uma ação a US$ 50. Mas o mercado muitas vezes agia assim. O modelo usado por Wall Street para determinar o preço de derivativos avaliados em trilhões de dólares considerava o mundo financeiro um processo ordenado e contínuo. Só que ele não era contínuo; mudava de forma descontínua e, muitas vezes, por acaso.

Investimentos movidos por eventos. Esse foi o nome que Jamie e Charlie cunharam, ou adaptaram, para explicar o que estavam fazendo. O nome dava a impressão de algo muito mais chato do que era. Um dia, Charlie ficou intrigado pelo mercado de futuros de etanol. Ele não entendia muito sobre o combustível, mas percebia que havia um subsídio do governo norte-americano de US$ 0,50 por galão e, supostamente, seria negociado como sempre fora: com um ágio de US$ 0,50 centavos/galão em relação à gasolina. No início de 2005, quando ele começou a se interessar pelo etanol, este foi negociado por um breve período de tempo com um *desconto* de US$ 0,50 em relação à gasolina. Não sabia o motivo e nunca descobriu. Charlie comprou o equivalente a dois caminhões-tanque de contratos futuros de etanol, e foi destaque na *Ethanol Today*, uma revista cuja existência ele desconhecia até então. Para a grande irritação do corretor da Cornwall, eles acabaram tendo de aceitar caminhões-tanque cheios do combustível em algum pátio de Chicago — para ganhar o que o corretor considerou ser um valor absurdamente irrisório. "A complexidade administrativa do que estávamos fazendo era desproporcional aos nossos ativos", disse Charlie. "Empresas do nosso porte não negociavam diferentes classes de ativos."

"Estávamos tomando decisões que poderiam fazer nossos investidores brigarem conosco, mas nenhum deles o fez, porque não tínhamos investidores", declarou Jamie.

Eles até pensaram em passar seus ganhos para um investidor profissional certificado, qualificado, esterilizado e honesto administrar seus investimentos. Chegaram a procurar em Nova York durante algumas semanas, entrevistando gestores de fundos de hedge. "Todos pareciam ótimos quando falávamos com eles, mas quando analisávamos os números, eles estavam sempre zerados", disse Jamie. Decidiram, então, continuar investindo seu próprio dinheiro. Dois anos depois de abrirem as portas, administravam seus próprios US$ 12 milhões e saíram da casinha de Berkeley para um escritório em Manhattan — um andar do estúdio do artista Julian Schnabel, em Greenwich Village.

Eles também mudaram sua conta, da Schwab para o Bear Stearns. Ansiavam por manter uma relação com alguma grande corretora de Wall Street e mencionaram o desejo ao seu contador. "Ele disse que conhecia Ace Greenberg e que poderia nos apresentar, e achamos ótimo", afirmou Charlie. Ex-presidente do Conselho de Administração e ex-CEO do Bear Stearns — além de uma lenda em Wall Street —, Greenberg ainda tinha uma sala na empresa e atuava como corretor para um grupo supostamente especial de investidores. Como era de se esperar, quando a Cornwall Capital transferiu seus ativos para o Bear Stearns, seus extratos das operações de corretagem logo voltavam com o nome de Ace Greenberg no topo.

Como a maior parte do que aconteceu com eles nos mercados financeiros, seu primeiro contato com uma grande empresa de Wall Street foi inacreditavelmente estranho e inexplicável. Do nada, sem nunca ter visto Ace Greenberg, passaram a ser seus clientes. "A gente se perguntava: 'Como Ace Greenberg virou nosso corretor?'", contou Charlie. "Quer dizer, a gente não era ninguém. Nem sequer havíamos sido apresentados a ele." O mistério aumentou com as inúmeras tentativas de falar com Greenberg. Eles tinham em mãos o que suspeitavam ser seu número de telefone, mas quando chamavam, outra pessoa atendia. "Era bizarro", afirmou Charlie. "De vez em quando, Ace Greenberg pegava o telefone, mas ele sempre dizia: 'Só um minuto.' Em seguida, uma secretária entrava na linha e anotava nosso recado."

Finalmente, conseguiram negociar um encontro cara a cara com a lenda de Wall Street. Entretanto, a reunião foi tão rápida que eles não podiam dizer que tinham conhecido Ace Greenberg nem mesmo seu dublê. "Nos fizeram entrar por trinta segundos — literalmente trinta segundos — e depois nos mandaram sair sem a menor cerimônia", afirma Jamie. Ace Greenberg ainda era o corretor. Só que nunca falaram com ele.

"Toda essa história com Ace Greenberg ainda não faz sentido para nós", diz Charlie.

O homem a quem se referiam como "o dublê de Ace Greenberg" não resolveu o que consideravam ser seu maior problema. Eram pequenos investidores privados. As empresas de Wall Street eram um mistério para eles. "Nunca cheguei a entrar em um banco", disse Charlie. "Só consigo imaginar o que se passa lá dentro pensando na cena pelos olhos de outra pessoa." Para fazer as operações que queriam realizar, era preciso que as grandes empresas de Wall Street os confundissem com investidores que sabiam o que estavam fazendo. "Como um investidor privado, você é um cidadão de segunda classe", afirmou Jamie. "Os preços que recebe são piores, o serviço é péssimo, tudo é muito ruim."

A ideia ganhou força com a ajuda de um novo vizinho de Jamie em Berkeley, Ben Hockett. Também na casa dos 30 anos, Hockette passara nove anos vendendo e negociando derivativos para o Deutsche Bank, em Tóquio. Como Jamie e Charlie, ele exalava o doce ar característico de quem abandonou os estudos. "Quando comecei, eu era solteiro e tinha 22 anos", contou. "Naquela época, eu tinha mulher, filho e um cachorro. Não aguentava mais esse negócio. Não gostava de quem eu era quando chegava do trabalho. Não queria que meu filho crescesse com aquela figura de pai. Pensei: *tenho que sair daqui*." Quando entrou na sala para pedir demissão, seus chefes no Deutsche Bank insistiram para que ele listasse suas queixas. "Eu disse que não gostava de trabalhar em um escritório. Não gostava de usar terno. Não gostava de morar em uma cidade grande. E eles responderam: 'Tudo bem.'" Disseram que ele poderia se vestir como quisesse, morar onde quisesse e trabalhar onde quisesse — tudo isso ainda como funcionário do Deutsche Bank.

Ben saiu de Tóquio para a baía de São Francisco, nos Estados Unidos, junto com US$ 100 milhões do Deutsche Bank, que ele negociava do conforto de sua nova casa em Berkeley Hills. Ele suspeitava, e não sem razão, de que talvez fosse a única pessoa em Berkeley que estivesse procurando oportunidades de arbitragens no mercado de derivativos de crédito. A existência de um sujeito na mesma rua que queria comprar opções de longo prazo no teatro financeiro o pegou de surpresa. Ben e Jamie saíam juntos para passear com seus cães. Jamie pedia a Ben informações sobre como funcionavam as grandes empresas de Wall Street e os mercados financeiros obscuros e, finalmente, o instigou a largar o emprego e a entrar para a Cornwall Capital. "Depois de passar três anos trabalhando sozinho em casa, achei que poderia ser interessante trabalhar com outras pessoas", afirmou Ben. Ele largou o Deutsche Bank para embarcar na feliz aventura de buscar acidentes e desastres, e viu-se trabalhando sozinho de novo. Charlie voltou para Manhattan assim que conseguiu comprar a passagem, e Jamie o seguiu quando seu relacionamento com a namorada terminou.

A união deles era de estranhos que pensavam de forma parecida. Ben compartilhava a visão de Charlie e Jamie de que as pessoas e os mercados tendem a subestimar a probabilidade de mudanças extremas, mas ele levou essa ideia um pouco além. Charlie e Jamie estavam interessados nas probabilidades de colapsos nos mercados financeiros. Ben andava sempre com uma minúscula fração de sua mente alerta às probabilidades de desastres na vida real. As pessoas também as subestimavam, pensava ele, porque não queriam pensar nelas. Havia uma tendência, nos mercados e na vida, de as pessoas responderem à possibilidade de eventos extremos de duas maneiras: fugindo ou lutando. "Lutar significa: 'Vou pegar minhas armas'", disse Ben. "Fugir significa: 'Estamos todos condenados, por isso não posso fazer nada.'" Charlie e Jamie eram do tipo que fugiam dos desafios. Quando ele mencionava a possibilidade de que o aquecimento global causasse o aumento do nível do mar em seis metros, por exemplo, eles davam de ombros e diziam: "Já que não posso fazer nada a esse respeito, por que devo me preocupar?" Ou então: "Se isso acontecer, não quero estar por perto."

"Eram dois caras solteiros em Manhattan", afirmou Ben. "Os dois diziam: 'Se não pudermos viver em Manhattan, não vale a pena viver'". Ele ficou surpreso com o fato de que os dois, já bastante alertas para a possibilidade de mudanças dramáticas nos mercados financeiros, estavam menos alertas e responsivos às possibilidades fora desses mercados. "Estou tentando preparar a mim e a minha família para um ambiente imprevisível", disse Ben.

Charlie e Jamie preferiam que Ben guardasse sua conversa apocalíptica para si, pois deixava as pessoas desconfortáveis. Ninguém precisava saber, por exemplo, que Ben havia comprado uma pequena fazenda no campo, ao norte da cidade de São Francisco, em um local remoto sem acesso pela estrada, com uma área plantada com frutas e legumes suficientes para alimentar sua família, na improvável chance de o mundo como o conhecemos hoje acabar. No entanto, era difícil para Ben manter essa visão de mundo para si, especialmente porque ela estava relacionada com sua estratégia de investimento: a possibilidade de acidentes e desastres não estava muito distante de sua realidade. Um dia, ao telefone, Charlie disse a Ben: "Você odeia correr qualquer tipo de risco, mas mora numa casa no topo de uma montanha que está sobre uma falha tectônica, em um mercado imobiliário em alta permanente." "Ele respondeu apenas: 'Tenho que ir' e desligou", lembra Charlie. "Ele ficou uns dois meses sem dar sinal de vida."

"Desliguei o telefone e pensei: 'Tenho que vender minha casa. Agora mesmo'", disse Ben. Sua casa valia US$ 1 milhão ou mais, mas o aluguel seria de no máximo US$ 2,5 mil mensais. "Estava sendo negociada a mais de trinta vezes o valor do aluguel bruto", disse Ben. "A regra geral é comprar a dez e vender a vinte." Em outubro de 2006, ele se mudou com a família para um apartamento alugado, longe da falha tectônica.

Ben considerava que Charlie e Jamie eram diletantes, mais do que gestores de investimentos profissionais ou, como ele mesmo afirmou, "dois caras espertos que estão apostando nos mercados". Mas a estratégia deles de comprar bilhetes baratos para assistir ao desenrolar de dramas financeiros há muito aguardados fez sentido para Ben. Dificilmente o mercado podia ser considerado à prova de falha; na verdade, era quase certo que falharia com mais frequência. Às vezes, o drama tão aguardado não ocorria nunca; às vezes, eles não sabiam o que estavam fazendo. Uma vez, Charlie descobriu o que considerou uma estranha discrepância de preços no mercado de contratos futuros de gasolina e rapidamente comprou um contrato de gasolina, vendeu outro e obteve um lucro considerado sem risco. Depois, como explicou Jamie, ele se deu conta de que: "Um contrato era para gasolina sem chumbo e o outro era para diesel, ou algo parecido." Outra vez, a premissa estava certa, mas a conclusão, errada. "Um dia, Ben liga e diz: 'Cara, acho que vai ter um golpe de Estado na Tailândia'", contou Jamie. Não tinha saído nada nos jornais sobre um golpe na Tailândia; esse era um verdadeiro furo de reportagem. "Eu disse: 'Para com isso, Ben, você tá maluco? Não vai ter um golpe na Tailândia. Como é que você pode saber? Você está em

Berkeley!'" Ben jurou ter conversado com um sujeito que trabalhava em Singapura e que entendia o que se passava na Tailândia. Ele foi tão insistente que entraram no mercado tailandês e compraram opções de venda (com maturidade satisfatória) incrivelmente baratas da moeda local, o baht. Uma semana mais tarde, os militares tailandeses derrubaram o primeiro-ministro. O baht não se mexeu. "Previmos o golpe e perdemos dinheiro", disse Jamie.

As perdas, em princípio, não eram grande coisa; eram parte do plano. Eles computavam mais perdas do que ganhos, só que as perdas, o custo das opções, foram triviais em comparação com os ganhos. Havia uma explicação possível para o sucesso. Charlie e Jamie haviam apenas intuído, mas Ben, que havia determinado o preço das opções para uma grande empresa de Wall Street, tinha a explicação: as opções financeiras eram sistematicamente mal precificadas. O mercado de opções tendia também a pressupor que o futuro distante se pareceria mais com o presente do que em geral acontecia. Por fim, o preço de uma opção era função da volatilidade da ação ou moeda ou commodity subjacentes, e o mercado de opções tendia a se basear no passado recente para determinar até que ponto uma ação, moeda ou commodity poderia ser volátil. Quando as ações da IBM estavam sendo negociadas a US$ 34 e vinham oscilando no ano anterior, uma opção para comprar as ações a US$ 35 a qualquer momento raramente estava subprecificado. Quando o ouro vinha sendo negociado a aproximadamente US$ 650 a onça nos últimos dois anos, uma opção para comprar por US$ 2 mil a onça durante os próximos dez anos poderia de fato estar muito subprecificados. Quanto mais de longo prazo for a opção, piores os resultados gerados pelo modelo Black-Scholes de precificação das opções, e maiores as oportunidades para quem não o utilizava.

Estranhamente, Ben, o menos convencional dos três, tinha o efeito enganador de fazer a Cornwall Capital parecer uma empresa gestora de dinheiro institucional convencional. Ele conhecia bem as mesas de operações de Wall Street e também sabia até que ponto os outros dois estavam sendo penalizados por serem percebidos pelas grandes empresas como investidores não sérios ou, como disse Ben, "um fundo de hedge de fundo de quintal". As opções mais longas disponíveis aos investidores individuais nas bolsas de valores eram os LEAPs, opções de dois anos e meio de ações ordinárias. "Sabe", disse Ben a Charlie e Jamie, "se vocês se estabelecessem como investidores institucionais sérios, poderiam ligar para o Lehman Brothers ou para o Morgan Stanley e comprar opções de oito anos de qualquer coisa. O que acham disso?"

Adoraram a ideia. Queriam desesperadamente poder lidar de forma direta com a fonte do que consideravam ser as opções mais subprecificadas: as mesas de operações mais sofisticadas e quantitativas do Goldman Sachs, Deutsche Bank, Bear Stearns e outros. Jamie, Charlie e Ben chamavam de *Licença para caçar*. A licença tinha um nome: ISDA. Eram os mesmos contratos, idealizados pela International Swaps and Derivatives Association, que Mike Burry segurou antes de comprar seus primeiros CDS. Se você tivesse seu ISDA, teoricamente poderia negociar com as grandes empresas de Wall Street; se não em igualdade de condições, pelo menos como gente grande. O problema era que, apesar do sucesso deles na hora de administrar investimentos, ainda faltava muito. Pior, o dinheiro que tinham era deles. Em Wall Street eram classificados, na melhor das hipóteses, como "indivíduos com alta liquidez". Ricos. Os ricos recebiam de Wall Street uma classe de serviços melhor do que o pessoal da classe média, mas ainda eram cidadãos de segunda classe em comparação com os gestores de fundos institucionais. Mais especificamente, os ricos em geral não eram convidados a comprar e vender papéis obscuros, como CDSs, que não eram negociados em bolsas de valores. Títulos eram cada vez mais o coração vibrante de Wall Street.

No início de 2006, a Cornwall Capital crescera seu bolo para quase US$ 30 milhões, mas, mesmo assim, aos olhos das mesas de operações das empresas de Wall Street que vendiam CDSs, parecia uma soma ridiculamente baixa. "Ligamos para o Goldman Sachs", disse Jamie, "e ficou claro que eles não queriam o nosso negócio. O Lehman Brothers riu de nós. Havia essa fortaleza impenetrável que era preciso escalar ou escavar". "O J.P. Morgan nos dispensou como clientes", disse Charlie. "Disseram que éramos muito problemáticos." E eram! Em posse de somas infantis de dinheiro, eles queriam ser tratados como adultos. "Queríamos comprar opções sobre contatos futuros de platina do Deutsche Bank e diziam: 'Desculpe, não podemos fazer isso.'", afirmou Charlie. Wall Street fazia você pagar para administrar seu próprio investimento em vez de pagar alguém em Wall Street para administrá-lo por você. "Ninguém queria nos aceitar como clientes", declarou Jamie. "Ligamos para várias empresas, mas eram necessários US$ 100 milhões, no mínimo, para ter credibilidade."

Quando ligaram para o UBS, o grande banco suíço, eles sabiam o que não responder quando o sujeito do outro lado da linha perguntasse quanto dinheiro eles tinham. "Aprendemos a nos livrar dessa", disse Jamie. Como resultado, o UBS demorou mais do que os outros para dispensá-los. Eles perguntaram: "Qual o seu volume de vendas a descoberto?", lembra Charlie. "Eu respondi: 'Pouco.' Então, eles perguntaram 'Com que frequência vocês operam?' Respondíamos: 'Pouca.' E havia um longo período de silêncio. Em seguida, vinha a resposta. 'Vou falar com o meu chefe.' E nunca mais a gente ouvia falar deles."

Não tiveram melhor sorte com o Morgan Stanley ou o Merrill Lynch. "Eles pediam: 'Mostrem seu material de marketing, e dizíamos: 'Não temos.' Eles diziam: 'OK, então, mostre seus documentos de oferta.' Não tínhamos documentos de oferta porque não era o dinheiro alheio que estávamos investindo. Eles então diziam: 'OK, quanto dinheiro vocês têm?' Respondíamos: 'Bem, não temos muito.' Eles diziam: 'OK, então mostrem os seus currículos.'" Se Charlie e Jamie tivessem alguma conexão com o mundo da gestão de investimentos — um emprego anterior, digamos — poderiam ter dado alguma credibilidade ao seu pedido, mas eles não tinham nada. "Sempre terminava com uma pergunta mais ou menos assim: 'Então o que vocês *têm de fato*?'"

Cara de pau e US$ 30 milhões com os quais eles estavam dispostos a — e eram capazes de — fazer qualquer coisa, mais um ex-corretor de derivativos com uma visão apocalíptica que sabia como essas grandes empresas de Wall Street funcionavam. "Jamie e Charlie vinham pedindo um ISDA há dois anos, mas realmente não sabiam como fazer", disse Ben. "Eles nem sequer conheciam o termo 'ISDA'."

Charlie nunca chegou a compreender como Ben fez isso, mas, de algum modo, ele persuadiu o Deutsche Bank, que exigia que um investidor controlasse US$ 2 bilhões para poder ser tratado como instituição, a aceitar a Cornwall Capital em sua "plataforma institucional". Ben alegou que se tratava apenas de uma questão de conhecer as pessoas certas, e saber direitinho como fazer o pedido para que abarcasse seus interesses. Em pouco tempo, uma equipe do Deutsche Bank concordou em fazer uma visita à Cornwall Capital para determinar se mereciam essa distinção: ser cliente institucional do Deutsche Bank. "Ben é bom nisso", disse Charlie.

O Deutsche Bank tinha um programa chamado KYC [*Know Your Customer*, conheça o seu cliente, em tradução livre], que, embora não envolvesse nada tão radical quanto conhecer os clientes, exigia que o banco se encontrasse com eles pessoalmente pelo menos uma vez. Sabendo que estavam na outra ponta do KYC, Charlie e Jamie se deram conta, pela primeira vez, de que trabalhar no estúdio de Julian Schnabel no lado errado de Greenwich Village talvez gerasse mais perguntas do que respostas. "Tínhamos um problema de aparência", afirmou Jamie. De cima vinha o cheiro de tinta fresca; de baixo, a visão do banheiro solitário, com os ruídos de fundo de uma oficina. "Antes de eles chegarem", declarou Charlie, "lembro de ter pensado: 'Se alguém precisar ir ao banheiro, estamos ferrados." O pequeno espaço da Cornwall Capital era charmosamente não financeiro: um quarto escuro no fundo com paredes de tijolinho que abriam para um pequeno jardim com ares de floresta no qual era mais fácil imaginar uma cena de sedução do que a compra de um CDS. "Houve um ou dois momentos estranhos em que, como nossas salas funcionavam em cima do ateliê de uma costureira, eles acabaram ouvindo a máquina dela em ação", disse Jamie. Mas ninguém do Deutsche Bank precisou ir ao banheiro, e a Cornwall Capital Management conseguiu seu ISDA.

O contrato, em função das letras pequenas, acabou sendo mais extenso no que diz respeito às obrigações da Cornwall Capital para com o Deutsche Bank e mais curto com relação às obrigações do banco para com a empresa. Se a Cornwall Capital apostasse com o Deutsche Bank e acabasse "dentro do dinheiro", o banco não precisava constituir garantia real. A Cornwall deveria apenas esperar que o Deutsche Bank tivesse condições de pagar suas dívidas. Se, por outro lado, resultasse em perdas para a empresa, ela deveria disponibilizar diariamente o montante que estava perdendo. Na época, Charlie, Jamie e Ben não se preocuparam muito com essa disposição, ou com disposições semelhantes no ISDA que assinaram com o Bear Stearns. Estavam satisfeitos apenas em ter a autorização de Greg Lippmann para comprar CDSs.

E agora? Eles eram jovens e tinham pressa — não podiam acreditar que o negócio existia e não sabiam durante quanto tempo ele continuaria existindo —, mas passaram várias semanas discutindo o negócio entre si. A abordagem de vendas de Lippmann era tão estranha para eles que chegava a ser intrigante. A Cornwall Capital nunca havia comprado nem vendido um título hipotecário, mas era possível entender que um CDS, na verdade, era apenas uma opção financeira: pagava-se um prévio pequeno e, se um número suficiente de devedores deixasse de pagar suas hipotecas, ficava-se rico. Nesse caso, entretanto, eles estavam diante de bilhetes baratos para um drama que parecia praticamente certo de acontecer. Eles criaram outra apresentação. "Analisamos as operações e pensamos que é bom demais para ser verdade. Por qual estranha razão teríamos direito a comprar CDS para títulos BBB [CDS de tranches BBB de títulos hipotecários subprime] nesse nível? Quem, em sã consciência, está dizendo: 'Acho que vou usar duzentos pontos base para assumir este risco?' Parece um preço ridículo demais. Não faz sentido", disse Charlie. Em junho de 2006, os preços dos imóveis residenciais começaram a cair pela primeira vez nos Estados Unidos. Em cinco meses, em 29 de novembro, o índice de títulos hipotecários subprime chamado ABX fixaria seu primeiro déficit de taxa de juros. Os devedores não estavam conseguindo fazer os pagamentos dos juros para compensar os títulos subprime mais arriscados. Os empréstimos hipotecários subjacentes já estavam indo para o brejo, mas os preços dos títulos lastreados nos empréstimos não se alteraram. "Essa era a parte mais estranha", afirmou Charlie. "Eles já começaram a cair. Nós continuamos a perguntar: 'Quem está na outra ponta?' E a resposta continuava a mesma: 'São as CDOs.'"O que só deu margem a outra pergunta: quem ou o que era uma CDO?

Em geral, quando entravam em um novo mercado — após se depararem com algum acidente potencial que parecia valer a pena —, encontravam também um especialista para servir como guia da operação. Esse mercado era tão distante da experiência deles que demoravam mais do que o normal para encontrar ajuda. "Eu tinha uma vaga ideia do que era um ABS [título lastreado em ativos]", afirmou Charlie. "Mas eu não tinha a menor ideia do que era uma CDO." Por fim, eles perceberam que a língua atendia a outro propósito no mercado de títulos, diferente daquele no mundo real. A terminologia do mercado de títulos tinha sido criada mais para impressionar quem era de fora do que para transmitir significados. Títulos sobrevalorizados não eram "caros", mas "valiosos", o que quase fazia com que parecessem algo que se devia comprar. Os andares dos títulos hipotecários subprime não eram chamados de andares — ou de qualquer outra coisa que pudesse levar o comprador de títulos a formar algum tipo de imagem em sua cabeça — mas tranches. A tranche inferior — o primeiro andar e o mais arriscado — não era chamada de primeiro andar mas de mezanino, ou de *mez*, o que a fazia parecer menos um investimento perigoso e mais um assento caro em um estádio coberto. Uma CDO composta apenas pela de hipotecas subprime camada do mezanino, a mais arriscada, não se chamava "CDO lastreada em subprime", mas uma "CDO financeira estruturada". "Havia tanta confusão sobre os diferentes termos", afirmou Charlie. "Ao tentar entendê-los, percebemos que havia um motivo pelo qual eles não faziam sentido para nós. É porque eles não fazem sentido algum."

O mercado hipotecário subprime tinha um talento especial para obscurecer o que precisava ser esclarecido. Um título lastreado por hipotecas subprime, por exemplo, não se chamava título hipotecário subprime. Era chamado de ABS, ou título lastreado em ativos. Quando Charlie perguntou ao Deutsche Bank exatamente quais ativos asseguravam um título lastreado em ativos, ele recebeu listas de siglas e acrônimos — RMBS, HEL, HELOC, Alt-A — com categorias de crédito que ele nem sabia que existia ("midprime"). RMBS era a sigla em inglês para *Residential Mortgage-Backed Security* (título lastreado em hipoteca residencial). HEL significava *Home Equity Loan* (empréstimo garantido por imóvel residencial). HELOC significava *Home Equity Line of Credit* (linha de crédito garantida por empréstimo residencial). Alt-A era apenas uma forma de chamar os empréstimos hipotecários considerados duvidosos, para os quais não eram exigidos os documentos adequados para verificar a renda do devedor, por exemplo. "A" era a designação atrelada aos tomadores de empréstimos com maior capacidade creditícia; Alt-A, sigla para *Alternative A-paper* ou título A alternativo, significava uma alternativa para o "mais digno de crédito", o que, é claro, soa muito mais suspeito se dito desse modo. Em geral, qualquer empréstimo que tivesse sido transformado em um acrônimo ou abreviação poderia ser chamado de "subprime" para fins de clareza, mas o mercado de títulos não queria ser claro. "Midprime" era uma espécie de triunfo da língua sobre a verdade. Algum corretor inspirado do mercado de títulos tinha se voltado para o emaranhado mundo das hipotecas subprime, como um ambicioso empreendedor imobiliário poderia olhar para a cidade de Oakland, por exemplo, e encontrar uma oportunidade para mudar o nome de parte do negócio. Na periferia de Oakland havia um bairro que fingia ser uma cidade completamente diferente, chamado Rockridge. Apenas por Rockridge ter se recusado a ser chamada "bairro de Oakland", os imóveis lá eram mais valorizados. Dentro do mercado hipotecário subprime havia agora um local semelhante chamado midprime. Midprime era subprime — mas, de alguma forma indescritível, não era. "Demorei um pouco para entender que todos esses títulos eram a mesma coisa", afirmou Charlie. "As empresas de Wall Street faziam com que as agências de classificação aceitassem nomes diferentes para que parecesse uma carteira diversificada de ativos."

Charlie, Jamie e Ben entraram no mercado hipotecário subprime supondo que queriam fazer o que Mike Burry e Steve Eisman já haviam feito e encontrar os piores títulos possíveis para apostar contra. Logo, eles se inteiraram da pontuação FICO e dos quocientes loan-to-value, dos segundos empréstimos, da insanidade geral nos estados da Califórnia e da Flórida e da estrutura assustadoramente otimista dos próprios títulos: a tranche BBB^{-}, o andar mais baixo do prédio, precisava de apenas 7% de perdas no pool subjacente para valer zero. Mas eles acabaram fazendo algo bem diferente e, no final das contas, mais lucrativo do que o que era feito por todos os que apostaram contra o mercado hipotecário subprime: eles apostaram contra os andares de cima; as tranches AA dos CDOs.

Depois do fato, os três perceberam que tinham duas vantagens. A primeira era terem entrado no mercado tarde demais, um pouco antes do colapso e depois de vários outros gestores. "Um dos motivos pelos quais conseguimos agir tão rápido é que havia muitas análises excelentes prontas e não precisávamos partir do zero", disse Charlie. A outra vantagem era sua abordagem quixotesca em relação aos mercados financeiros: eles estavam conscientemente procurando empreendimentos de alto risco e grande retorno. Eles combinavam nos mercados de apostas cujas verdadeiras chances eram de 10:1, precificadas como se as chances fossem de 100:1. "Estávamos procurando por alavancagem pelo sistema de equivalência", afirmou Charlie. "Alavancagem significa aumentar o efeito. Com uma alavanca, um pouco de pressão é suficiente para gerar muito impulso. Estávamos procurando entrar em posições em que pequenas mudanças ao redor do mundo gerassem grandes mudanças de valores."

Entram em cena as CDOs. Eles talvez não soubessem o que era uma CDO, mas estavam preparados para elas, porque uma pequena mudança no mundo criava uma grande mudança no valor de uma CDO. Uma CDO, na visão deles, era basicamente uma pilha de títulos hipotecários BBB. As empresas de Wall Street haviam conspirado com as agências de classificação para representar a pilha como uma coleção diversificada de ativos, mas os mais atentos podiam ver que, se uma hipoteca subprime BBB tivesse algum problema, a maioria enfrentaria dificuldades, pois todas eram vulneráveis às mesmas forças econômicas. Os empréstimos hipotecários subprime da Flórida não seriam pagos pelos mesmos motivos nem da mesma forma que aqueles realizados na Califórnia. No entanto, 80% das CDOs compostas apenas por títulos BBB tinham uma avaliação melhor do que BBB: AAA, AA ou A. Para eliminar qualquer sinal de um título BBB — o primeiro andar do prédio — bastava haver uma perda de 7% na carteira subjacente de empréstimos residenciais. Essa mesma perda de 7% eliminaria por completo qualquer CDO constituída por títulos

BBB, independentemente da classificação atribuída. "Levamos semanas para entender o que estava acontecendo, porque era muito estranho", afirmou Charlie. "Mas quanto mais analisávamos o que uma CDO fazia, mais impressionados ficávamos. *Caramba, isso é fraude descarada.* Talvez não seja possível prová-la nos tribunais. Mas é fraude."

Também era uma oportunidade espetacular. O mercado parecia acreditar em sua própria mentira. Cobrava muito menos pelo seguro de uma fatia classificada como AA de uma CDO supostamente sem risco do que pelo seguro dos títulos BBB, arriscados. Por que pagar 2% ao ano para apostar contra títulos BBB quando poderiam pagar 0,5% ao ano para fazer a mesma aposta contra uma CDO AA e com a mesma eficiência? Se pagassem quatro vezes menos para fazer o que era de fato a mesma aposta contra os títulos hipotecários subprime BBB, poderiam ganhar quatro vezes mais.

Eles ligaram para as grandes empresas de Wall Street para saber se alguém tentaria dissuadi-los de comprar CDSs de tranches AA de CDOs. "Realmente parecia bom demais para ser verdade", disse Jamie. "E quando alguma coisa parece boa demais para ser verdade, tentamos entender o motivo." Um colega do Deutsche Bank, chamado Rich Rizzo, que trabalhava para Greg Lippmann, deu a dica. "O contrato ISDA que padronizava os CDSs de CDOs (um contrato diferente daquele que padronizava CDS de títulos hipotecários) acabara de ser criado em junho de 2006", explicou Rizzo. Ninguém comprara ainda CDSs de CDOs AA, o que significava que provavelmente não seria um mercado líquido para eles. Sem um mercado líquido, eles não tinham certeza se teriam condições de vender esses papéis quando quisessem, ou obter um preço justo por eles.

"A outra coisa que Rizzo disse foi que [as coisas] não vão ficar tão ruins assim, a ponto das CDOs irem mal", comentou Charlie.

A Cornwall Capital discordava. Eles não tinham certeza de que a falta de pagamento dos empréstimos subprime seria tão grande a ponto de causar o colapso das CDOs. O que sabiam era que o Deutsche Bank também não sabia, e que ninguém mais sabia de nada. Poderia haver um preço "certo" para garantir os primeiros prejuízos nos pools de títulos lastreados em pools de empréstimos duvidosos, mas não chegava a 0,5%.

É claro que se a ideia era apostar em CDOs, ajudaria muito saber o que está dentro dela, e isso eles ainda não sabiam. A própria dificuldade que encontravam em obter as informações sugeria que a maior parte dos investidores estava pulando essa fase de sua "due dilligence". Cada CDO continha cem títulos hipotecários diferentes — que, por sua vez, envolviam milhares de empréstimos diferentes. Era impossível, ou praticamente impossível, descobrir quais títulos ou empréstimos faziam parte da CDO. Mesmo as agências de classificação de risco que, para Charlie e Jamie, seriam as fontes mais bem informadas, não tinham a menor ideia do que estava acontecendo. "Liguei para a S&P e perguntei se eles poderiam me dizer o que estava incluso em uma CDO", contou Charlie. "Eles disseram: 'Ah, sim, estamos trabalhando nisso.'" A Moody's e a S&P estavam acumulando esses títulos BBB, supondo que eram diversificados e concedendo classificações sem saber em que eles consistiam! Foram centenas de transações de CDOs — avaliadas em US$ 400 bilhões e criadas apenas em três anos —, mas nenhuma delas, pelo que eles supunham, havia sido adequadamente examinada. Charlie localizou uma fonte confiável sobre os conteúdos de uma CDO, uma empresa de dados chamada Intex, mas a Intex não retornava suas ligações, e ele supôs que a empresa não estava interessada em conversar com pequenos investidores. Por fim, Charlie encontrou um site, administrado pelo Lehman Brothers, chamado LehmanLive.

O LehmanLive também não informava exatamente o que uma CDO continha, mas oferecia um quadro bastante realista de suas principais características, por exemplo, em que ano foram criados os títulos que a acompanhavam e quantos desses títulos eram lastreados apenas em empréstimos subprime. Projetando dados na parede de tijolinho vermelho do estúdio de Julian Schnabel, Charlie e Jamie partiram para encontrar duas características específicas: CDOs que contivessem o maior percentual de títulos lastreados em empréstimos hipotecários subprime recentes e aquelas que contivessem o maior percentual de outras CDOs. Eis outro fato bizarro sobre as CDOs: muitas vezes os investidores reempacotavam tranches de outras CDOs, supostamente aquelas que seus criadores em Wall Street tiveram dificuldade de vender. Ainda mais incrível era a sua circularidade: a CDO "A" conteria uma parte de CDO "B"; a CDO "B" conteria parte da CDO "C" e a CDO "C" conteria parte da CDO "A"! Procurar empréstimos ruins dentro de uma CDO era como procurar lixo em banheiros químicos: a questão não era se você conseguiria encontrar alguma coisa, mas o quão rápido você ficaria satisfeito com o que encontrasse. Os próprios nomes usados eram enrolados e nada diziam sobre seu conteúdo, seus criadores ou seus gestores: Carina, Gemstone, Octans III, Glacier Funding. "Todos tinham esses nomes aleatórios", disse Jamie. "Por algum motivo que nunca conseguimos descobrir, muitos tinham nomes de montes das Montanhas Adirondack."

Eles prepararam uma rápida lista do que consideravam ser os piores papéis e ligaram para vários corretores. Fora difícil para eles se livrar dos corretores que cobriam os ricaços e conseguir cair nas graças dos que cobriam as grandes instituições de investimentos no mercado de ações. Também foi difícil escapar dos grandes corretores do mercado de ações e conquistar a aceitação do pessoal do mercado hipotecário subprime. "Quando ligávamos, muitos perguntavam: 'Por que vocês não compram algumas ações?'", contou Charlie. O Bear Stearns não podia acreditar que esses jovens sem dinheiro queriam comprar não só CDSs, mas um CDS tão pouco usual que ninguém mais queria. "Lembro de rir", disse o vendedor do Bear Stearns que recebeu o primeiro telefonema deles.

No Deutsche Bank, eles foram atendidos por um vendedor de títulos de 23 anos que nunca havia tido um cliente para chamar de seu. "Conheci Ben e Charlie porque ninguém mais lá no Deutsche Bank queria atendê-los. Eles tinham uns US$ 25 milhões, o que para o banco não era muito significativo. Ninguém queria atender as ligações deles. As pessoas debochavam do nome da empresa, reclamando que eram os caras da 'Cornhole Capital'", lembra o jovem. Ainda assim, o Deutsche Bank provou mais uma vez ser o mais interessado em lidar com eles. No dia 16 de outubro de 2006, compraram da mesa de operações de Greg Lippmann US$ 7,5 milhões em CDSs de uma tranche AA de uma CDO chamada, sem motivo aparente, de Pine Mountain. Quatro dias mais tarde, o Bear Stearns vendeu a eles mais US$ 50 milhões. "Eles conheciam o Ace, não sei como", disse o vendedor de CDSs do Bear Stearns. "Assim, acabamos negociando com eles também."

Charlie e Jamie continuaram ligando para quem quer que considerassem estar minimamente ligado a esse novo mercado, na esperança de encontrar alguém que pudesse explicar o que parecia ser uma total insanidade. Um mês depois, eles encontraram — e contrataram — seu especialista de mercado: um cara chamado David Burt. Era uma medida de quanto dinheiro as pessoas estavam ganhando no mercado de títulos o fato de a revista *Institutional Investor* estar prestes a criar uma lista das pessoas que trabalhavam nele, chamada "As 20 estrelas ascendentes da renda fixa". Uma noção de quanto dinheiro as pessoas estavam ganhando no mercado hipotecário subprime era o fato de David Burt estar na lista. Burt havia trabalhado para o fundo de títulos de US$ 1 trilhão chamado BlackRock, que pertencia em parte à Merrill Lynch, avaliando o crédito hipotecário subprime. Sua função era identificar para o BlackRock os títulos que iriam afundar antes de afundarem. Ele tinha pedido demissão na esperança de criar seu próprio fundo para investir em títulos hipotecários subprime e, para complementar a renda, estava disposto a assessorar os esquisitões da Cornwall Capital por US$ 50 mil mensais. Burt tinha as informações mais sensacionais e modelos para analisar as informações. Ele dizia, por exemplo, o que aconteceria com os empréstimos hipotecários em vários cenários de preços de imóveis. Em seguida, usava essa informação para explicar o que poderia acontecer a títulos hipotecários específicos. A melhor maneira de usar essas informações, Burt pensou, era comprar o que parecia ser os melhores títulos hipotecários e, ao mesmo tempo, vender os piores.

A engenhosa complexidade do especialista não interessava tanto à Cornwall Capital. Perder tempo escolhendo os melhores títulos hipotecários não fazia sentido se você suspeitava que o mercado inteiro estava prestes a explodir. Eles passaram à Burt a lista de CDOs contra os quais tinham apostado e pediram sua opinião. "Estávamos sempre procurando alguém que pudesse nos explicar por que não sabíamos o que estávamos fazendo", disse Jamie. Burt não podia. O que ele disse a eles foi que provavelmente eram as primeiras pessoas a comprar um CDS de uma tranche AA de uma CDO. Não muito animador. Charlie e Jamie supuseram que havia muita coisa sobre o mercado de CDOs que eles não entendiam; escolheram as CDOs contra as quais apostaram em um dia e acharam que seriam bem-sucedidos. "Já estávamos no jogo", afirmou Jamie. "Resolvemos jogar com um pouquinho mais de técnica."

A análise apresentada por Burt algumas semanas depois os surpreendeu tanto quanto ao próprio: eles haviam escolhido muito bem. "Burt disse que a gente tinha acertado na mosca: havia muito lixo naquelas CDOs", disse Charlie. Eles ainda não tinham ideia de que os títulos que constavam nessas CDOs não eram comuns, mas sintéticos, ou de que os títulos nos quais os swaps se baseavam tinham sido selecionados a dedo por Mike Burry, Steve Eisman e outros que apostaram contra o mercado. De muitas maneiras, eles ainda eram inocentes.

O desafio, como sempre, era desempenhar o papel do generalista de mercado sem ser também o bobo da mesa do pôquer. Em janeiro de 2007, no seu pequeno fundo de US$ 30 milhões, eles detinham US$ 110 milhões em CDSs da tranche AA de CDOs lastreados em ativos. As pessoas que lhes venderam os swaps ainda não entendiam o que estava acontecendo. "Eles faziam apostas que eram múltiplas do capital que possuíam", afirmou o jovem corretor do Deutsche Bank. "E apostavam em CDSs de CDOs, transação da qual provavelmente apenas três ou quatro sujeitos do banco entendiam." Charlie, Jamie e Ben entendiam mais ou menos o que tinham acabado de fazer. "Estávamos meio obcecados pelo negócio", disse Charlie. "Esgotamos nossa rede de contatos com os quais falar sobre esse assunto. Ainda não descobrimos quem exatamente está na outra ponta da operação. Continuamos tentando encontrar alguém que pudesse explicar por que estávamos errados. Continuamos imaginando se tínhamos ficado loucos. Pensávamos o tempo todo: 'Será que a gente pirou?'"

Faltavam apenas algumas semanas para o mercado virar e a crise começar, mas eles não sabiam disso. Eles suspeitavam de que esse teatro vazio com o qual se depararam estava se preparando para encenar a mais fantástica peça financeira que veriam, mas eles também não sabiam disso. Tudo o que sabiam era que havia muita coisa que não entendiam. Um dia, ao telefone, o vendedor de CDSs do Bear Stearns mencionou que a grande conferência anual de subprime seria realizada dentro de cinco dias em Las Vegas. Todos os grandes players do mercado hipotecário subprime estariam presentes e de crachá, passeando pelo saguão do hotel The Venetian. O Bear Stearns estava planejando uma visita especial para seus clientes, um local de treinamento de tiro em Las Vegas, onde eles aprenderiam a atirar com todo tipo de arma, de uma Glock a uma Uzi. "Meus pais eram liberais de Nova York", contou Charlie. "Quando eu era criança não tive nem arma de brinquedo". Lá foi ele, junto com Ben, para Las Vegas, para atirar com o Bear Stearns e ver se conseguia encontrar alguém que pudesse explicar por que estavam errados em apostar contra o mercado hipotecário subprime.

Capítulo Seis

O Homem-Aranha no Venetian

Jogar golfe com Eisman era diferente de jogar golfe com qualquer outra pessoa de Wall Street. A rodada normalmente começava com um desconforto coletivo no primeiro *tee*, depois de Eisman aparecer vestindo algo que violava a noção de civilidade do golfista de Wall Street. No dia 28 de janeiro de 2007, ele chegou ao pretensioso Bali Hai Golf Club de Las Vegas vestido com short de ginástica, camiseta e tênis. Os desconhecidos perceberam; Vinny e Danny ficaram constrangidos. "Ei, Steve", Danny ponderou com um cara que, tecnicamente, era seu chefe. "Existe uma etiqueta aqui. Você tem que usar pelo menos uma camisa com colarinho." Eisman foi de carrinho até o clube e comprou um blusão com capuz que cobria sua camiseta e o fez parecer alguém que acabara de comprá-lo para esconder algo. De blusão com capuz, short de malha e tênis, Eisman aproximou-se de sua primeira jogada. Como qualquer outro movimento do taco de Eisman, a ação era mais uma sugestão do que um evento conclusivo. Insatisfeito com o local aonde a bola fora parar, ele tirou outra da bolsa e a colocou em um novo e melhor local. Vinny lançava a bola no *fairway*, enquanto Danny jogaria no *rough*. Já Steve a mandava direto para um banco de areia, ia até lá, tirava a bola e a colocava perto da de Vinny. É difícil acusá-lo de roubar, uma vez que ele não mexia uma palha para disfarçar o que estava fazendo. Ele nem sequer demonstrava perceber qualquer coisa de incomum no padrão de seu jogo. Na nona vez que Eisman recuperou a bola de um banco de areia ou fingiu que sua jogada não tinha batido direto na água, ele agiu com a mesma falta de cerimônia que demonstrara da primeira vez. "Como sua memória é muito seletiva, ele não tem cicatrizes de experiências anteriores", disse Vinny. Eisman jogava como uma criança ou como alguém que se empenhava em satirizar um ritual sagrado, o que dava no mesmo. "O estranho é que ele não é tão ruim assim", disse Danny.

Após uma rodada de golfe, eles saíam para jantar no Wynn Hotel patrocinados pelo Deutsche Bank. Essa era a primeira vez que Eisman participava de uma conferência para o pessoal do mercado de títulos e, sem saber mais o que fazer, ele se colocou à disposição de Greg Lippmann, que havia alugado uma sala particular em um restaurante e convidara Eisman e seus sócios para o que eles acreditaram ser algo mais do que um almoço grátis. "Mesmo quando ele tinha uma proposta honesta, sempre havia algo por trás", completou Vinny. Qualquer jantar que partisse de Lippmann certamente deve ter algum propósito oculto — mas e daí?

No final das contas, Greg tinha um novo problema: os preços dos imóveis residenciais nos Estados Unidos estavam caindo, a inadimplência estava aumentando nos empréstimos subprime, mas os títulos hipotecários subprime de algum modo resistiam, assim como o preço de assegurá-los. Ele agora estava na posição vendida de US$ 10 bilhões em títulos hipotecários subprime e isso estava lhe custando US$ 100 milhões ao ano em prêmios, sem sinal de mudança à vista. "Ele estava obviamente preocupado", disse Danny. Até então, a grande aposta de Lippmann tinha sido subsidiada pelos investidores, como Steve Eisman, que lhe pagavam uma taxa quando compravam ou vendiam CDSs, mas eles estavam perdendo a confiança. Alguns dos ex-adeptos de Lippmann suspeitavam que o mercado de títulos hipotecários subprime estava sendo manipulado por Wall Street para garantir que os CDSs nunca fossem liquidados. Outros começaram a imaginar se os investidores na outra ponta de sua aposta sabiam de algo que eles não sabiam. E outros simplesmente cansaram de pagar prêmios de seguro para apostar contra títulos que pareciam não sair do lugar. Lippmann tinha armado seu grande cabo de guerra, reunira uma equipe para puxar o seu lado da corda e agora os jogadores estavam debandando. Ele estava aflito com a possibilidade de Eisman desistir também.

A sala *teppanyaki* do restaurante Okada consistia em quatro ilhas, cada qual com um grande *hibachi* de ferro fundido e um chef exclusivo. Em torno de cada ilha, Lippmann colocou um gestor de fundo de hedge a quem ele havia persuadido a vender a descoberto títulos subprime, ao lado de investidores que compraram os mesmos títulos. Ele esperava que o pessoal do fundo de hedge *visse* o quanto os investidores na outra ponta das apostas eram estúpidos e parasse de se preocupar se sabiam de alguma coisa que eles não sabiam. Essa foi uma jogada ousada: Danny e Vinny se perguntaram o tempo todo se eles eram os bobos na mesa de Lippmann. "Entendíamos o mercado de empréstimos subprime e sabíamos que eles estavam indo mal", disse Vinny. "O que nos deixava desconfortáveis era a máquina do mercado de títulos. O que nos motivou a ir a Las Vegas foi o fato de ainda sentirmos necessidade de saber como seríamos sacaneados, pois sabíamos que seríamos sacaneados."

Eisman ocupou o lugar que lhe fora atribuído entre Greg Lippmann e um sujeito apresentado como Wing Chau e dissera que administrava uma empresa de investimentos chamada Harding Advisory quando Eisman perguntou exatamente qual era o ramo de atuação da Harding Advisory, Chau explicou que era gestor de CDOs. "Eu não tinha ideia de que existiam gestores de CDOs", afirmou Eisman. "Eu não sabia que havia algo a ser administrado." Mais tarde, Steve não se lembraria de nada a respeito de Wing Chau — sua aparência, o que vestia, de onde tinha vindo, o que comeu ou bebeu —, a não ser a ideia financeira do que ele representava. No entanto, do seu lugar, em frente ao forno japonês, Danny Moses observava e imaginava por que Lippmann tinha escolhido a dedo aquele sujeito para sentar ao lado de Eisman. Ele era baixinho e tinha uma barriga digna de Wall Street: não a pança típica da ralé, mas a discreta e necessária reserva que um esquilo teria para enfrentar o inverno. Ele se formou pela University of Rhode Island e concluiu o curso de administração na Babson College, passando boa parte de sua carreira trabalhando em empregos sem graça em companhias de seguro de vida — mas tudo isso era passado. Ele agora era um novo rico. "Ele tinha aquele sorriso afetado, sabe, como quem diz: 'Eu sei das coisas'", disse Danny. Ele não conhecia Wing Chau, mas quando ouviu que ele era o comprador final das CDOs subprime, identificou imediatamente quem era o babaca. "A verdade é que eu não queria falar com ele porque não queria assustá-lo", afirmou Danny.

Quando eles viram que Lippmann havia colocado Eisman bem ao lado do babaca, tanto Danny quanto Vinny pensaram a mesma coisa: "Essa não. Isso não vai acabar bem." Eisman não ia se conter. Ele descobriria que o cara era um idiota e deixaria isso claro. E depois, o que aconteceria? Precisavam de idiotas; somente os idiotas assumiriam a outra ponta de suas operações. Eles queriam continuar operando. "Não queríamos que todo mundo soubesse o que estávamos fazendo", disse Vinny. "Éramos espiões em uma missão em busca de fatos." Eles observavam Eisman mergulhar seu *edamame* duas vezes no molho de soja comunitário — duas, três, quatro vezes — e esperavam o momento em que o negócio iria explodir. Não havia nada a fazer a não ser relaxar e assistir ao show. Eisman tinha uma forma curiosa de ouvir; ele não ouvia exatamente o que você dizia, mas delegava a alguma região remota de seu cérebro a tarefa de decidir se o que você dizia valia a pena ser ouvido enquanto sua mente partia para elucubrações solitárias. Como resultado, ele nunca ouvia de fato o que você dizia de primeira. Se seu subordinado mental detectasse um nível de interesse no que você acabara de dizer, enviava um sinal para a nave-mãe, que, por sua vez, precisava ser transmitido com mais intensidade. "Como é que é?", costumava dizer. E você repetia! Como agora Eisman estava realmente ouvindo o que você dizia, e como ele ouvia de forma tão seletiva, você se sentia lisonjeado. "Continuei olhando para eles e vi Steve dizendo várias vezes: *Como é que é? Como é que é?*", conta Danny.

Mais tarde, toda vez que Eisman começava a explicar aos outros as origens da crise financeira, iniciava pelo jantar com Wing Chau. Somente então ele teve plena consciência da importância central do assim chamada CDO de mezanino — a CDO composta principalmente por títulos hipotecários subprime BBB — e de sua contraparte sintética: a CDO composta inteiramente por CDS de títulos hipotecários subprime BBB. "Vocês precisam entender isso", ele dizia. "Essa era a máquina da perdição." Ele desenhava várias torres de dívida. A primeira torre representava os empréstimos subprime originais que tinham sido agrupados. No topo da torre estava a tranche AAA, logo abaixo dela estava a tranche AA e assim por diante, até a tranche mais arriscada BBB — os títulos contra os quais ele apostara. As empresas de Wall Street tinham usado essas tranches BBB — as piores entre as piores — para construir outra torre de títulos: uma CDO. Uma obrigação de dívida garantida. Isso aconteceu porque as agências de classificação de risco, diante de uma pilha de títulos lastreados com empréstimos duvidosos, declaravam que 80% dos títulos da pilha eram AAA. Eles poderiam então ser vendidos para investidores — fundos de pensão, companhias de seguros — que tinham permissão para investir apenas em papéis com alta classificação. Foi uma surpresa para Eisman descobrir que essa máquina da perdição era comandada por Chau e pessoas como ele. O sujeito controlava aproximadamente US$ 15 bilhões, investia apenas em CDOs lastreadas em tranches BBB de um título hipotecário ou, como Eisman dizia, "o equivalente a três níveis de merda abaixo do valor dos títulos originais". Um ano antes, o principal comprador da tranche AAA das CDOs subprime — a maioria das CDOs — havia sido a AIG. Depois que a AIG saíra do mercado, os principais compradores eram gestores de CDO como Wing Chau. Sozinho, ele gerava demanda para as fatias mais arriscadas dos títulos garantidos por hipotecas subprime, para os quais basicamente não havia demanda alguma. Essa demanda levou à oferta de novos empréstimos residenciais, como material para os títulos. O molho de soja no qual Eisman mergulhou duas vezes o *edamame* estava sendo compartilhado com um homem que tornara possível que dezenas de milhares de seres humanos recebessem dinheiro que nunca teriam condições de devolver.

No final das contas, a FrontPoint Partners tinha dedicado muito tempo pesquisando esses empréstimos e sabia que as taxas de inadimplência já eram suficientes para arrasar com a carteira inteira de Wing Chau. "Meu Deus", Eisman disse a ele. "Você deve estar passando por um período difícil."

"Não", respondeu Chau. "Vendi tudo."

Como assim? Como é que é?

Não fazia sentido algum. O trabalho de um gestor de CDOs era selecionar a empresa de Wall Street que lhe forneceria títulos subprime que serviriam como garantia para os investidores em CDOs e depois verificar os títulos propriamente ditos. O gestor de CDOs também deveria monitorar os cem títulos subprime individuais ou mais em cada CDO e substituir os ruins, antes de eles irem para o brejo, por outros melhores.

Isso, no entanto, era pura teoria. Na prática, os tipos de investidores que aplicavam seu dinheiro com Wing Chau e, portanto, compravam a tranche AAA de CDOs — bancos alemães, companhias de seguros de Taiwan, sindicatos de fazendeiros japoneses, fundos de pensão europeus e, em geral, entidades mais ou menos obrigadas a investir em títulos AAA —, faziam isso precisamente porque deveriam estar acima de qualquer risco, ser à prova de perdas e não precisar de monitoração ou acompanhamento. O gestor de CDOs, na prática, não fazia muita coisa, e é por isso que todo tipo de gente, até as mais bizarras, de repente esperava se tornar gestor de CDOs. "Dois caras e um terminal da Bloomberg em Nova Jersey" era a forma abreviada de Wall Street para um típico gestor de CDO. Quanto menos espertos fossem os caras, e quanto menos perguntas fizessem sobre os títulos subprime BBB que estavam absorvendo em suas CDOs, mais eles tendiam a ser tratados com condescendência pelas grandes empresas de Wall Street. O grande lance das CDOs era eliminar boa parte do risco do mercado hipotecário subprime que as empresas não conseguiram colocar diretamente no mercado. A última coisa que você queria encontrar era um gestor de CDOs que fizesse muitas perguntas difíceis de responder.

O mercado de títulos tinha criado o que parecia ser um agente duplo: um elemento que parecia representar os interesses dos investidores quando, na verdade, representava melhor os interesses das mesas de operação de títulos de Wall Street. Para garantir aos grandes investidores que deixaram bilhões em suas mãos que ele tinha seus mais profundos interesses em mente, o gestor de CDOs mantinha a propriedade do chamado "equity", ou a parte da "primeira perda" da CDO — a parte que desaparecia primeiro quando os empréstimos subprime que abasteciam a CDO entrassem em inadimplência. Mas o gestor de CDOs também recebia uma comissão de 0,01%, antes que qualquer um de seus investidores vissem um só centavo, e outra comissão semelhante, quando os investidores recebiam o dinheiro de volta. Isso não parece muito, mas quando se trata de administrar dezenas de bilhões de dólares sem esforço e sem custos indiretos, o negócio vale a pena. Apenas alguns anos antes, Wing Chau ganhava US$ 140 mil ao ano administrando uma carteira para a New York Life Insurance Company. Em um ano como gestor de CDOs, ele tinha embolsado US$ 26 milhões, o equivalente a meia dúzia de trabalhadores na New York Life.

Agora, por impulso, Chau explicou a Eisman que ele passara todo o risco de os empréstimos residenciais subjacentes não serem pagos aos grandes investidores que o contrataram para examinar os títulos. Sua função era ser o "especialista" em CDO, mas ele não passou muito tempo analisando o que de fato havia nelas. Sua meta, explicou, era maximizar o dinheiro em suas mãos. E ele estava fazendo isso tão bem que, de janeiro de 2007 até o momento do colapso do mercado em setembro, a Harding Advisory seria a maior gestora de CDOs subprime do mundo. Entre suas outras conquistas, a Harding havia se estabelecido como melhor compradora da inacreditável máquina de CDOs da Merrill Lynch, famosa não só pela taxa de produção (produzia duas vezes que a segunda maior empresa de Wall Street), mas também por seu lixo industrial (essas CDOs mais tarde foram consideradas as piores de todas). "Ele 'administrava' as CDOs, mas administrava o quê? Fiquei chocado com o fato de o mercado de finanças estruturadas ser tão insano a ponto de permitir que alguém administre uma carteira de CDOs sem ter qualquer tipo de exposição a eles. As pessoas pagavam para alguém 'administrar' suas CDOs — como se esse idiota estivesse ajudando. Pensei com os meus botões: 'Seu cretino, você não está nem aí para os investidores", disse Eisman. A verdadeira função de Chau era servir como um novo tipo de bode expiatório para as empresas de Wall Street que ele "contratava"; os investidores se sentiam melhores ao comprar uma CDO da Merrill Lynch se não parecesse ser administrada por ela.

Havia um motivo pelo qual Greg Lippmann tinha escolhido Wing Chau para sentar ao lado de Steve Eisman. Se Chau percebera a desaprovação de Eisman, ele não demonstrou; em vez disso, falava com o outro em um tom condescendente. *Eu sei das coisas*. "Então, ele disse algo que me deixou louco", afirmou Eisman. "'Adoro quem me vende a descoberto. Sem vocês, não tenho nada para comprar.'"

Como é que é?

"Ele continuou: 'Quanto mais empolgado você fica por estar certo, mais operações realiza, e quanto mais operações faz, mais produtos sobram para mim.'"

Foi aí que Steve Eisman finalmente compreendeu a loucura da máquina. Ele, Vinny e Danny vinham fazendo essas "apostas secundárias" com o Goldman Sachs e o Deutsche Bank sobre o destino da tranche BBB de títulos lastreados em hipotecas subprime sem compreender plenamente por que essas empresas estavam tão ávidas em aceitá-las. Ele estava diante de uma pessoa de carne e osso que estava na outra ponta dos CDSs. Agora ele entendeu: os CDSs, filtrados pelas CDOs, estavam sendo usados para replicar títulos lastreados em empréstimos residenciais reais. *Não havia um número suficiente de americanos com crédito ruim fazendo empréstimos para satisfazer o apetite dos investidores pelo produto final*. Wall Street precisava de suas apostas para sintetizar ainda mais desses títulos. "Eles não estavam satisfeitos em conseguir que vários tomadores de empréstimos não qualificados fizessem empréstimos para comprar uma casa que não tinham condições de pagar", disse Eisman. "Estavam simplesmente inventando esses títulos fictícios. Centenas de vezes! É por isso que os prejuízos do sistema financeiro são tão maiores do que apenas os empréstimos subprime. Foi aí que percebi que eles precisavam de nós para manter a máquina funcionando. Fiquei me perguntando: *Isso é permitido?*"

Wing Chau não sabia que ele havia sido selecionado a dedo por Greg Lippmann para convencer Steve Eisman de que as pessoas na outra ponta de seus CDSs eram bandidos ou estúpidos, mas ele desempenhou esse papel mesmo assim. Entre goles de saquê, disse a Eisman que preferia ter US$ 50 bilhões em CDOs ruins a nenhum, pois recebia basicamente por volume de transações. Ele contou a Eisman que seu principal medo era que a economia norte-americana se fortalecesse e dissuadisse os fundos de hedge a fazer apostas ainda mais altas contra o mercado de hipotecas subprime. Eisman ouvia e tentava entender como um investidor na outra ponta de suas apostas poderia esperar mais ou menos a mesma coisa que eles — e como qualquer companhia de seguros ou fundo de pensão tinha coragem de dar seu dinheiro a Wing Chau. Só havia uma resposta possível: as classificações AAA davam a todos uma desculpa para ignorar os riscos que estavam correndo.

Danny e Vinny observavam os dois de perto através do vapor do *hibachi*. Pelo que conseguiam perceber, Eisman e Chau estavam se dando muito bem. Entretanto, quando a refeição acabou, observaram Eisman falando com Greg Lippmann, apontando para Chau e dizendo: "O que quer que esse cara esteja comprando, eu quero vender a descoberto." Lippmann levou na brincadeira, mas Eisman estava falando muito sério: queria fazer uma aposta especificamente contra o gestor do CDO. "Greg, quero vender a descoberto o papel dele. Sem precisar ver de antemão", disse Eisman. Até então, ele tinha comprado apenas CDSs de títulos hipotecários subprime; de agora em diante, compraria especificamente CDSs de CDOs de Wing Chau. "Ele conhecera o inimigo, cara a cara", afirmou Vinny.

No que se resumia a uma breve tentativa de viver a vida de outra pessoa, Charlie Ledley selecionou da parede uma pistola Beretta, uma escopeta e uma Uzi. Pouco antes de partir para Las Vegas, ele disparou um e-mail para seu sócio Ben Hockett, que esperava encontrar lá, e para Jamie Mai, que não ia. "Vocês acham que vamos nos ferrar porque não fizemos nosso pré-registro na convenção?", perguntou ele. Não era a primeira vez que a Cornwall Capital ouvira falar de um grande evento para o qual não havia sido convidada, nem seria o último para o qual eles se convidariam. "Se a gente aparecer por lá, eles acabam liberando a nossa entrada", respondeu Jamie. As únicas pessoas que Charlie conhecia em Las Vegas eram alguns membros da máquina das hipotecas subprime no Bear Stearns, mas nunca os encontrara pessoalmente. Ainda assim, enviaram um e-mail, logo após ele ter chegado a Las Vegas, pedindo que os encontrasse nesse local de treinamento de tiro a alguns quilômetros da rua principal da cidade, em vez de na conferência. A mensagem dizia: "Vamos praticar tiro no domingo..." Charlie ficou tão chocado que ligou para perguntar o que isso queria dizer. "Perguntei: 'Então, vocês vão dar *tiros* de verdade?'"

Naquela tarde de domingo, 28 de janeiro, na Gun Store de Las Vegas, não era difícil identificar os vendedores de CDOs do Bear Stearns. Eles estavam vestidos de uniforme militar cáqui e camisas polo e eram cercados por uns homens fortões de camiseta preta apertada que pareciam estar tirando o dia de folga da milícia local, onde caçavam imigrantes ilegais. Atrás da caixa registradora havia a mais sensacional exposição de pistolas, espingardas e armas automáticas penduradas na parede. À direita estavam os alvos: uma foto de Osama bin Laden, uma pintura de Osama bin Laden como um zumbi, vários terroristas encapuzados da Al-Qaeda, uma criancinha negra atacando uma bela mulher branca, um criminoso asiático brandindo uma pistola. "Apresentaram o cartão de crédito do Bear Stearns e começaram a comprar munição", disse Charlie. "Comecei a escolher minhas armas." Foi a Uzi que o deixou mais impressionado, além de uma fotografia gigante de Saddam Hussein selecionada da parede de alvos. A escopeta ricocheteava e machucava o ombro, mas a Uzi, com um poder de fogo muito maior, era quase gentil; havia um eletrizante descompasso entre a dor experimentada e o dano causado. "A Beretta era divertida, mas a Uzi era demais", disse Charlie, que saiu da Gun Store com uma sensação estranha de ter violado alguma lei da natureza e uma pergunta sem resposta: por que ele fora convidado? Os caras do Bear Stearns foram ótimos, mas ninguém tinha dito uma só palavra sobre hipotecas subprime ou CDOs. "Foi bizarro, porque eu nunca tinha visto os caras e era o único cliente do Bear Stearns ali", comentou Charlie. "Eles estavam pagando por toda aquela munição e eu dizia: 'Posso pagar algumas, se vocês quiserem', mas eles insistiram em me tratar como cliente." Evidentemente, a maneira mais segura de pagar por um dia livre bancando o herói de guerra (ao estilo de *Nascido para Matar*) com o cartão da empresa é convidando um cliente. E, é claro, o cliente mais fácil de convidar era aquele cujo negócio era tão banal que a sua opinião sobre o evento realmente não importava. O fato de essas ideias nem sequer terem passado pela cabeça de Charlie revelam muito de seu caráter: ele não chegava nem perto do nível de cinismo necessário para sobreviver no mercado. Mas isso estava prestes a mudar.

Na manhã seguinte, Charlie e Ben circularam pelos corredores do Venetian. "Quem estava tentando vender alguma coisa usava gravata, quem estava tentando comprar não usava. Era difícil encontrar alguém com quem eu quisesse conversar. Éramos intrusos ali, andando de um lado para outro", disse Ben. Só conheciam uma pessoa no hotel inteiro — David Burt, o ex-funcionário da BlackRock a quem estavam pagando US$ 50 mil por mês para avaliar as CDOs contra as quais eles estavam apostando —, mas não acharam que isso fazia diferença, pois planejavam assistir às sessões abertas, às grandes palestras e aos painéis de discussão. "Não estava muito claro o motivo de estarmos ali", disse Ben. "Estávamos tentando conhecer as pessoas. Charlie chegava perto de qualquer um que estivesse no púlpito depois das apresentações." Procuravam algum reflexo persuasivo de si mesmos. Alguém que pudesse lhes explicar por que o que o mercado considerava impossível era no mínimo improvável.

O desafio de Charlie era identificar iniciados no mercado que não suspeitassem dele e fazê-los falar antes de pensarem de perguntar quem ele era ou o que fazia. "Invariavelmente, todos com quem encontrávamos tinham a mesma reação, tipo: 'Espera aí, de onde vocês vieram?' e apenas ficavam confusos", disse Charlie. "As pessoas perguntavam por que estávamos ali."

Um cara de uma agência de classificação de risco com quem Charlie testou a tese de investimento da Cornwall Capital olhou para ele e perguntou: "Vocês têm certeza de que sabem o que estão fazendo?". Os conhecedores do mercado não concordavam com eles, mas não apresentaram contra-argumentos convincentes. O principal argumento deles em defesa das CDOs subprime era que "o comprador das CDOs não vai sumir". Em defesa dos empréstimos subjacentes, eles diziam que, em seu curto histórico, nunca ficaram devendo valores significativos. Sobre as mesas das roletas estavam telas que apresentavam os resultados das últimas vinte rodadas. Os jogadores viam que tinha dado preto nas últimas oito rodadas; iam se maravilhar com a improbabilidade e sentir nos ossos que a bolinha de prata agora tinha mais chances de cair no vermelho. Essa era a razão pela qual o cassino se dava o trabalho de apresentar os resultados das últimas rodadas: ajudar os jogadores a se iludirem, dar às pessoas uma falsa confiança para que colocassem suas fichas na mesa de apostas. Toda a cadeia alimentar dos intermediários do mercado hipotecário subprime estava se iludindo da mesma maneira, usando uma visão resumida e sem sentido para prever o futuro.

"Em geral, quando se faz uma operação, encontramos alguém esperto na outra ponta", afirmou Ben. "Nesse caso, não conseguíamos encontrar ninguém."

"Todas as pessoas com quem conversávamos não tinham um motivo aceitável para pensar que isso se tornaria um grande problema", disse Charlie. "Ninguém estava pensando muito nisso."

Depois de Charlie perguntar o que aconteceria com essas CDOs em sete anos, um dos caras das CDOs do Bear Stearns respondeu: "Em sete anos? Eu não quero nem ouvir falar em sete anos. Só quero que durem mais dois anos."

Três meses mais tarde, quando a Cornwall comprou seus primeiros US$ 100 milhões em CDSs de tranches AAA de CDOs subprime, eles acreditaram que estavam fazendo uma aposta barata em um evento improvável: US$ 500 mil ao ano de prêmio pela possibilidade de ganhar US$ 100 milhões. O mercado e as agências de classificação tinham definido as chances de inadimplência como 1 em 200. Eles achavam que as chances eram maiores do que isso, digamos, 1 em 10. Ainda assim, como a maior parte de suas apostas, esse era um lance arriscado com promessas de grandes retornos. Um lance inteligente talvez, mas, ainda assim, arriscado. Quanto mais ouviam os especialistas no mercado subprime, mais sentiam que o colapso dos títulos AA não era uma aposta furada, mas provável. Uma ideia passou pela cabeça de Ben: as pessoas acreditavam que o colapso do mercado hipotecário subprime era improvável precisamente porque seria catastrófico. Nada tão terrível acontece de verdade.

Na primeira manhã da conferência, eles seguiram milhares de pessoas que saíam do cassino e entravam no grande salão para participar da cerimônia de abertura. Deveria ser um painel de discussão, mas é claro que os convidados tinham pouco interesse em conversar entre si e estavam mais interessados em fazer comentários bem preparados e ponderados. Eles assistiriam a uma dúzia desses eventos durante os três dias seguintes e todos seriam entediantes. Mas essa sessão foi diferente, porque o moderador parecia estar bêbado, ou pelo menos atordoado. Seu nome era John Devaney e ele administrava um fundo de hedge que investia em títulos hipotecários subprime, o United Capital Markets. Durante uma década, Devaney patrocinara essa conferência, chamada ASF, ou *American Securitization Forum*, em parte porque parecia melhor do que *Association for Subprime Lending*. Se o mercado de títulos hipotecários subprime tinha líderes morais, John Devaney era um deles. Ele também gostava de exibir sua própria fortuna. Era dono de um Renoir, um jatinho Gulfstream, um helicóptero e, é claro, um iate. Naquele ano ele pagara uma grana para contratar Jay Leno como mestre de cerimônias em seus eventos.

Ali, com um ar de quem acabara de chegar de uma noitada na cidade, John Devaney fazia uma apresentação claramente extemporânea sobre o estado do mercado subprime. "Foi incrível", disse Charlie. "Fluxo de consciência. Ele falava sobre como as agências de classificação eram as prostitutas. Como os papéis não valiam nada. Como todos sabiam disso. Ele transformou em palavras as suspeitas de todos. Era como se estivesse fazendo uma apresentação não oficial. Quando terminou, o silêncio era completo. Ninguém tentou uma defesa. Simplesmente disfarçaram. Fingiram que ele não tinha dito nada."* Por um lado, era incrível ouvir um conhecedor do mercado dizer o que ele considerava verdade; por outro, se o mercado tivesse autoconsciência, sua loucura não duraria. Charlie, Jamie e Ben supunham que tinham tempo para pensar melhor antes de comprar mais CDSs de tranche AA de CDO subprime. "Aquela apresentação nos deixou apavorados", disse Ben, "Parecia que, em vez de seis meses para fechar nossa operação, tínhamos apenas uma semana."

---

* Quando o mercado foi por água abaixo, Devaney faliu e foi obrigado a vender o iate, o avião e seu Renoir (por um bom dinheiro) e a se defender contra vários artigos de jornal bem desagradáveis. "É preciso ser muito honesto para admitir que errou", escreveu em uma das várias cartas desconexas que foram publicadas pela PR Newswire. "Eu 'estava comprado' em 2007 e estava errado."
Charlie disse que Devaney "foi incrivelmente cínico sobre o mercado e perdeu dinheiro. Nunca consegui entender isso".

O problema era, como sempre, encontrar empresas de Wall Street interessadas em lidar com eles. Sua única fonte, o Bear Stearns, de repente parecia mais interessada em atirar do que em negociar com eles. Todas as demais empresas os tratavam como uma piada. *Cornhole Capital*. Mas ali, em Las Vegas, a sorte os encontrara. Para sua surpresa, eles descobriram que o consultor que empregavam para analisar as CDOs para eles, David Burt, tinha uma ótima reputação no setor. "Começamos apenas seguindo-o por toda parte. 'Ei, sabe aquele sujeito com quem você estava falando? Nós o contratamos, você pode falar com a gente também?'" Esse deus honorário apresentou Charlie a uma mulher do Morgan Stanley, chamada Stacey Strauss. Sua função era encontrar investidores que quisessem comprar CDSs o mais rápido possível. Charlie nunca soube por que ela estava tão empenhada em subverter os padrões normais do Morgan Stanley para negociar com a Cornwall. Charlie também abordou um homem que analisava o mercado de títulos hipotecários subprime para o Wachovia Bank, que por acaso estava presente no painel moderado pelo destemido John Devaney. Durante o painel de abertura, ele, como todo o restante da plateia, fingiu não ter ouvido o que Devaney dissera. Quando Devaney terminou, o cara do Wachovia fez sua pequena apresentação sobre a solidez fundamental do mercado de títulos hipotecários subprime. Quando desceu do púlpito, Charlie o abordou e perguntou se o banco que ele representava estaria interessado em vender alguns CDSs.

Na manhã seguinte ao jantar com Wing Chau, Eisman acordou vislumbrando pela primeira vez o mercado de títulos em carne e osso, além de sensacionais afrescos de falso barroco no teto. O hotel The Venetian — Palazzo Ducale por fora, *Divina Comédia* por dentro — estava tomado por milhares de homens brancos em trajes casuais que ganhavam a vida, de uma forma ou de outra, com hipotecas subprime.

Como toda a cidade de Las Vegas, o Venetian era uma verdadeira balbúrdia de efeitos aparentemente aleatórios, criados para aumentar a irracionalidade e explorá-la dias que pareciam noites e noites que pareciam dias; os caça-níqueis e os caixas automáticos que cuspiam notas de cem dólares; os quartos do grande hotel que custavam tão pouco e faziam você se sentir tão importante. O objetivo principal era alterar sua percepção das chances e de seu dinheiro, e tudo isso deprimia Eisman: ele nem mesmo gostava de jogar. "Não saberia calcular as chances por nada nesse mundo", dizia Eisman. No final de cada dia, Vinny saía para jogar pôquer com apostas de baixo valor; Danny se juntava a Lippmann e aos demais caras dos títulos na mesa de dados, e Eisman ia dormir. Era bastante curioso que o jogo de dados fosse o preferido dos negociantes de títulos. Os dados ofereciam ao jogador a ilusão de controle — afinal de contas, ele rolava os dados — e uma complexidade superficial que mascarava a estupidez subjacente. "Por algum motivo, quando esse pessoal está jogando, realmente acredita que tem o poder de controlar os dados", disse Vinny.

Milhares e milhares de profissionais sérios do mercado financeiro, a maioria dos quais estava fazendo outra coisa na vida há alguns anos, agora jogavam dados com o dinheiro obtido com títulos hipotecários subprime. O setor de hipotecas subprime que Eisman conheceu um dia, melhor do que qualquer outra pessoa do planeta, era uma parcela insignificante dos mercados de capitais. Em apenas alguns anos, tinha se tornado o motor mais potente de lucros e emprego de Wall Street — e não fazia sentido economicamente. "Era como observar uma máquina inconsequente que não podia se conter", disse Eisman. Ele se sentia como se tivesse acabado de mudar para uma casa nova, aberto a porta do que achava ser um armário pequeno e encontrado uma ala nova. "Eu participara de conferências sobre ações, mas essa era diferente. Elas, com sorte, conseguem reunir quinhentas pessoas. Havia sete mil pessoas nessa conferência. Só o fato de não haver ninguém do mundo das ações revelava que ninguém tinha entendido nada. Não conhecíamos ninguém. Ainda achávamos que éramos os únicos a vender a descoberto", afirmou.

Eisman não estava interessado em ouvir a apresentação de mais ninguém. Não tinha o menor interesse em participar do painel de discussões e em ouvir os comentários enlatados. Ele queria sessões privadas com os conhecedores do mercado. Lippmann havia apresentado algumas pessoas dentro do Deutsche Bank que ofereciam as CDOs aos investidores, e esse pessoal prestativo organizou o encontro de Eisman e de seus sócios com os intermediários financeiros do mercado de títulos: os credores hipotecários, os bancos que empacotavam os títulos em CDO e as agências de classificação que abençoavam o processo em cada estágio. As únicas partes interessadas que não estavam participando da conferência eram os tomadores de empréstimo, os compradores de imóveis norte-americanos — mas até mesmo eles estavam presentes, servindo bebidas, girando as roletas e lançando os dados. "Vegas estava bombando", afirmou Danny. "Os donos dos imóveis estavam nas malditas mesas." Um amigo dele voltou de uma noitada pela cidade contando que havia conhecido uma stripper que tinha cinco empréstimos imobiliários diferentes.*

O vendedor de CDOs do Deutsche Bank, um sujeito chamado Ryan Stark, havia sido designado para ficar de olho em Eisman e impedir que ele causasse encrenca. "Comecei a receber mensagens dele antes da conferência", disse Danny. "Stark estava nervoso com a gente. Ele dizia: 'Só quero esclarecer o motivo das reuniões' e 'só para deixar claro por que estamos nos encontrando...'. Ele queria ter certeza de que sabíamos que estávamos ali para comprar os títulos." O Deutsche Bank tinha

* Dois anos mais tarde, Las Vegas seria a cidade com o maior índice de execução de hipotecas nos Estados Unidos.

até enviado os folhetos formais destinados aos compradores subprime, como uma espécie de roteiro a ser seguido. "O objetivo da conferência é convencer as pessoas de que ainda é seguro criar e comprar essa merda", disse Danny. "Era inédito que um investidor de risco que quisesse vender títulos a descoberto se apresentasse e saísse em busca de informações. Só conseguimos essas reuniões individuais dizendo que não iríamos operar vendido. O Deutsche Bank nos acompanhou para garantir que não estragaríamos suas relações. Colocaram um vendedor na reunião só para nos monitorar."

Era evidente que não havia motivo para monitorar Eisman. Ele se considerava um paladino, defensor dos fracos e oprimidos, inimigo número um de autoridades malévolas. Pensava que era o próprio Homem-Aranha. Estava perfeitamente ciente de como parecia absurdo quando, por exemplo, a esposa dele contava para as pessoas: "Meu marido acredita ser o Homem-Aranha." Eisman não saía por aí contando a estranhos os incríveis paralelos existentes entre a vida dele e a de Peter Parker — o momento que foram para a faculdade, o que estudaram, quando se casaram e assim por diante — ou que, já na faculdade de Direito, ele abrira uma revista em quadrinhos do Homem-Aranha esperando descobrir nela o próximo passo a ser dado na própria vida. Mas Eisman era bom em identificar narrativas; ele explicava o mundo por meio de histórias, e essa era uma das que usava para explicar a si mesmo.

O primeiro sinal de que o Homem-Aranha não tinha o menor interesse pelas obscuras transações do Deutsche Bank veio de uma palestra naquela manhã, proferida pelo CEO do Option One, um originador de hipotecas pertencente ao H&R Block. A Option One tinha aparecido no radar de Eisman sete meses antes, em junho de 2006, quando a empresa anunciou uma perda surpreendente em sua carteira de empréstimos hipotecários subprime. A perda foi surpreendente porque a Option One estava no ramo de venda de empréstimos para Wall Street — a função dela era assumir riscos. Nessas transações, entretanto, estava previsto que Wall Street poderia devolver os empréstimos à Option One caso os devedores não fizessem o primeiro pagamento. "Quem faz um empréstimo imobiliário e deixa de pagar a primeira prestação?", perguntou Danny Moses. Indo um pouco mais longe: "Quem empresta dinheiro para alguém que não tem condições de honrar o primeiro pagamento?", continuou Eisman.

Quando o CEO da Option One chegou na parte da palestra sobre a carteira de empréstimos subprime de sua empresa, ele explicou que a companhia superara seus problemas e estava esperando um índice (modesto) de perdas de 5% em seus empréstimos. Eisman levantou a mão. Moses e Daniel afundaram na cadeira. "Não era hora da sessão de perguntas", disse Moses. "O cara estava fazendo uma apresentação." Ele viu a mão de Steve levantada e o atendeu.

— Você diria que esses 5% são uma probabilidade ou possibilidade? — perguntou Eisman.

— Uma probabilidade — respondeu o CEO, e voltou à sua palestra.

Eisman levantou a mão de novo. *Ah, não*, pensou Moses, afundando ainda mais na cadeira. "A única coisa que Steve sempre diz é que devemos supor que estão todos mentindo para você", disse Daniel. "Eles sempre estão mentindo." Danny e Vinny sabiam o que Eisman achava desses emprestadores subprime, mas não viam a necessidade de expressar isso ali, daquela maneira, porque Steve não estava levantando a mão para fazer uma pergunta. Ele fazia um grande círculo com o polegar e o indicador. Ele usava seus dedos para falar. "Zero!", ele dizia.

— Pois não? — perguntou o CEO, obviamente irritado. — É outra pergunta?

— Não — respondeu Eisman. — É um zero. A probabilidade de que a sua taxa de inadimplência seja de 5% é zero.

Os prejuízos com os empréstimos subprime seriam muito, muito maiores. Antes que o sujeito tivesse tempo de responder, o celular de

Eisman tocou. Em vez de desligá-lo, Steve o tirou do bolso e atendeu. "Com licença", disse, levantando-se. "Preciso atender a ligação." Com isso, saiu da sala de conferências. Era a esposa ligando.

"Não era nada importante", disse ela com um suspiro. "Foi só uma desculpa."

Depois disso, algo mudou em Eisman, porque ele parou de procurar briga e começou a buscar um entendimento maior. Perambulou pelo cassino de Las Vegas incrédulo diante do espetáculo à sua frente: sete mil pessoas, e todas pareciam encantadas com o mundo em que viviam. Uma sociedade com profundos e graves problemas econômicos que manipulava dados para disfarçá-los, manobras cujos principais beneficiários eram os intermediários financeiros. Como era possível? Eisman se perguntava, embora apenas por poucos instantes, se estava deixando alguma coisa escapar. "Ele vivia dizendo: 'O que está acontecendo? Afinal de contas, *quem* são essas pessoas?'", disse Danny Moses. O mercado hipotecário subprime naquela conjuntura só fizera crescer. As pessoas consideradas bem-sucedidas nesse mercado eram aquelas que sempre davam ordens de compra. Agora, todos deveriam passar a dar ordens de venda, mas eles não sabiam como. "Sabíamos que o pessoal da renda fixa acreditava saber mais do que a gente e, em geral, era verdade. Eu não era um cara da renda fixa, mas estava assumindo uma aposta contra todo o setor, e queria descobrir se eles sabiam de algo que eu não sabia. Será que era tão óbvio assim? Será que era simples assim?", ponderou Eisman. Ele participou de reuniões privadas com representantes de credores e banqueiros, além das agências de classificação de risco, procurando uma inteligência que ainda não detectara. "Ele estava em modo de aprendizado", disse Vinny. "Quando fica fascinado por um assunto, a curiosidade se torna muito mais importante do que o ato de criar conflitos. Eisman alega que os anos de terapia permitiram que ele se comportasse assim, mas a verdade é que aquela era a primeira vez que estava reunindo todos os elementos."

Steve Eisman queria muito acreditar no pior, e isso lhe deu uma enorme vantagem tática nos mercados financeiros dos Estados Unidos em 2007. No entanto, havia pequena parte dele que ainda era tão inocente quanto o garotinho que emprestou sua bicicleta nova a um estranho. Eisman ainda conseguia ficar chocado com as coisas. Sua experiência com a Household Finance havia acabado com suas esperanças de que o governo intercederia para evitar que as grandes empresas prejudicassem a população mais carente. No livre mercado, entretanto, pode haver alguma autoridade capaz de coibir seus excessos. Teoricamente, as agências de classificação eram essa autoridade. À medida que os títulos se tornaram mais complexos, as agências de classificação se tornaram mais necessárias. Todos podiam avaliar um título do Tesouro dos Estados Unidos; quase ninguém conseguia entender uma CDO lastreada em uma hipoteca subprime. Havia um papel natural a ser desempenhado por um avaliador independente que daria seu aval a essas pilhas opacas de empréstimos arriscados. "Em Las Vegas, ficou claro para mim que todo esse setor enorme estava simplesmente confiando nas classificações", afirmou Eisman. "Todos acreditavam nas classificações, por isso não precisavam se preocupar com elas."

Eisman havia trabalhado em Wall Street durante duas décadas, mas, como a maioria das pessoas do mercado de ações, ele nunca havia sentado pessoalmente com ninguém da Moody's ou da Standard & Poor's. A menos que cobrissem companhias de seguros — que perdiam a capacidade de vender seu produto no momento em que a condição delas de cumprir suas obrigações fosse questionada — o pessoal do mercado de ações não prestava muita atenção às agências de classificação de risco. Agora, Eisman tinha seu primeiro contato com essas agências e o que chamou a atenção dele imediatamente — e também surpreendeu Danny e Vinny — foi a qualidade de funcionários. "Sabe quando a gente entra em uma agência dos correios e percebe que existe uma diferença entre um funcionário público e as outras pessoas?", observou Vinny. "Os empregados das agências de classificação pareciam funcionários públicos." Coletivamente, eles tinham mais poder do que qualquer outra pessoa no mercado de títulos, mas, individualmente, não eram ninguém. "Eram mal pagos", disse Eisman. "Os mais inteligentes iam para Wall Street na primeira oportunidade para ajudarem a manipular as empresas para as quais costumavam trabalhar. Não deve haver glória maior para um analista do que trabalhar na Moody's. Dizem: 'Não tem como ser mais do que um analista.' Na verdade, é o contrário! Ninguém dá a mínima se o Goldman gosta dos papéis da General Electric. Se a Moody's diminui a classificação dos papéis da GE, vira sensação. Então por que o sujeito da Moddy's vai querer trabalhar no Goldman Sachs? O cara que está no cargo de analista de bancos no Goldman Sachs é que deveria trabalhar na Moody's. Essa deveria ser a elite."

Todo o setor dependia das agências de classificação, mas as pessoas que trabalhavam lá mal sabiam o que estavam fazendo. Se circulassem pelos corredores, poderiam ser confundidas com algum banqueiro de baixa categoria do Wells Fargo, ou com lacaios de credores hipotecários, ou com os empregados da Option One. Usavam ternos em Las Vegas, o que revelava metade do que se precisava saber sobre eles — a outra metade se inferia do preço dos ternos. Praticamente todas as outras pessoas vestiam trajes casuais; os poucos que eram importantes usavam ternos italianos de US$ 3 mil. (Um dos mistérios sobre o homem típico de Wall Street é que ele podia não entender nada de alta costura e ainda assim saber quanto o terno de outro homem tinha custado.) O pessoal das agências de classificação usava ternos azuis da loja de departamentos J.C. Penney, com gravatas combinando e camisas engomadas um pouco além da conta. Eles não eram players no mercado nem conheciam as pessoas que eram. Recebiam para avaliar títulos do Lehman, Bear Stearns e Goldman Sachs, mas não sabiam dizer os nomes ou qualquer outro fato importante sobre quem estava ganhando uma fortuna em cada uma dessas instituições explorando brechas nos modelos das agências. Eles aparentavam saber o suficiente para justificar seu emprego, mas não iam além disso. Pareciam tímidos, assustados e avessos ao risco. Como Danny descreveu: "Eles não iam para a mesa de dados."

Foi em Vegas que Eisman percebeu que "as agências de classificação não estavam nem aí para o que me preocupava. Lembro de estar sentado lá pensando, 'Caramba, isso é patético'. A gente sabe quando está diante de alguém intelectualmente superior: a gente sabe. Quando sentamos com Richard Posner (o jurista), sabemos quem é Richard Posner. Quando sentamos com as agências de classificação, sabemos que estamos com as agências de classificação". A julgar por seu comportamento, a grande preocupação das agências era maximizar o número de operações que avaliavam para os bancos de investimento de Wall Street e as tarifas cobradas por isso. Desde então, suas receitas tinham aumentado expressivamente de US$ 800 milhões em 2001 para US$ 2,03 bilhões em 2006. Uma parte significativa do aumento — mais da metade, mas o valor exato não foi revelado a Eisman — vinha da ponta oculta do setor de financiamento residencial, chamado "crédito estruturado". A forma mais certa de atrair gerações de crédito estruturado é aceitar os pressupostos desse setor. "Fizemos a todos as mesmas duas perguntas", afirmou Vinny. "Qual é a sua hipótese sobre os preços das residências e sobre os prejuízos nos empréstimos?" As duas agências de classificação afirmaram que esperavam o aumento dos preços dos imóveis residenciais e que os prejuízos dos empréstimos ficassem em torno de 5% — o que, se verdadeiro, significava que mesmo os títulos hipotecários subprime BBB com a menor classificação criados a partir deles seriam bons. "Era como se todos concordassem de antemão que 5% era o número exato", disse Eisman. "Todos diziam 5%. Havia uma linha partidária a seguir."* O que chocou Steve é que nenhuma das pessoas que conheceu em Las Vegas parecia se importar. Todos continuavam levando suas vidas sem pensar muito a esse respeito.

Foi em Las Vegas que a atitude de Eisman e de seus sócios com relação ao mercado de títulos dos Estados Unidos se transformou em algo bem próximo à sua forma final. Como descreveu Vinny: "Esse foi o momento em que dissemos: 'Isso não é crédito! É um esquema Ponzi fictício!' Em Vegas, a pergunta que não queria calar deixou de ser "Será que esse pessoal do mercado de títulos sabe de algo que nós não sabemos?" e foi substituída por "Será que merecem ser apenas despedidos ou ir para a cadeia?". Será que estão delirando ou sabem o que estão fazendo? Danny acreditava que a maioria das pessoas do setor estava cega pelo interesse e não conseguia enxergar os riscos que haviam criado. Vinny, sempre mais pessimista, afirmou: "Havia mais idiotas do que bandidos, mas os bandidos tinham mais poder." As agências de classificação eram a escória, o que havia de pior no setor, e as pessoas que trabalhavam nessas agências realmente não pareciam saber até que ponto tinham sido manipuladas pelas grandes empresas de Wall Street. A reunião deles com a terceira e menor agência de classificação de risco, a Fitch Ratings, ficou gravada na memória de Vinny: "Sei que vocês são meio irrelevantes", ele disse da maneira mais educada possível. "Existem grandes empresas que recebem todos os holofotes, e existe a sua empresa. Se quiser marcar sua posição — e ser notada por todos — por

---

* Em Las Vegas, também conheceram David Wells, que administrava empréstimos subprime para uma empresa chamada Fremont Investment & Loan. Wells também disse que esperava prejuízos em torno de 5%. Em setembro, nove meses mais tarde, a Fremont anunciaria que 30% de seus empréstimos subprime estavam inadimplentes. Suas carteiras de empréstimos registrariam prejuízos acima de 40% — o que quer dizer que, mesmo depois de vender as casas executadas, perderia a metade do montante emprestado.

que não segue o seu próprio caminho e se torna uma empresa honesta?" Ele esperava que os bons empregados da Fitch Ratings entendessem esse ponto, e até mesmo rissem nervosamente diante da situação. Em vez disso, pareciam quase ofendidos. "Não gostaram do que ouviram", disse Vinny. "Acho que não entenderam o que eu estava tentando dizer."

Eles tinham partido para Las Vegas com uma posição vendida em títulos hipotecários subprime de um pouco menos de US$ 300 milhões. Quando voltaram, aumentaram esse montante para US$ 550 milhões, com novas apostas contra as CDOs criadas por Wing Chau. Com apenas US$ 500 milhões sob sua administração, a posição era majoritária em sua carteira. Entretanto, não pararam por aí. No primeiro dia de volta ao escritório, venderam a descoberto as ações da Moody's Corporation por US$ 73,25, e procuraram outras empresas e outras pessoas, como Wing Chau, na outra ponta da operação.

Capítulo Sete

A grande caça ao tesouro

Charlie Ledley e Ben Hockett voltaram de Las Vegas em 30 de janeiro de 2007, convencidos de que o sistema financeiro inteiro tinha perdido o juízo. "Eu disse à minha mãe: 'Acho que podemos estar diante de algo como o fim do capitalismo democrático'", afirmou Charlie. "Ela disse apenas: 'Ah, Charlie', e sugeriu que eu começasse a tomar antidepressivos." Eles tinham criado um enfoque de investimento que aproveitava o próprio talento para se distanciar das convicções dos outros. Encontrar essa grande convicção em si mesmos era algo novo e desconfortável. Jamie escreveu um memorando para seus dois sócios em que perguntava se estavam apostando no colapso da sociedade — uma aposta que o governo nunca deixaria o oponente ganhar. "Se uma ampla gama de spreads* de CDOs começar a se ampliar, significa que

* O "spread" em qualquer título é a diferença entre a taxa de juros paga ao investidor e uma taxa supostamente livre de risco — digamos, a taxa paga aos investidores em títulos do Tesouro norte-americano.

uma hecatombe financeira global está em andamento... O Fed está em posição de resolver o problema intervindo... Acho que a pergunta é: 'Qual é a extensão do desastre para que ele seja grande o suficiente para falhar?'", escreveu.

A conferência em Las Vegas fora criada, entre outros fatores, para impulsionar a crença no mercado. No dia em que os investidores do mercado hipotecário subprime deixaram Las Vegas e voltaram para suas mesas de operações, o mercado quebrou. Em 31 de janeiro de 2007, o ABX, um índice politicamente negociado de titulos hipotecários subprime BBB — o tipo de título usado para criar CDOs subprime — caiu mais de um ponto, de 93,03 a 91,98. Durante os últimos meses, vinha caindo em incrementos tão minúsculos, de 100 para 93, que um ponto inteiro de queda foi chocante — e aumentou a ansiedade de Charlie de que haviam descoberto essa operação sensacional um pouco tarde demais para lucrar da forma como gostariam. No começo, a funcionária do Morgan Stanley manteve a sua palavra: ela elaborou o contrato ISDA deles, que em geral levaria meses de negociações, em dez dias. Ela enviou a Charlie uma lista de tranches AA de CDOs dos quais o Morgan Stanley estava disposto a vender CDSs.* Charlie virou noites tentando identificar contra quais delas ele deveria apostar, e depois ligou para o banco, sendo informado de que o Morgan Stanley tinha

---

* Um breve lembrete: pensando sobre essas torres de dívida, vale a pena simplificá-las em três andares: um subsolo, chamado de "equity", que assume os primeiros prejuízos e não é um papel com grau de investimento; o andar de baixo, chamado "mezanino", com classificação BBB; e o andar de cima, com classificação AAA, e em geral chamado de "sênior". Na prática, as torres tinham andares muito mais finos: uma CDO poderia ter quinze tranches diferentes, cada qual com uma classificação ligeiramente diferente, de BBB⁻ até AAA: BBB⁻, BBB, A⁻, A e assim por diante. A classificação AA da tranche vendida a descoberto pela Cornwall Capital implicava que os títulos subjacentes, embora um pouco mais arriscados do que os AAA de ouro, ainda tinham menos de 1% de chance de inadimplência.

mudado de orientação. A funcionária do banco disse a Charlie que ele poderia comprar seguro por aproximadamente 100 pontos base (1% do montante assegurado por ano), mas quando ele ligou no dia seguinte para fechar a operação, o preço tinha mais do que dobrado. Charlie xingou e reclamou sobre a injustiça desse aumento, e ela e o chefe cederam um pouco. Em 16 de fevereiro de 2007, a Cornwall pagou ao Morgan Stanley 150 pontos base para comprar US$ 10 milhões em CDSs de uma CDO chamada de Gulfstream, o que quer que isso fosse.

Cinco dias depois, no dia 21 de fevereiro, o mercado começou a negociar um índice de CDOs chamado de TABX. Pela primeira vez, Charlie Ledley e todo o restante do mercado conseguiram ver na tela o preço de uma dessas CDOs. O preço confirmava a tese da Cornwall de forma que nenhuma conversa com conhecedores do mercado poderia ter feito. Depois do primeiro dia de negociações, a tranche que sofria os prejuízos quando os títulos subjacentes sofriam perdas de mais de 15% da carteira — a tranche AA contra a qual a Cornwall havia apostado — fechou a 49,25: tinha perdido mais da metade de seu valor. Mas havia uma desconexão gigantesca: com uma das mãos, as empresas de Wall Street ainda vendiam CDO AA com baixa taxa de juros ao valor nominal, ou 100; com a outra, negociavam esse índice composto pelos mesmos títulos por US$ 0,49. Em uma troca de e-mails, seus representantes no Morgan Stanley e no Deutsche Bank tentaram explicar a Charlie que ele não deveria deduzir nada a respeito do valor de suas apostas contra as CDOs subprime a partir dos preços dessas novas CDOs subprime negociadas publicamente. Tudo isso era muito complicado.

Na manhã seguinte, Charlie retornou para o Morgan Stanley na esperança de comprar mais seguro. "Muito sem graça, a representante disse: 'Sinto muito mesmo, mas o banco mudou de ideia.'" De um dia para outro, o Morgan Stanley mudara radicalmente de posição: se antes queria vender seguro para o mercado hipotecário subprime, agora nem considerava essa possibilidade. "Em seguida, ela nos coloca no telefone com o chefe, e ele, também sem graça, diz: 'Olha, desculpe, mas algo aconteceu em outro setor do banco que determinou algum tipo de decisão de gestão de risco na alta diretoria do Morgan Stanley.' E nunca mais negociamos com eles." Charlie não tinha a menor ideia do que exatamente havia sido despertado no Morgan Stanley nem teve muito tempo para pensar nisso — ele e Ben estavam ocupados demais tentando conversar com o cara da Wachovia que Charlie havia encontrado em Las Vegas e convencido a negociar com a Cornwall Capital. "Eles não tinham um cliente de fundo de hedge e estavam interessados em conversar com a gente", disse Ben. "Estavam querendo se dar bem." A Wachovia, surpreendentemente, continuava disposta a vender seguro barato para os títulos hipotecários subprime; o risco que seus executivos de crédito não estavam dispostos a assumir era o de lidar com a Cornwall Capital. Foi necessário algum tempo, mas Charlie conseguiu que os colegas de tiro com Uzis do Bear Stearns intermediassem as operações entre as duas partes, mediante uma comissão. Os detalhes de uma operação de US$ 45 milhões mais ou menos fechada em fevereiro de 2007 precisaram de vários meses de negociação, e a transação só foi concluída no início de maio daquele ano. "A Wachovia era um presente divino", disse Ben. "Era como se estivéssemos em um avião a 30 mil pés, que entrasse em estol, e a Wachovia ainda tivesse alguns paraquedas à venda. Ninguém mais estava vendendo paraquedas, mas ninguém queria acreditar que eles ainda eram necessários... Depois disso, o mercado fechou completamente."

Em uma carteira com menos de US$ 30 milhões, a Cornwall Capital agora detinha US$ 205 milhões em CDSs de títulos hipotecários subprime, e os sócios estavam chateados porque não conseguiam comprar mais. "Estávamos fazendo de tudo para comprar mais", afirmou Charlie. "Fazíamos lances conforme os preços de oferta. Eles ligavam de volta e diziam: 'Que pena, você quase conseguiu!' Era muito parecido com a história de Charlie Brown e Lucy. A gente se apresentava para chutar a bola e eles a puxavam pra trás. A gente aumentava os lances e no minuto seguinte a oferta deles aumentava."

Não fazia sentido: o mercado de CDOs subprime estava operando como antes, mas as grandes empresas de Wall Street de repente não tinham mais interesse nos investidores que vinham suprindo a máquina com matéria-prima, aqueles que queriam comprar CDSs. "Outras pessoas estavam operando ostensivamente comprado, mas não tínhamos permissão para operar vendido", disse Charlie.

Ele não tinha como saber o que de fato estava acontecendo dentro das grandes empresas, mas era possível adivinhar: alguns dos corretores acordaram para o desastre iminente e estavam fazendo de tudo para sair do mercado antes que ele afundasse. "Com o Bear, tive a impressão de que, se houvesse CDSs de CDOs para comprar, eles os comprariam para si mesmos", disse Charlie. No final de fevereiro, um analista do Bear Stearns chamado Gyan Sinha publicou um longo tratado alegando que as recentes quedas nos títulos hipotecários subprime nada tinham a ver com a qualidade dos títulos, mas sim com o "sentimento do mercado". Charlie leu o artigo pensando que o escritor não tinha a menor ideia do que estava acontecendo. De acordo com o analista do Bear Stearns, CDOs AA estavam sendo negociadas a 75 pontos base acima da taxa sem risco, ou seja, Charlie poderia comprar CDSs por 0,75% em prêmios ao ano. Os corretores do Bear Stearns, por outro lado, não estavam dispostos a vendê-los para ele por cinco vezes esse preço. "Liguei para o cara e perguntei: 'Como assim?!'. Ele respondeu: 'Bem, é assim que as operações estão sendo feitas.' Eu perguntei: 'As mesas de operação estão comprando e vendendo a esse preço?!' E ele simplesmente disse: 'Tenho que ir', e desligou o telefone."

O negócio agora parecia óbvio — como se eles tivessem comprado seguro contra incêndio barato para uma casa cercada por labaredas. Se o mercado hipotecário subprime tivesse o menor interesse em ser eficiente, teria acabado ali e pronto. Por mais de 18 meses, de meados de 2005 até o início de 2007, havia uma enorme desconexão entre o preço dos títulos hipotecários subprime e o valor dos empréstimos subjacentes. No final de janeiro de 2007, os títulos — ou melhor, o índice ABX criado a partir dos títulos — começaram a diminuir de preço. Os títulos caíram de forma gradual, mas depois o ritmo da queda acelerou — no início de junho, o índice de títulos subprime BBB estava fechando na faixa alta dos 60% —, o que significa que os títulos perderam mais de 30% de seu valor original. Fazia todo sentido que as CDOs, que derivavam desses títulos subprime AAA, entrassem em colapso também. Se as laranjas estivessem podres, o suco de laranja também estaria.

No entanto, isso não aconteceu. Em vez disso, entre fevereiro e junho de 2007, as grandes empresas de Wall Street, lideradas por Merrill Lynch e o Citigroup, criaram e venderam US$ 50 bilhões em novas CDOs. "Estamos surpresos porque tudo e todos simplesmente voltam ao normal, embora nada estivesse normal. Sabíamos que a garantia das CDOs havia desaparecido. Ainda assim, tudo parecia seguir na mais absoluta normalidade, como se nada houvesse mudado", disse Charlie.

Era como se todo o mercado financeiro tivesse tentado mudar de ideia — e depois percebido que não conseguiria fazê-lo. As empresas de Wall Street, principalmente os bancos Bear Stearns e Lehman Brothers, continuavam a publicar pesquisas que reafirmavam a força do mercado de títulos. No final de abril, o Bear Stearns fez uma conferência sobre CDOs, na qual Charlie conseguiu se infiltrar. No programa original, havia uma apresentação chamada "Como vender uma CDO a descoberto?". A palestra foi retirada da programação final; o mesmo aconteceu com os slides que acompanhavam a apresentação e que foram postados no site do Bear Stearns. As agências de classificação Moody's e S&P recuaram também, de forma reveladora. No final de maio, as duas grandes agências anunciaram que estavam reconsiderando seus modelos de avaliação de títulos subprime. Charlie e Jamie contrataram um advogado para ligar para elas e perguntar se, considerando que iriam classificar títulos subprime por meio de critérios diferentes, elas talvez pudessem reconsiderar também os títulos que haviam classificado mal, avaliados em US$ 2 trilhões, aproximadamente. A Moody's não achava essa uma boa ideia. "A gente dizia: 'Não precisa reclassificar todos, só aqueles que estão vendidos a descoberto'", disse Charlie. "Elas fizeram 'Huuuummmm... não.'"

Para Charlie, Ben e Jamie parecia claro que Wall Street estava manipulando os preços dessas CDOs para que pudessem passar adiante seus prejuízos para clientes desavisados ou faturar os últimos bilhões de dólares de um mercado corrupto. Em qualquer um dos casos, eles estavam espremendo e vendendo o suco das laranjas que estavam inegavelmente podres. No final de março de 2007, "tivemos certeza de que uma dessas possibilidades era verdadeira", disse Charlie. "Ou o jogo estava manipulado ou nós todos tínhamos pirado. A fraude era tão óbvia que parecia ter implicações para a própria democracia. Realmente ficamos preocupados." Ambos conheciam jornalistas que haviam trabalhado no *New York Times* e no *Wall Street Journal* — mas os repórteres que eles conheciam não tinham interesse algum na história deles. Um colega no *Journal* conseguiu um contato com alguém da divisão de execuções da SEC, mas também não estava interessada na história deles. Em seu escritório na parte baixa de Manhattan a SEC aceitou ouvi-los, mas por educação. "Foi quase uma sessão de terapia porque nos sentamos e dissemos: 'Acabamos de ter a experiência mais bizarra'", disse Jamie. Enquanto descreviam o que havia acontecido, perceberam a descrença do público. "Provavelmente a gente estava com cara de quem não dormia há três dias, com olhos bem arregalados", declarou Charlie. "Mas eles não sabiam nada sobre CDOs, ou títulos lastreados em ativos. Explicamos as nossas operações, mas tenho certeza de que não entenderam nada." A SEC nunca investigou o assunto.

A Cornwall tinha um problema mais imediato do que o colapso da sociedade como a conhecemos: o colapso do Bear Stearns. Em 14 de julho de 2007, o Bear Stearns Asset Management, uma empresa de CDOs como a de Wing Chau, mas administrada por ex-empregados do Bear Stearns que tinham o apoio implícito da nave-mãe, declarou que havia perdido dinheiro em apostas em títulos hipotecários subprime e que foi forçado a se livrar de US$ 3,8 bilhões nessas apostas antes de fechar o fundo. Até aquele momento, a Cornwall Capital não conseguia entender por que o Bear Stearns, e mais ninguém, estava tão ávido em vender seguro para CDOs. "O Bear conseguiu nos mostrar que havia uma liquidez nas CDOs que eu não entendia", disse Ben. "Eles tinham um comprador permanente na outra ponta. Eu não sabia que nossas operações iam diretamente para seus fundos, mas não sabia para onde mais elas poderiam ter ido."

E aí estava um novo problema: o Bear Stearns tinha vendido para a Cornwall 70% de seus CDSs. Como o Bear Stearns era grande e importante e a Cornwall era um fundo de hedge de fundo de quintal, o Bear Stearns não foi obrigado a emitir garantias para a Cornwall, que estava exposta à possibilidade de o Bear Stearns não conseguir honrar suas dívidas de jogo. A Cornwall Capital não pôde deixar de observar que o Bear Stearns não estava moldando o negócio de títulos hipotecários subprime, mas sendo remodelado por ele. "Havia se transformado de uma operação de corretagem de baixo risco em um motor gerador de hipotecas subprime", afirmou Jamie. Se o mercado de hipotecas subprime quebrasse, o Bear Stearns quebraria junto.

Em março, a Cornwall havia comprado US$ 105 milhões em CDSs do Bear Stearns — ou seja, havia apostado no colapso dele — do banco britânico HSBC. Se o Bear Stearns quebrasse, o HSBC deveria US$ 105 milhões à Cornwall. É claro que isso só deslocava o risco para o HSBC, o terceiro maior banco do mundo, e uma daquelas instituições difíceis de se imaginar afundando. Entretanto, em 8 de fevereiro de 2007, o HSBC abalou o mercado com o anúncio de que estava sofrendo uma enorme e surpreendente perda em sua carteira de empréstimos hipotecários subprime. O banco entrara nesse negócio nos Estados Unidos em 2003, quando comprou a maior operadora de empréstimos ao consumidor do país, a Household Finance — a mesma que tinha empurrado Steve Eisman para a estreita fronteira entre os céticos e os cínicos de Wall Street.

Do ponto de vista social, o lento e possivelmente fraudulento deslinde do multitrilionário mercado de títulos dos EUA era uma catástrofe. Do ponto de vista das operações dos fundos de hedge, era uma oportunidade. Steve Eisman começou administrando um fundo de ações de US$ 60 milhões, mas agora estava vendido em cerca de US$ 600 milhões em vários títulos subprime, e queria mais. "Algumas vezes, suas ideias não podem ser manifestadas em uma operação", disse Vinny. "Daquela vez, podiam." No entanto, Eisman estava de mãos atadas pela FrontPoint Partners e, por extensão, pelo Morgan Stanley. Como chefe de negociações da FrontPoint, Danny Moses estava no meio da operação entre Eisman e o pessoal da gestão de risco da FrontPoint, que parecia não compreender inteiramente o que estava fazendo. "Eles ligavam para mim pedindo: 'Será que você consegue fazer Steve recuar?' Eu falava com o Steve e ele mandava todo mundo se ferrar. E eu repassava o recado." Mas a gestão de risco os perseguia e limitava o estilo de Eisman. "Se o pessoal do risco tivesse dito: 'Estamos muito confortáveis com esse montante e vocês podem fazer dez vezes esse valor', Steve teria feito dez vezes o valor", disse Danny. Lippmann metralhava Vinny e Danny com todo tipo de informação negativa sobre o mercado imobiliário e, pela primeira vez, eles começaram a esconder informações de Eisman. "Estávamos preocupados que ele saísse de sua sala e mandasse a gente fazer um trilhão!", confessou Danny.

Por incrível que pareça, em meados de 2007, o mercado de títulos hipotecários subprime havia se fortalecido. Segundo uma declaração para a imprensa feita no dia 7 de março pelo presidente do Conselho do Federal Reserve, Ben Bernanke, "o impacto dos problemas nos mercados suprime na economia como um todo e nos mercados financeiros parece ter sido contido". "A qualidade do crédito sempre melhora em março e abril", disse Eisman. "Isso acontece porque as pessoas estão recebendo as restituições dos seus impostos de renda. A gente imagina que o pessoal no mundo da securitização sabe disso. E eles sabem, mas deixaram os spreads de crédito estreitar. Achamos que isso foi absurdo. O que eles acham que estão fazendo?" Surpreendentemente, o mercado de ações continuava superaquecido, e a televisão sobre as mesas de operações da FrontPoint emitia sinais de tendência à alta. "Desligamos o canal dedicado a notícias de negócios, a CNBC", disse Danny Moses. "Era muito frustrante perceber que as notícias não refletiam mais a realidade. Se algo negativo acontecesse, eles o transformavam em positivo. Se algo positivo acontecesse, eles exageravam a dose. Isso altera a sua mente. A gente não pode deixar que esse tipo de coisa atrapalhe nossa visão."

Quando voltaram de Las Vegas, começaram a perturbar as agências de classificação e o pessoal de Wall Street que manipulava seus modelos para obter mais informações. "Estávamos tentando descobrir algo, se é que havia alguma coisa, que fizesse as agências de classificação diminuir suas avaliações", disse Danny. Em meio a esse processo, descobriam mais notícias perturbadoras. Muitas vezes se perguntaram, por exemplo, por que as agências de classificação não eram mais críticas com relação aos títulos hipotecários subprime de taxa flutuante. Os emprestadores subprime tendiam a estar "a uma geladeira quebrada de distância da inadimplência". Poucos, se é que existiam, corriam o risco de ter um aumento em seus pagamentos de juros. Como a maioria dos empréstimos eram estruturados, no entanto, o dono do imóvel pagaria uma "taxa teaser" fixada, digamos, em 8% pelos primeiros dois anos e, depois, no início do terceiro ano, a taxa de juros subiria vertiginosamente para uns 12% e, a partir daí, flutuaria em níveis altos. Era fácil compreender por que os originadores como a Option One e a New Century preferiam fazer esses tipos de empréstimos: depois de dois anos, os devedores deixariam de pagar ou, se os preços dos imóveis subissem, refinanciariam suas casas. Para eles, a inadimplência era indiferente, pois não assumiam o risco do empréstimo; o refinanciamento era uma chance de cobrar novas tarifas dos tomadores de empréstimos. Ao fazer a ligação entre as agências de classificação de risco e o pessoal que ele conhecia no negócio de empacotamento de títulos subprime, Eisman soube que as agências simplesmente assumiam que a probabilidade de o tomador de empréstimo pagar suas dívidas seria a mesma se a taxa de juros fosse 12% ou 8% — o que significava mais fluxo de caixa para os detentores dos títulos. Os títulos lastreados em hipotecas de taxas flutuantes recebiam classificações *mais altas* do que os títulos lastreados em hipotecas de taxas fixas. Era por isso que o percentual de hipotecas subprime de taxas flutuantes havia subido, nos últimos cinco anos, de 40% para 80%.

Muitos desses empréstimos estavam indo mal, mas os títulos subprime não se abalavam porque a Moody's e a S&P, de forma preocupante, ainda não tinham mudado suas opiniões oficiais sobre esses títulos. Como investidora de risco, a FrontPoint Partners estava coberta pelos corretores de ações de Wall Street. Eisman pediu aos vendedores do mercado de ações do Goldman Sachs, do Morgan Stanley e de outros bancos para agendar uma visita com o pessoal dos títulos. "Sempre fazíamos a mesma pergunta: 'Qual a posição das agências de classificação nisso tudo?' Sempre recebi a mesma resposta. Era uma reação física, porque não queriam pronunciá-la. Era um sorriso afetado", afirmou Eisman. Indo mais além, ele ligou para a S&P e perguntou o que aconteceria com as taxas de inadimplência se os preços dos imóveis caíssem. O sujeito da S&P não sabia dizer: seu modelo de preços de imóveis não tinha como aceitar um número negativo. "Eles simplesmente presumiam que o preço dos imóveis residenciais continuaria aumentando para sempre", disse.*

* Mais tarde, um porta-voz da S&P duvidou que um funcionário da empresa teria dito algo assim, pois o seu modelo era capaz de lidar com números negativos.

Um belo dia, Eisman pegou o metrô com Vinny e foi direto para Wall Street conhecer uma funcionária da S&P chamada Ernestine Warner. Ela tinha trabalhado como analista no departamento de fiscalização. A função desse departamento era monitorar os títulos subprime e diminuir sua classificação caso os empréstimos subjacentes não tivessem bom desempenho. Os empréstimos estavam indo mal, mas não havia qualquer mudança na classificação dos títulos — por isso, mais uma vez, Eisman imaginou se a S&P sabia de algo que ele não sabia. "Quando vendíamos os títulos a descoberto, tudo o que tínhamos eram os dados globais da carteira", disse Eisman. Os dados consolidados forneciam as características gerais — as pontuações FICO médias, os quocientes loan-to-value médias, o número médio de empréstimos sem comprovação de renda, e assim por diante —, mas nada específico sobre os empréstimos individuais. Os dados da carteira informavam, por exemplo, que 25% dos empréstimos imobiliários de determinada carteira tinham seguro, mas não diziam quais deles — se eram os que tinham mais ou menos probabilidade de ter um fraco desempenho. Era impossível determinar até que ponto as empresas de Wall Street haviam manipulado o sistema. "Nós, é claro, achávamos que as agências de classificação tinham mais informação do que nós", disse Eisman. "Mas não tinham."

Ernestine Warner estava trabalhando com as mesmas informações brutas disponíveis a operadores como Eisman. Isso era insano: o árbitro que decidia o valor dos títulos não tinha acesso a informações relevantes sobre eles. "Quando perguntamos o motivo, ela respondeu: 'Os emissores não passam essas informações para nós.' Foi aí que perdemos a cabeça. 'Você precisa exigir essa informação!' Ela nos olhou como se dissesse que não podia fazer isso. Perguntamos quem estava no comando ali. 'Vocês são os chefes. Vocês são a polícia! Mandem eles entregarem as informações e pronto!'", disse Vinny. Eisman concluiu que "A S&P estava preocupada porque achava que, se exigisse os dados de Wall

Street, Wall Street simplesmente procuraria a Moody's para obter as classificações."*

Como investidor, Eisman podia acompanhar as *conference calls* trimestrais mantidas pela Moody's, mas não tinha permissão para fazer perguntas. Entretanto, as pessoas da Moody's eram simpáticas à sua necessidade de mais interação verdadeira. O CEO, Ray McDaniel, até convidou Eisman e a equipe dele para uma visita a seu escritório, um gesto que o fez crescer muito no conceito do investidor. "Quando é que as vendas a descoberto são bem-vindas em algum lugar?", perguntou Eisman. "Quando você está vendido, o mundo inteiro está contra você. A Moody's era a única que tinha um conhecimento completo de nossa posição vendida." Depois da viagem a Las Vegas, Eisman e sua equipe estavam tão certos de que o mundo tinha virado de cabeça para baixo que simplesmente presumiram que Raymond McDaniel deveria saber disso também. "Mas estávamos sentados ali e ele se vira e diz, como se de fato quisesse dizer aquilo: 'Eu acredito que as nossas classificações se revelarão precisas'", lembra Vinny. Steve levantou da cadeira e disse: "O que você acabou de dizer?", como se o sujeito tivesse proferido o pior disparate da história das finanças. Ele repetiu. Eisman simplesmente riu dele. "Com todo respeito, meu caro", disse

* Em 22 de outubro de 2008, um ex-analista de títulos hipotecários subprime da S&P chamado Frank Raiter testemunharia perante o Comitê de Supervisão e Reforma Governamental que o diretor-executivo da S&P encarregado de fiscalizar os títulos hipotecários subprime, Richard Gugliada, "não acreditava que os dados sobre o nível de empréstimos eram necessários e que isso teve o efeito de eliminar todos os pedidos de fundos para desenvolver bancos de dados internos". Raiter apresentou um e-mail de Gugliada sobre as classificações de CDO em que ele dizia: "Os pedidos de listas de dados sobre o nível de empréstimos são TOTALMENTE INJUSTIFICADOS!! A maioria dos originadores não tem e não pode fornecê-las. Ainda assim, DEVEMOS produzir uma estimativa de crédito... É nossa responsabilidade fornecer essas estimativas de crédito e é sua responsabilidade criar um método para fazê-lo."

Vinny com deferência, ao saírem, "o senhor está delirando." Essa não era a Fitch, nem a S&P. Era a Moody's: os aristocratas do ramo das classificações, com 20% de suas ações de propriedade de Warren Buffett. E o seu CEO estava ouvindo de Vincent Daniel, do Queens, que ele era ou idiota ou bandido.

No início de junho, o mercado de títulos hipotecários subprime voltara ao que se tornaria uma espiral de queda ininterrupta, e as posições da FrontPoint começaram a mudar — primeiro na casa dos milhares e depois na dos milhões de dólares por dia. Eisman frequentemente se perguntava: "Sei que estou ganhando dinheiro, mas quem está perdendo?" Eles já tinham vendido a descoberto as ações dos originadores de hipotecas e dos construtores dos imóveis. Então, acrescentaram as ações das agências de classificação às suas posições vendidas. "Estavam ganhando dez vezes mais avaliando CDOs do que avaliando títulos da GM", disse Eisman. "E tudo isso ia acabar."

Inevitavelmente, sua atenção voltou-se para o coração pulsante do capitalismo, os grandes bancos de investimento de Wall Street. "Nossa tese original era de que a máquina de securitização era o grande centro de lucros de Wall Street e que ela iria sucumbir", afirmou Eisman. "E quando isso acontecesse, suas receitas secariam." Um dos motivos pelos quais Wall Street tinha criado esse novo setor denominado finanças estruturadas era o fato de que seu negócio tradicional era cada dia menos lucrativo. Os lucros da corretagem de ações, assim como os obtidos dos tipos mais tradicionais de corretagem de títulos, haviam sido achatados pela concorrência na internet. No momento em que o mercado parasse de comprar títulos hipotecários subprime e CDOs lastreados em títulos hipotecários subprime, os bancos de investimento estariam em apuros. Até meados de 2007, Eisman não suspeitava de que as empresas tivessem sido tão tolas a ponto de investir em suas próprias criações. Ele via que a sua alavancagem tinha aumentado drasticamente, apenas nos últimos anos. Também via que detinham ativos de riscos cada vez maior com dinheiro emprestado. O que ele não conseguia enxergar era a natureza dos seus ativos. Títulos corporativos AAA ou CDO subprime AAA? "Não dava para saber ao certo", Eisman disse. "Não havia transparência. Não era possível saber o que tinham no balanço patrimonial. Você naturalmente supunha que eles tivessem se livrado desse lixo assim que o criaram."

Uma combinação de novos fatos e o próprio contato humano com os administradores das grandes empresas e das agências de classificação tinham aumentado suas suspeitas. O primeiro novo fato fora o anúncio por parte do HSBC, em fevereiro de 2007, de que estava perdendo muito dinheiro em seus empréstimos subprime, e depois o segundo anúncio, em março, revelando que o banco estava abrindo mão de sua carteira subprime. "O HSBC supostamente era o bonzinho", disse Vinny. "Eles deveriam ter saneado as finanças da Household. Pensamos que, se estavam assim, o restante do mercado deveria estar bem pior." O segundo fato novo era os resultados do segundo trimestre do Merrill Lynch. Em julho de 2007, o banco anunciou outro trimestre espetacularmente lucrativo, mas admitiu que havia sofrido uma queda nas receitas das operações hipotecárias em decorrência de perdas nos títulos subprime. O que parecia a muitos investidores informações triviais era, para Eisman, uma grande novidade: o Merrill Lynch detinha uma quantidade significativa de títulos hipotecários subprime. O CFO do Merrill, Jeff Edwards, disse ao Bloomberg News que o mercado não precisava se preocupar com isso, pois uma "gestão de risco ativa" havia permitido que o Merrill Lynch reduzisse sua exposição aos títulos subprime de pior classificação. "Não quero entrar em detalhes sobre a nossa posição exata ao longo do tempo", afirmou Edwards, mas foi detalhista o suficiente para dizer que o mercado estava prestando muita atenção ao que quer que o banco estivesse fazendo com títulos hipotecários subprime. Ou, como o próprio Jeff colocou de forma elíptica, "Existe um foco desproporcional em determinada classe de ativos em um país específico".

Eisman não concordava, e duas semanas depois ele persuadiu um analista do UBS chamado Glenn Schorr a escalá-lo para uma pequena reunião entre Edwards e os maiores acionistas do Merrill Lynch. O CFO do banco de investimentos começou explicando que esse pequeno problema que enfrentavam com as hipotecas subprime estava firmemente sob o controle dos modelos do Merrill Lynch. "Ainda não tínhamos avançado muito na reunião", contou um participante. "Jeff ainda estava fazendo a sua apresentação bem preparada e Steve de repente o interrompeu, dizendo 'Bem, seus modelos estão errados!' Um silêncio muito constrangedor se abateu sobre a sala. Você ri? Você tenta imaginar outra pergunta para que a discussão continue? Steve estava sentado em uma ponta da mesa e começava a colocar seus papéis em ordem fazendo alarde, como se dissesse: 'Se não fosse falta de educação, eu sairia da sala agora.'"

De sua parte, Eisman considerava o evento uma elegante troca de pontos de vista, pela qual ele perdera todo o interesse. "Não havia mais nada a dizer e... Sabe o que mais? Esse cara não entende nada."

Superficialmente, essas grandes empresas de Wall Street pareciam robustas, mas Steve começava a pensar que os problemas delas talvez não estivessem confinados a uma potencial perda de receitas. Se elas realmente não acreditassem que o mercado de hipotecas subprime era um problema, esse mercado poderia ser o seu fim. Eisman e sua equipe partiram agora para identificar o risco subprime oculto: quem estava escondendo o quê? "Chamamos de 'A grande caça ao tesouro'", disse. Eles não sabiam ao certo se essas grandes empresas estavam de algum modo na outra ponta das apostas que eles vinham fazendo contra os títulos subprime, mas quanto mais pesquisava, mais certo ficava de que elas também não sabiam de nada. Eisman participava de reuniões com os CEO de Wall Street e fazia as perguntas mais básicas sobre seus balanços patrimoniais. "Eles não sabiam", contou Eisman. "Eles não sabiam nada a respeito de seus próprios balanços patrimoniais." Uma vez, ele conseguiu ser convidado para uma reunião com o CEO do Bank of America, Ken Lewis. "Eu estava ali sentado ouvindo ele falar. Tive uma epifania, disse a mim mesmo: 'Meu Deus, como esse cara é burro!' Uma lâmpada se apagou. O sujeito à frente de um dos maiores bancos do mundo é burro!" Venderam a descoberto ações do Bank of America, o também do UBS, Citigroup, Lehman Brothers e alguns outros. Não puderam operar vendido ações do Morgan Stanley porque eles pertenciam ao Morgan Stanley, mas se pudessem, teriam feito. Pouco tempo depois de estabelecerem sua posição contra os grandes bancos de Wall Street, receberam uma visita de um analista proeminente que cobria as empresas, Brad Hintz, da Sanford C. Bernstein & Co. Hintz perguntou a Eisman o que ele estava tramando.

— Acabamos de vender a descoberto ações do Merrill Lynch — respondeu Eisman.

— Por quê? — quis saber Hintz.

— Temos uma teoria simples — explicou Steve. — Acontecerá uma calamidade e, nesses casos, o Merrill estará presente.

Na hora de levar a Orange County à falência por má assessoria, o Merrill estava lá. Quando a internet foi para o espaço, o Merrill estava lá. Na década de 1980, quando o primeiro negociante de títulos ficou sem supervisão e perdeu centenas de milhões de dólares, o Merrill estava lá para levar o tranco. Esta era a lógica de Eisman: a lógica da ordem de importância de Wall Street. O Goldman Sachs era o maioral que administrava as apostas naquela região. O Merrill Lynch era aquele garoto gordinho a quem atribuíam as piores funções, porque ele ficava feliz por ao menos poder participar dos eventos. Eisman via a situação como um jogo de empurra. Ele supôs que Merrill Lynch tinha assumido sua posição no fim da fila.

Em 17 de julho de 2007, dois dias antes de Ben Bernanke, presidente do Conselho do Fed, informar ao Senado norte-americano que ele via não mais que US$ 100 bilhões em prejuízos no mercado hipotecário subprime, a FrontPoint fez algo incomum: realizou sua própria *conference call*.

A empresa já havia feito reuniões desse tipo com sua pequena população de investidores, mas dessa vez abriram para todos. Steve Eisman tornara-se um segredo mal guardado. "Steve era um dos únicos que compreendiam o que estava acontecendo", afirmou um proeminente analista de Wall Street. Quinhentas pessoas ligaram para ouvir o que ele tinha a dizer, e outras quinhentas se conectaram depois para ouvir a gravação. Eisman explicou a estranha alquimia das CDOs mezanino — e afirmou que esperava perdas de US$ 300 bilhões somente desta fatia do mercado. Para avaliar a situação, ele contou ao público que o ouvia: "Podem jogar seus modelos fora. Eles são retrógrados. Os modelos não têm a menor ideia do que aconteceu no mundo... Pela primeira vez em suas *vidas*, as pessoas no mundo da securitização lastreada em ativos estão tendo que pensar." Ele explicou que as agências de classificação estavam falidas moralmente e viviam com medo de irem à falência. "Elas estão morrendo de medo", afirmou. "Estão morrendo de medo de não fazer nada, porque parecerão idiotas se não fizerem nada." Ele esperava que pelo menos metade de todos os empréstimos hipotecários dos EUA — avaliados em muitos trilhões de dólares — sofreriam prejuízos. "Estamos em meio a um dos maiores experimentos sociais que esse país já viu", disse Eisman. "Só que não será nada divertido... Se vocês acham que algo não cheira bem, ainda não viram nada." Quando terminou de falar, o próximo orador, um inglês que administrava outro fundo da FrontPoint, demorou para reagir. "Desculpe", disse o inglês com ironia, "preciso me acalmar diante da notícia que Steve nos deu de que o mundo está prestes a acabar". E todos riram.

Mais tarde, no mesmo dia, os investidores dos fundos de hedge quebrados do Bear Stearns foram informados de que suas CDOs subprime AAA avaliadas em US$ 1,6 bilhão não só tinham perdido valor, como não valiam nada. Eisman estava convencido de que muitas das grandes empresas de Wall Street não entendiam seus próprios riscos e estavam em perigo. O que fundamentava sua convicção era a sua lembrança de um jantar com Wing Chau — quando ele compreendeu o papel fundamental da CDO mezanino e fez uma significativa aposta contra ele. Isso, é claro, levou à pergunta: o que exatamente existe em uma CDO? "Eu não sabia no que elas consistiam", disse Eisman. "Não era possível fazer a análise. Não dava para pedir aquelas só da Califórnia, por exemplo. Ninguém sabia o que continham." Eles entendiam o suficiente para saber que, como descreveu Danny, "era todo aquele lixo que vendemos a descoberto empacotado em uma carteira". O restante era uma grande incógnita. "A natureza de Steve era agir primeiro e pensar depois", disse Vinny.

Então surgiram notícias. Eisman era assinante de uma newsletter famosa nos círculos de Wall Street, mas desconhecida fora desse meio, a *Grant's Interest Rate Observer*. Seu editor, Jim Grant, vinha profetizando sobre o fim dos tempos desde que o grande ciclo da dívida começara, em meados da década de 1980. No final de 2006, Grant decidiu investigar essas estranhas criações de Wall Street conhecidas como CDOs. Ou melhor, ele pediu a seu jovem assistente, Dan Gertner, um engenheiro químico com MBA, que verificasse se conseguia entendê-las. Gertner partiu para analisar os documentos que explicavam as CDOs a potenciais investidores, e suou, suspirou, esbravejou e sofreu. "Quando ele voltou, disse que não conseguia entender nada. Eu disse a ele: 'Acho que temos a nossa história'", conta Grant.

Gertner investigou e concluiu que, por mais pesquisas que fizesse, ele nunca conseguiria entender exatamente o que havia em uma CDO — o que, para Jim Grant, significava que nenhum investidor entenderia o que havia nelas também. Por sua vez, isso sugeria o que Grant já sabia: que gente demais estava levando demonstrações financeiras a sério. No início de 2007, Grant escreveu vários artigos sugerindo que as agências de classificação haviam abandonando sua função, ou seja, era quase certo que estavam avaliando essas CDOs sem saber o que continham. "Os leitores da *Grant's* viram por conta própria como uma pilha de fatias de hipotecas com 'grau especulativo' (non-investiment grade) pode ser reempacotada para formar uma obrigação de dívida garantida", dizia um dos artigos. "E observaram com assombro as melhorias que esse misterioso processo pode realizar nas avaliações de crédito dessas fatias..." Pelos seus esforços, Grant e seu fiel assistente foram convocados pela S&P e censurados. "Fomos chamados pela agência e nos disseram 'Vocês não entendem nada'", conta Gertner. "Jim usou o termo 'alquimia' e eles não gostaram disso."

A alguns quilômetros ao norte do escritório da *Grant's* em Wall Street, um gestor de fundo de hedge com uma visão pessimista do mundo se perguntava por que não tinha ouvido ninguém suspeitar do mercado de títulos e suas bizarras criações. Steve Eisman encontrou no artigo de Jim Grant uma confirmação independente de sua teoria sobre o mundo financeiro. "Quando li o artigo, pensei: '*Meu Deus, isso é como ser dono de uma mina de ouro*'", afirmou Eisman. "Quando li aquilo, eu era o único cara do mundo das ações que quase teve um orgasmo."

CAPÍTULO OITO

O longo silêncio

No dia em que Steve Eisman tornou-se o primeiro homem a sentir um prazer quase sexual com relação a um artigo publicado na *Grant's Interest Rate Observer*, o Dr. Michael Burry recebeu de seu CFO uma cópia da mesma história, com um comentário jocoso: "Mike, você por acaso não está fazendo um bico escrevendo para a *Grant's*, não é?"

"Não", respondeu Burry, não vendo motivo para comemorar a descoberta de que havia outra pessoa no mundo que pensava como ele. "Estou um pouco surpreso por não termos sido contatados pela *Grant's*..." Burry ainda estava no mundo financeiro, mas distante, como se estivesse do outro lado de um painel de vidro. Ele foi o primeiro investidor a diagnosticar a confusão no sistema financeiro norte-americano em 2003: *a extensão dos instrumentos de crédito*. Instrumentos financeiros complicados eram criados com o único objetivo de emprestar dinheiro para quem não tinha condições de pagar. "Eu realmente acredito que o ato final é uma crise em nossas instituições financeiras, que estão fazendo muita besteira", ele escreveu em abril de 2003 a um amigo que ficou se perguntando por que os relatórios trimestrais da Scion Capital a seus investidores tinham um tom tão sombrio. "Tenho um trabalho a fazer: ganhar dinheiro para os meus clientes. Ponto final. Mas o negócio fica feio quando começamos a fazer investimentos que funcionam bem se houver uma tragédia." Em seguida, em meados de 2005, Burry identificou, antes de qualquer outro investidor, que tragédia poderia acontecer, quando fez uma aposta grande e explícita contra os títulos hipotecários subprime.

Em fevereiro de 2007, a taxa de inadimplência dos empréstimos subprime era recorde, as instituições financeiras estavam cada dia mais instáveis, e ninguém, a não ser Burry, parecia lembrar o que havia dito e feito. Ele disse aos investidores que talvez precisassem de paciência — que a aposta talvez só compensasse quando as hipotecas emitidas em 2006 chegassem ao final do período de baixa taxa fixa. Eles não foram pacientes. Muitos não confiavam nele, e Mike, por sua vez, sentia-se traído. No início, já imaginou o fim, mas não o desenrolar dos acontecimentos. "Acho que eu queria dormir e só acordar em 2007", disse Burry. Para manter essas apostas contra os títulos hipotecários subprime, ele foi forçado a demitir metade de sua pequena equipe, e abandonar bilhões de dólares de apostas feitas contra as empresas mais intimamente associadas ao mercado de hipotecas subprime. Estava mais isolado do que nunca. A única coisa que mudou foi a sua explicação para o fenômeno.

Pouco tempo antes, a esposa o arrastara para o consultório de um psicólogo de Stanford. Uma professora da pré-escola havia observado certos comportamentos preocupantes de seu filho de 4 anos, Nicholas, e sugeriu que fizesse alguns exames. O menino não dormia quando todas as outras crianças dormiam. Ele parava de prestar atenção quando a professora falava. Sua mente parecia ser "muito ativa". Michael Burry teve de resistir ao ímpeto de se sentir ofendido. Afinal, era médico e suspeitava que a professora estava tentando dizer que ele não tinha conseguido identificar no próprio filho o transtorno de déficit de atenção. "Trabalhei em uma clínica de TDAH durante a residência, e sempre achei que este era um diagnóstico exagerado", disse. "Considerava-o um diagnóstico 'salvador' para um número excessivo de pais que queriam um motivo médico para drogar seus filhos, ou para explicar o mau comportamento dessas crianças." Ele suspeitava que Nicholas fosse diferente das outras crianças, mas diferente no bom sentido. "Ele fazia muitas perguntas", contou. "Eu estimulava isso, porque, quando eu era pequeno, sempre tinha milhares de perguntas, e ficava frustrado quando me mandavam ficar quieto." Ao observar o filho atentamente, percebia que o garoto, embora esperto, tinha problemas de relacionamento com outras pessoas. "Quando ele tentava interagir com alguém, embora não fizesse nada demais com as outras crianças, ainda assim conseguia afastá-las." Burry voltou para casa e disse à esposa: "Não se preocupe. Ele está ótimo!"

A esposa o encarou e perguntou: "Como você sabe?"

Ao que o Dr. Michael Burry respondeu: "Porque ele é exatamente como eu! Eu era assim."

A matrícula do filho foi rejeitada várias vezes em diversos jardins de infância, mas com justificativa. Pressionada, uma das escolas relatou ao pai que o filho sofria de problemas de coordenação motora fina e grossa. "Aparentemente, seu desempenho tinha sido muito ruim em testes que envolviam artes e o uso da tesoura", disse Burry. "'Grande coisa', pensei. Ainda desenho como um garoto de 4 anos e odeio artes." Para acalmar a esposa, aceitou submeter a criança aos testes psicológicos. "Só vai provar que ele é um moleque esperto, um 'gênio dispersivo'."

Em vez disso, os testes administrados por uma psicóloga infantil provaram que o garoto tinha síndrome de Asperger. Um caso clássico, disse a psicóloga, e recomendou que ele fosse mandado para uma escola especial. O Dr. Michael Burry ficou abismado: ele ouvira falar da síndrome de Asperger na faculdade de medicina, mas muito superficialmente. A esposa o entregava uma pilha de livros sobre autismo e transtornos semelhantes que ela acumulara. No topo da pilha estavam *The Complete Guide to Asperger's Syndrome* [O guia completo para a síndrome de Asperger, em tradução livre], escrito por um psicólogo clínico chamado Tony Attwood, e *Asperger's Syndrome: A Guide for Parents and Professionals* [Síndrome de Asperger: Um guia para pais e profissionais, em tradução livre], também de Attwood.

Dificuldade acentuada em fazer uso de múltiplos comportamentos não verbais, tais como olhar alguém nos olhos...

Sim.

Não consegue desenvolver relacionamentos com colegas...

Sim.

Falta de vontade espontânea de compartilhar alegrias, interesses ou realizações com outras pessoas...

Sim.

Dificuldade de 'ler' as mensagens sociais/emocionais nos olhos de alguém...

Sim.

Falhas no mecanismo de regulação ou controle para expressar raiva...

Sim.

... Um dos motivos pelos quais os computadores são tão atraentes não é apenas o fato de não precisar falar ou interagir com eles, mas de serem lógicos, consistentes e não tenderem a mudar de humor. Assim, constituem um interesse ideal para a pessoa com síndrome de Asperger...

Sim.

Muitas pessoas têm um hobby. A diferença entre a faixa normal e a excentricidade observada na síndrome de Asperger é que esses interesses em geral são solitários, idiossincráticos e dominam o tempo e as conversas do indivíduo.

Confere... Confere... Confere.

Depois de algumas páginas, Michael Burry percebeu que ele não estava mais lendo sobre o filho, mas sobre si mesmo. "Quantas pessoas podem pegar um livro e encontrar um manual de instruções para a sua vida?", disse ele. "Eu detestava ler um livro que me dizia quem eu era. Pensei que eu era diferente, mas o livro dizia que eu era igual às outras pessoas. Minha esposa e eu éramos um casal Asperger típico e tínhamos um filho Asperger." Seu olho de vidro não era mais a explicação para tudo na sua vida; será que algum dia tinha sido? Como um olho de vidro poderia explicar que um nadador participante de competições tivesse um medo patológico de águas profundas — o terror de não saber o que espreitava abaixo dele? Como o olho poderia explicar a paixão infantil por lavar cédulas de dinheiro? Ele pegava notas de dólares e as lavava, secava com uma toalha, colocava-as entre as páginas dos livros e os empilhava na estante, para que tivesse a impressão de ter dinheiro sempre "novinho". "De repente me tornei uma caricatura", afirmou Burry. "Sempre fui capaz de estudar um assunto e virar craque nele. Pensei que isso aconteceria porque eu era especial. Agora, eu via que 'muitas pessoas com Asperger fazem isso'. Eu era explicado por um transtorno."

Ele resistiu às notícias. Burry tinha um dom para encontrar e analisar informações sobre assuntos que o interessavam. Ele sempre se interessou por si mesmo. Aos 35 anos, sua primeira reação era desejar que não tivesse esse dom. "Meu primeiro pensamento era que muitas pessoas devem sofrer dessa síndrome sem saber", declarou. "Fiquei me perguntando se era realmente bom saber disso aquela altura da vida."

Ele procurou um psicólogo para ajudá-lo a entender o efeito dessa síndrome sobre sua esposa e seus filhos. Sua vida profissional, entretanto, continuou sem saber da novidade. Ele não alterou a forma de tomar decisões sobre investimentos, por exemplo, nem a maneira de se comunicar com os investidores. Ele não deixou que seus investidores soubessem do transtorno. "Não considerei uma informação relevante que merecesse ser revelada", afirmou. "Não era uma mudança. Esse diagnóstico não era novo. Eu sempre tive isso." Por outro lado, o diagnóstico explicava muito sobre o que Burry fazia e como vivia: sua aquisição obsessiva de fatos concretos, sua insistência em aspectos lógicos, sua capacidade de analisar rapidamente pilhas de demonstrações financeiras entediantes. Os indivíduos com Asperger não conseguem controlar seus interesses. Era muita sorte que esse interesse especial de Burry tivesse sido pelos mercados financeiros e não, digamos, por colecionar catálogos de cortadores de grama. Quando ele viu a questão sob essa perspectiva, percebeu que os complexos mercados financeiros modernos eram perfeitos para compensar uma pessoa com Asperger que se interessasse por eles. "Só mesmo alguém com essa síndrome teria condições de ler um prospecto de títulos hipotecários subprime", disse Burry.

No início de 2007, Michael Burry viu-se em uma situação bizarra. Ele tinha comprado seguro de vários títulos hipotecários subprime realmente ruins, criados a partir de empréstimos realizados em 2005, mas eram os *seus* CDSs. Eles não eram muito negociados por outros investidores. Muitas pessoas consideravam que os empréstimos feitos em 2005 eram de algum modo mais sólidos do que os realizados em 2006 — no jargão do mercado de títulos, todos eram *off the run*, ou títulos negociados no mercado secundário, que não eram os de lançamento mais recente. Essa era a maior alegação deles: os pools de empréstimos contra os quais Burry havia apostado eram "relativamente limpos". Para contrariar essa afirmação, encomendou um estudo particular e descobriu que os pools de empréstimos que havia vendido a descoberto tinham quase o dobro de chance de entrarem em inadimplência e um terço de chance a mais de ser executado do que o lote geral de transações subprime realizadas em 2005. As transações comerciais feitas em 2006 eram, de fato, piores do que os do ano anterior, mas estes últimos continuavam a ser horríveis, e mais próximos das datas em que suas taxas de juros seriam reajustadas. Ele havia escolhido os proprietários de imóveis certos contra os quais apostar.

Ao longo de 2006, e durante os primeiros meses de 2007, Burry enviou sua lista de CDSs para o Goldman, o Bank of America e o Morgan Stanley, com a ideia de que eles a mostrariam para possíveis compradores, de modo que ele tivesse alguma ideia do preço de mercado. Essa, afinal, era a função declarada dos operadores: intermediários. Eles faziam o mercado. Entretanto, essa não era a função que exerciam. "Parecia que os operadores estavam apenas segurando as minhas listas e fazendo apostas de forma extremamente oportunista por conta própria", disse Burry. Os dados dos provedores das hipotecas pioravam a cada mês — os empréstimos subjacentes aos títulos se deterioravam a um ritmo muito rápido — e o preço de segurar esses empréstimos estava caindo. "A lógica me escapava", disse, "e eu já não conseguia explicar os resultados que via." No final de cada dia havia um pequeno ajuste de contas: se o mercado subprime tivesse caído, eles mandavam dinheiro para ele; se tivesse subido, era ele quem enviava dinheiro. O destino da Scion Capital dependia dessas apostas, mas esse destino, a curto prazo não era determinado pelo mercado livre e aberto. Era determinado pelo Goldman Sachs, o Bank of America e o Morgan Stanley, que decidiam a cada dia se os CDSs de Mike Burry ganhavam ou perdiam dinheiro.

Era verdade, no entanto, que sua carteira de CDSs era incomum. Os swaps foram selecionados por um personagem incomum, com uma visão incomum dos mercados financeiros, operando sozinho e isolado dos demais. Esse fato por si só permitiu que as empresas de Wall Street ditassem o preço de mercado. Ninguém mais estava comprando e vendendo o mesmo que Michael Burry, mas não havia comprovação concreta de quanto esses papéis valiam — por isso, eles valiam o que quer que o Goldman Sachs e o Morgan Stanley dissessem que valiam. Burry detectou um padrão sobre como eles administravam seu mercado: todas as boas notícias sobre o mercado imobiliário, ou a economia, eram tratadas como desculpa para exigir garantias da Scion Capital; todas as más notícias eram desprezadas como sendo irrelevantes para as apostas específicas que ele tinha feito. As empresas alegavam que não tinham posições próprias, que estavam operando contas casadas, mas o comportamento delas dizia o contrário. "Qualquer que fosse a posição líquida dos bancos, ela determinaria a precificação", disse Burry. "Não acredito que estejam procurando por suas precificações no mercado. Acho que estavam preocupados com suas necessidades." Ou seja, o motivo pelo qual se recusavam a reconhecer o valor da aposta dele era o fato de estarem na outra ponta dela. Burry escreveu em março de 2006 ao seu advogado na Scion, Steve Druskin: "Quando você fala com os operadores, você recebe a visão dos registros contábeis deles. O que quer que esteja contido nos registros refletirá a sua visão. O Goldman está guardando muito desse risco. Vai se comportar como se nada tivesse se passado nos pools de hipotecas. Não há necessidade de pânico... e isso tem dado certo. Desde que consigam atrair mais [dinheiro] para o mercado, o problema estará resolvido. Essa foi a história dos últimos três ou quatro anos."

Em abril de 2006, Burry parou de comprar seguro para títulos hipotecários subprime. Em uma carteira de US$ 555 milhões, ele tinha feito US$ 1,9 bilhão dessas apostas peculiares — apostas que deveriam estar remunerando, mas não estavam. Em maio, ele adotou uma nova tática: perguntar aos operadores se eles estariam dispostos a vender ainda mais CDSs ao preço que achavam que valiam, sabendo que não era o caso. "Nunca ninguém quis me vender a minha lista pelos preços que eu determinei", escreveu Burry em um e-mail. "Oitenta a noventa por cento dos nomes da minha lista não estão nem sequer disponíveis a preço algum." Um mercado que funcionasse corretamente assimilaria novas informações aos preços dos títulos; aquele mercado multitrilionário de risco das hipotecas subprime sequer se moveu. "Um dos ditados mais antigos no mundo dos investimentos é que se você está lendo sobre o assunto nos jornais, é tarde demais. Mas não dessa vez." Steve Druskin se envolvia cada vez mais com o mercado — e não acreditava em o quão controlado era. "O surpreendente era que 'mantinham o mercado' com base nessa fantasia", disse Druskin. "Não é um ativo de fato." Era como se Wall Street tivesse decidido permitir que todos apostassem na pontualidade das companhias aéreas. A probabilidade do voo 001 da United chegar no horário obviamente variava com o tempo — conforme as condições meteorológicas, questões mecânicas, qualidade do piloto etc. Mas as probabilidades de mudança podem ser ignoradas, até o avião chegar ou não chegar. Não fazia diferença saber quando seria a falência de credores hipotecários, como a Ownit e a ResCap, ou se alguma outra carteira de empréstimos subprime sofria prejuízos maiores do que o esperado. Tudo o que importava era o que o Goldman Sachs e o Morgan Stanley decidissem.

O maior mercado de capitais de mundo não era um mercado — era outra coisa, mas o quê? "Estou avisando aos meus colegas que deve haver fraude no mercado para que os CDSs estejam a um preço tão baixo", escreveu Burry em um e-mail para um investidor em que confiava. "E se os CDSs fossem uma fraude? Faço essa pergunta o tempo todo, e agora mais do que nunca eu achava que deveria questionar isso. Não havia como estarmos com menos 5% este ano apenas em CDS de hipotecas." Para a vendedora da Goldman Sachs, ele escreveu: "Acho que estou vendendo a descoberto títulos hipotecários, mas não estou, porque os CDSs são criminosos." Quando, alguns meses mais tarde, o Goldman Sachs anunciou que estava separando US$ 542 mil por empregado para o pool de bonificações de 2006, ele escreveu: "Como ex-frentista, ex-atendente em um estacionamento, ex-residente médico e pessoa atualmente ludibriada pelo Goldman Sachs, eu me sinto ofendido."

Em meados de 2006, ele começou a ouvir falar de outros gestores de investimentos que queriam fazer a mesma aposta. Alguns chegaram a ligar e a pedir a sua ajuda. "Havia muitas pessoas me dizendo que eu tinha que sair dessa operação", disse Burry. "Eu estava pensando naquelas que tinham sorte de entrar na operação." Se o mercado tivesse sido meramente racional, já teria explodido há muito tempo. "Alguns dos maiores fundos do planeta captaram minhas ideias e copiaram minha estratégia", ele escreveu em outro e-mail. "Por isso, não será apenas a Scion que vai ganhar dinheiro quando isso acontecer. Mas, ainda assim, não serão todos."

Ele se sentia terrivelmente mal. "Parece que minhas entranhas estão se digerindo", escreveu Burry para a esposa em meados de setembro. A fonte de sua infelicidade era, é claro, outras pessoas. As que mais o perturbavam eram seus próprios investidores. Quando ele abriu o fundo, em 2000, publicava apenas os resultados trimestrais, e informava aos investidores que planejava não dizer praticamente nada a eles sobre o que pretendia fazer. Agora, esses mesmos investidores exigiam relatórios mensais e até mesmo quinzenais, e o incomodavam constantemente sobre a sabedoria de seu pessimismo. "Chego quase a pensar que quanto melhor a ideia, e mais iconoclástico o investidor, maiores as chances de você ser repreendido pelos outros investidores", disse Mike. Ele não se preocupava com a péssima condição do mercado para alguns títulos porque sabia que, por fim, seria disciplinado pela lógica: as empresas ou eram prósperas ou faliam. Ou os empréstimos eram pagos ou havia inadimplência. Mas as pessoas cujo investimento ele administrava eram incapazes de manter um distanciamento emocional do mercado. Por isso estavam respondendo aos mesmos estímulos superficiais de todo o mercado hipotecário subprime, que estava indo para o brejo, e tentando forçá-lo a se conformar com a sua loucura. "Eu faço o possível para ter paciência", ele escreveu a um investidor. "Mas minha paciência é proporcional à dos investidores." Para outro investidor queixoso, escreveu: "A definição de um gestor inteligente no mundo dos fundos de hedge é de alguém que tem a ideia certa e vê seus investidores o abandonando um pouco antes de a ideia render frutos." Quando ele estava ganhando muito dinheiro para os investidores, mal ouvia falar deles; no momento em que começou a perder um pouco, eles partiram para cima dele cheios de dúvidas e suspeitas:

> Então, suponho que o monstro que está nos arrastando para o mar é o CDS. Você criou a luta entre o velho e o mar.

> Quando você acha que o sangramento vai estancar? (Em agosto, queda de mais 5%.) Você tem uma estratégia mais arriscada?

> Você me deixa enojado... Como ousa?

> Você pode me explicar como a gente continua perdendo dinheiro nessa posição? Se as nossas perdas potenciais são fixas, parece, com base em tudo que perdermos, que elas deveriam ser parte pequena da nossa carteira agora.

Esta última pergunta se repetia: como um selecionador de ações poderia estar perdendo tanto dinheiro em uma aposta nesse quixotesco mercado hipotecário? E Burry continuava tentando responder: ele tinha o compromisso de pagar prêmios anuais que chegavam a 8% da carteira, todos os anos, durante o período em que os empréstimos subjacentes existissem — provavelmente em torno de cinco anos, mas possivelmente até trinta. Oito por cento vezes cinco anos significa 40%. Se o valor dos CDSs caísse pela metade, a Scion registraria uma perda reajustada a preço de mercado de 20%.

De forma mais alarmante, seus contratos de CDSs continham uma disposição permitindo que as grandes empresas de Wall Street cancelassem suas apostas com a Scion se os ativos do fundo ficassem abaixo de determinado nível. De repente, havia um risco real de que isso pudesse acontecer. A maioria dos investidores concordou com um período de exclusividade de dois anos, e não podia tirar o dinheiro do fundo de acordo com a própria vontade. Mas, dos US$ 555 milhões que ele administrava, US$ 302 milhões poderiam ser sacados no final de 2006 ou em meados de 2007, e os investidores faziam fila para pedir o dinheiro de volta. Em outubro de 2006, com os preços dos imóveis nos Estados Unidos em sua maior queda em 35 anos, e semanas antes de o índice ABX dos títulos hipotecários BBB registrar seu primeiro "evento de crédito" (ou seja, perda), Michael Burry enfrentou a possibilidade de uma corrida ao seu fundo — que estava dedicado a apostar contra o mercado hipotecário subprime. "Estávamos clinicamente deprimidos", disse um dos vários analistas que Burry contratou, mas com os quais nunca soube muito bem o que fazer, pois o homem insistia em fazer a análise por conta própria. "A gente chegava para trabalhar e pensava 'Não quero estar aqui'. O mercado avançava contra você e os investidores queriam se mandar."

Uma noite, quando Burry reclamava para a esposa sobre a completa ausência de uma perspectiva de longo prazo nos mercados financeiros, lhe ocorreu uma ideia: seu contrato com os investidores lhe dava o direito de manter o dinheiro deles se o investisse em "títulos para os quais não existe mercado público ou que não são negociáveis". Cabia ao gestor decidir se havia ou não um mercado público para tal título. Se ele achasse que não havia — por exemplo, se acreditasse que um mercado temporariamente não estava funcionando ou era de algum modo fraudulento — ele tinha permissão para "bloqueá-lo". Ou seja, Mike podia dizer aos investidores que eles só poderiam ter o seu dinheiro de volta quando a aposta que ele fizera com o dinheiro chegasse ao fim de seu curso natural.

Então, fez o que achava que era a única coisa certa e lógica a fazer: bloqueou seus CDSs. A longa lista de investidores ávidos para sacar seu dinheiro do fundo — uma lista que incluía sua patrocinadora, a Gotham Capital — recebeu a notícia por meio de uma carta concisa: Michael Burry estava bloqueando o resgate de 50% a 55% do dinheiro deles. Ele anexou à carta o relatório trimestral, na esperança de que os investidores se sentissem melhor. No entanto, não tinha talento algum para se importar com o que os outros pensavam dele: era quase como se não soubesse como fazê-lo. O que escrevia parecia menos um pedido de desculpas e mais um assalto. "Nunca fui muito otimista com relação a uma carteira por um motivo que nada tem a ver com ações", começava a carta, e passava então a explicar como havia estabelecido uma posição nos mercados que deveria causar inveja a qualquer gestor de fundos e como havia feito uma aposta não no "Armagedom imobiliário" (embora suspeitasse que isso estava a caminho), mas "em cerca de 5% dos piores empréstimos realizados em 2005". Como os seus investidores deveriam se sentir *sortudos*. Ele escreveu como se estivesse no topo do mundo, quando deveria sentir como se o mundo estivesse em cima dele. Um dos maiores investidores de Nova York disparou um e-mail dizendo: "No futuro, eu teria cuidado em usar frases depreciativas tais como 'estamos perto da carteira de hipotecas que todos gostariam de ter se soubessem o que estão fazendo' e 'mais cedo ou mais tarde um dos figurões lerá um prospecto'". Um de seus dois amigos virtuais originais — ambos haviam ficado ao seu lado — escreveu: "Ninguém mais, a não ser o ditador da Coreia do Norte, Kim Jong II, escreveria uma carta como essas quando está em queda de 17%."

Imediatamente os sócios na Gotham Capital ameaçaram processá-lo. Outros se juntaram a eles, que começaram a se organizar em uma força de combate jurídica. O que distinguia a Gotham era o fato de que seus diretores partiram de Nova York direto para San Jose para tentar forçar Burry a lhes devolver os US$ 100 milhões que investiram com ele. Em janeiro de 2006, o criador da Gotham, Joel Greenblatt, tinha aparecido na tevê para promover um livro e, quando pedido para citar seus "investidores em valor" favoritos, ele enumerou as virtudes de um raro talento chamado Mike Burry. Dez meses depois, Greenblatt atravessou quase 5 mil quilômetros com o sócio, John Petry, para acusar o talento de mentiroso e pressioná-lo a abandonar a aposta que considerava ser a mais ousada de sua carreira. "Se houve um momento em que eu poderia ter cedido, foi esse", conta Burry. "Joel era como um padrinho para mim — sócio na empresa, o sujeito que me 'descobriu' e me apoiou antes de qualquer outra pessoa da família. Eu o respeitava e admirava." Como Greenblatt lhe disse que nenhum juiz em nenhum tribunal concordaria com sua decisão de bloquear o que era claramente um título negociável, qualquer sentimento que Mike Burry ainda tivesse por ele desapareceu. Quando o criador da Gotham pediu para ver uma lista dos títulos hipotecários subprime contra os quais ele tinha apostado, o gestor recusou-se. Do ponto de vista de Greenblatt, ele dera a Burry US$ 100 milhões e Burry estava não só se recusando a devolver o dinheiro, mas também a falar com ele.

E Greenblatt tinha razão. Era fora do comum bloquear um investimento para o qual existe um mercado. Claramente havia um preço baixo ao qual Michael Burry poderia pular fora de sua aposta contra o mercado de títulos garantidos por hipotecas subprime. Para um número significativo de seus investidores, parecia que ele simplesmente não queria aceitar o juízo do mercado: tinha feito uma aposta ruim e se recusava a aceitar a perda. No entanto, para Burry, o juízo do mercado era fraudulento, e Joel Greenblatt não sabia do que estava falando. "Tornou-se claro para mim que eles ainda não entendiam as posições [dos CDSs]", ele afirmou.

Burry estava muito ciente de que várias pessoas que lhe confiaram dinheiro o desprezavam. A consciência o fez: (a) bater em retirada para seu escritório e gritar um expressivo "Porra!", mais estrondoso que o habitual; (b) desenvolver um novo desdém por seus próprios investidores e (c) continuar tentando explicar suas ações a eles, embora não estivessem mais ouvindo. "Prefiro que você fale menos e ouça mais", escreveu seu advogado Steve Druskin, no final de outubro de 2006. "Eles estão armando um litígio."

"Era interessante", disse Kip Oberting, que havia conseguido que a White Mountains fosse a outra investidora original de Burry, antes de partir para outros empreendimentos. "Porque ele tinha explicado exatamente o que estava fazendo e tinha ganhado muito dinheiro para várias pessoas. Seria de se esperar que os investidores ficassem ao seu lado e fossem fiéis a ele." Mas não só não estavam ao seu lado, como também estavam fugindo o mais rápido que podiam. Os investidores *odiavam* ele. "Eu não entendo por que as pessoas não conseguem ver que eu não quero causar mal a ninguém", disse Burry. Tarde da noite de 29 de dezembro, ele estava sozinho em sua sala e digitou um rápido e-mail para a esposa: "Terrivelmente deprimido. Estou tentando ir para casa, mas estou chateado e deprimido demais agora."

Assim, em janeiro de 2007, pouco antes de Steve Eisman e Charlie Ledley partirem felizes para Las Vegas, Michael sentou-se para explicar aos seus investidores como, em um ano em que o índice S&P aumentara mais de 10%, ele havia perdido 18,4%. Uma pessoa com dinheiro investido por ele desde o início teria ganhado 186% ao longo desses seis anos, em comparação com 10,13% para o índice S&P 500, mas o sucesso de longo prazo de Burry não era mais relevante. Ele estava sendo julgado todos os meses. "No ano que se encerrou, meu desempenho foi abaixo de praticamente todos os meus colegas em cerca de 30 a 40 pontos percentuais", escreveu ele. "Um gestor de investimentos não é nada mais que um zé-ninguém que se torna todo-poderoso de repente para mais tarde ser caluniado impunemente." O efeito foi fazê-lo ter ainda mais certeza de que todo o mundo financeiro estava errado e que ele estava certo. "Sempre acreditei que um único analista talentoso poderia cobrir um leque de investimentos grande se ele se empenhasse muito, e essa crença permanece a mesma em minha cabeça."

Então, ele voltava, como sempre acontecia, à questão não tão pequena assim dos CDSs: todos os fatos relevantes apontavam para o sucesso da aposta. Apenas nos dois últimos meses, três grandes originadores de hipotecas tinham afundado... O Center for Responsible Lending previa que 2,2 milhões de tomadores de empréstimos perderiam suas residências em 2007 e uma em cinco hipotecas subprime emitidas em 2005 e 2006 entrariam em inadimplência...

Michael Burry estava a caminho de se tornar um vilão de Wall Street. Suas cartas trimestrais aos investidores, que ele considerava privadas, começaram a vazar para a imprensa. Um artigo bem desfavorável apareceu em uma publicação de negócios, sugerindo que ele havia se comportado de forma antiética ao bloquear sua aposta, e o gestor estava certo de que a matéria fora plantada por um de seus próprios investidores. "Mike não estava paranoico", disse um investigador de Nova York que observou o comportamento de outros investidores na Scion Capital. "As pessoas estavam realmente a fim de pegá-lo. Quando virou vilão, passou a ser esse sociopata ambicioso que queria roubar o dinheiro todo. Burry sempre pode voltar para a neurologia. Essa era a primeira acusação contra Mike: ele era médico." Burry começou a ouvir rumores estranhos sobre a sua pessoa. Ele havia abandonado a esposa e fugido. Ele tinha ido embora para a América do Sul. "É interessante essa vida que estou levando ultimamente", escreveu Burry a um de seus amigos virtuais.

> Com tudo o que está acontecendo, tive a oportunidade de conversar com muitos de nossos investidores, e é a primeira vez que isso acontece comigo na história dos fundos. Estou chocado com o que ouvi. Parece que os investidores não prestaram atenção às minhas cartas, e muitos estão mais ligados a boatos e rumores do que a análises concretas ou às

minhas ideias originais. Lancei um fundo de private equity, tentei comprar uma companhia de ouro venezuelana, lancei à parte um fundo de hedge chamado Milton's Opus, me divorciei, me queimei, nunca revelei a operação com os derivativos, tomei US$ 8 bilhões emprestado, passei boa parte dos últimos dois anos na Ásia, acusei a todos em Wall Street, exceto a mim, de serem idiotas, passei todo o capital dos fundos para a minha conta pessoal, e mais ou menos transformei a Scion na próxima Amaranth.* Nada disso é inventado.

Burry sempre foi diferente do que poderíamos esperar de um gestor de fundo de hedge. Ele usava sempre os mesmos shorts e camisetas para ir trabalhar. Recusava-se a usar sapatos com cadarço. Não usava relógio de pulso nem aliança. Para se acalmar no trabalho, ele ouvia heavy metal. "Acho que o meu comportamento era tolerado entre muitos dos meus colegas desde que tudo estivesse bem", disse Burry. "Mas quando as coisas começaram a ir mal, tornaram-se sinais de incompetência ou instabilidade de minha parte — mesmo entre empregados e sócios."

Após a conferência em Las Vegas, o mercado havia sofrido uma queda, mas se recuperara até o final de maio. Para Charlie Ledley, da Cornwall Capital, o sistema financeiro norte-americano parecia ser sistematicamente corrompido por um complô dos bancos de Wall Street, agências de classificação e reguladores governamentais. Para Steve Eisman, da FrontPoint, o mercado parecia ou estúpido ou delirante: uma cultura financeira que experimentou tantos pequenos pânicos seguidos por períodos de rápida e expressiva expansão considerava que qualquer liquidação era outra oportunidade de compra. Para Michael Burry, o mercado hipotecário subprime parecia cada vez mais uma fraude perpetrada por um pequeno grupo

---

* Um fundo de hedge de Connecticut que perdeu US$ 6,8 bilhões em apostas no gás natural no início de 2006 e quebrou de forma espetacular.

de mesas de operação de títulos subprime. "Considerando a grande roubalheira da nossa contraparte, a ideia de suspender o bloqueio dos CDSs não vale mais a pena", escreveu Burry no final de março de 2007.

A primeira metade de 2007 foi um período muito estranho na história financeira. Os fatos concretos no mercado imobiliário residencial divergiam cada vez mais dos preços dos títulos e do seguro para eles. As grandes empresas de Wall Street pareciam optar por ignorar os fatos desagradáveis. No entanto, houve mudanças sutis no mercado, e elas apareceram na caixa de entrada de Burry. Em 19 de março, o seu vendedor no Citigroup enviou, pela primeira vez, uma análise séria sobre um pool de hipotecas. Elas não eram subprime, mas Alt-A.* Ainda assim, o sujeito tentava explicar quanto da carteira consistia em empréstimos apenas com o pagamento de juros, que percentual estava nas mãos de proprietários e assim por diante — como alguém faria se estivesse realmente interessado em avaliar a capacidade creditícia dos devedores. "Quando eu analisava esses dados em 2005", escreveu Burry em um e-mail, parecendo Stanley observando turistas marcharem pela trilha na floresta que ele mesmo marcara, "não havia nada que chegasse perto desse tipo de análise nas empresas de corretagem. Analisei as 'segundas silenciosas'† como indicador de um comprador com mais flexibilidade e as utilizei como

---

* A distinção tornou-se superficial. Os tomadores de empréstimos Alt-A tinham pontuação FICO acima de 680, já os tomadores de empréstimos subprime tinham pontuação abaixo de 680. No entanto, os empréstimos Alt-A estavam mal documentados, não exigiriam documentos comprovantes de renda do tomador, por exemplo. Na prática, os hipotecários Alt-A feitos nos Estados Unidos entre 2004 e 2008, totalizando US$ 1,3 trilhões, tinham a mesma probabilidade de inadimplência que os empréstimos subprime, que totalizavam US$ 1,8 trilhões.

† Uma "segunda silenciosa" é uma segunda hipoteca usada, na compra de uma casa, para complementar a primeira. É silenciosa apenas para o sujeito que fez o primeiro empréstimo e que tem menos chance de receber seu dinheiro de volta, pois o tomador tem menos probabilidade de ter qualquer participação financeira em sua própria casa.

um critério de alto valor em meu processo de seleção. Porém, naquela época, ninguém que negociava derivativos tinha qualquer ideia do que eu estava falando e ninguém pensava que elas eram importantes." No longo período de silêncio entre fevereiro e junho de 2007, elas passaram a ser importantes. O mercado estava nervoso. No primeiro trimestre de 2007, a Scion Capital estava em alta de quase 18%.

Então, algo mudou — embora, em um primeiro momento, fosse difícil entender o quê. No dia 14 de junho, os fundos de hedge de títulos hipotecários subprime de propriedade do Bear Stearns quebraram. Nas duas semanas seguintes, o índice negociado em bolsa de títulos hipotecários subprime BBB caiu quase 20%. Só então pareceu a Burry que o Goldman Sachs estava sofrendo um colapso nervoso. Suas maiores posições eram com o Goldman, e o banco, pela primeira vez, era incapaz de determinar o valor dessas posições, ou simplesmente não queria, e por isso não podia dizer quanta garantia real deveria transferir. Na sexta-feira, dia 15 de junho, a representante de vendas de Burry no Goldman Sachs, Veronica Grinstein, desapareceu. Ele ligou e mandou e-mails para ela, mas a representante só respondeu muito depois, na segunda-feira seguinte — para dizer que ela tinha tirado "o dia de folga".

"Este é um tema recorrente sempre que o mercado avança a nosso favor", escreveu Burry. "As pessoas ficam doentes ou tiram o dia de folga sem motivo específico."

No dia 20 de junho, Grinstein finalmente retornou para informar que o Goldman Sachs havia tido "falhas no sistema".

Isso é curioso, Burry respondeu, porque o Morgan Stanley também disse mais ou menos a mesma coisa. Seu vendedor no Bank of America alegou que eles tiveram uma "queda de energia".

"Eu considerava esses 'problemas de sistema' uma desculpa para ganhar tempo e tentar entender a confusão nos bastidores", disse Burry. A representante de vendas do Goldman fez um pequeno esforço para alegar que, apesar de o índice de títulos hipotecários subprime ter caído, o mercado de seguros não tinha sido afetado. Mas ela disse isso do celular, e não da linha do escritório, onde as conversas teriam sido gravadas.

Eles estavam cedendo. Todos. No final de cada mês, durante quase dois anos, Burry vinha observando os operadores de Wall Street marcarem posições contra ele. Ou seja, no final de cada mês, suas apostas contra os títulos subprime, misteriosamente, valiam menos. O final do mês coincidia também com o período em que os negociantes de Wall Street enviavam seus demonstrativos de lucros e perdas aos seus gestores e aos gestores de risco. No dia 29 de junho, Mike recebeu um bilhete de seu vendedor no Morgan Stanley, Art Ringness, afirmando que o banco queria ter certeza de que "as cotações eram justas". No dia seguinte, o Goldman fez o mesmo. Era a primeira vez em dois anos que o banco não operava contra ele no fim do mês. "Essa foi a *primeira* vez que eles movimentaram nossas cotações com precisão", observou, "porque estavam entrando nas operações também". O mercado finalmente aceitava o diagnóstico de sua própria disfunção.

No momento em que o Goldman começava a participar de sua operação, o mercado virou. Algum tipo de confusão se abatera: de repente todo mundo queria falar com Burry. O Morgan Stanley, de longe a instituição mais relutante a reconhecer notícias ruins no universo do subprime, ligava para dizer que gostaria de comprar o que quer que ele tivesse. O gestor ouvia rumores — que seriam logo confirmados — de que um fundo administrado pelo Goldman chamado Global Alpha sofrera enormes prejuízos no subprime e que o próprio banco havia mudado sua posição para apostar contra o mercado hipotecário subprime.

Era precisamente este o momento que ele dissera, em meados de 2005, que seus investidores deveriam esperar. Hipotecas ruins avaliadas em US$ 750 bilhões eram reajustadas a partir das suas baixas taxas fixas iniciais, para novas taxas de juros, mais altas. Um único pool de hipotecas, contra a qual Burry tinha apostado, ilustrava o argumento geral: OOMLT 2005-3. Este era o codinome de um pool de empréstimos hipotecários subprime realizados pela Option One — a empresa cujo CEO fizera a apresentação em Las Vegas que Steve Eisman abandonara depois de fazer seu zero no ar. A maior parte dos empréstimos fora feita entre abril e julho de 2005. De janeiro a junho de 2007, as notícias do pool — inadimplência, falências e execuções — permaneceram razoavelmente consistentes. As perdas foram muito maiores do que deveriam ser, considerando as classificações dos títulos que os empréstimos sustentavam, mas elas não variavam muito de um mês para outro. De 25 de fevereiro a 25 de maio (os dados sobre pagamentos chegavam sempre no 25º dia do mês), a combinação entre inadimplência, execuções e falências na carteira OOMLT 2005-3 aumentou de 15,6% para 16,9%. Em 25 de junho, o número total de empréstimos em mora chegou a um pico de 18,68%. Em julho, atingiu outro pico de 21,4%. Em agosto, passou para 25,44% e, no final do ano, estava em 37,7% — mais de um terço do pool de devedores havia deixado de pagar seus empréstimos. As perdas foram suficientes para arrasar não só os títulos contra os quais Michael Burry tinha apostado, mas também muitos daqueles com melhor classificação na mesma torre. O fato de o pânico ter se instalado em Wall Street antes de 25 de junho sugeria a Burry que as empresas de Wall Street poderiam estar trabalhando com informações privilegiadas com relação aos dados sobre pagamentos. "Os dealers frequentemente eram proprietários de provedores [de hipotecas], ou seja, empresas responsáveis pela administração de um empréstimo hipotecário, incluindo o recebimento dos pagamentos mensais e das multas sobre pagamentos atrasados, seguros e impostos, e a emissão de relatórios relacionados aos empréstimos hipotecários", explicou Burry. "Talvez tivessem condições de obter uma visão privilegiada sobre a deterioração dos números."

Nos meses que levaram ao colapso do OOMTL 2005-3 — e de todos os outros pools de empréstimos residenciais dos quais ele havia comprado CDSs — Michael Burry acompanhou vários comentários de

Ben Bernanke e do secretário do Tesouro norte-americano, Henry Paulson. Cada um deles repetiu várias vezes que não via possibilidade de haver "contágio" das perdas das hipotecas subprime nos mercados financeiros. "Quando comecei a vender a descoberto essas hipotecas em 2005, sabia muito bem que o retorno só viria depois de dois anos — e por um motivo muito simples. A grande maioria das hipotecas originadas nos últimos anos tinha uma característica atraente chamada 'período com baixa taxa de juros'. Essas hipotecas só agora estão chegando ao final desses períodos e só em 2008 as hipotecas feitas em 2006 chegarão lá. Quem, em sã consciência, poderia concluir com toda a confiança, no início de 2007, exatamente em meio a maior de todas as falcatruas de 'taxas teaser', que o colapso dos títulos subprime não resultaria em contágio geral? A conta ainda nem sequer tinha chegado", escreveu Burry em um e-mail.

Em Wall Street, os negociantes de títulos hipotecários subprime estavam comprados e errados, e brigavam para vender suas posições — ou para comprar seguro para elas. Os CDSs de Michael Burry de repente estavam na moda. Entretanto, o que ainda o chocava, era que o mercado tinha sido lento em assimilar informações significativas. "Podíamos ver que *todas* essas operações estavam indo de mal a pior até a data do reajuste", conta Burry, "e o reajuste só os motivou a entrar em outra dimensão da *falência*. Eu me encontrava em um estado de perpétua descrença. Imaginei que alguém no mercado seria capaz de perceber o que vinha pela frente antes de 2007. Se os dados sobre pagamentos de junho foram necessários para gerar essa descoberta repentina, eu me pergunto o que um 'analista de Wall Street' faz o dia todo."

No final de julho, suas cotações avançavam rapidamente a seu favor — e Michael Burry lia sobre a genialidade de pessoas como John Paulson, que tinha entrado na operação um ano depois dele. O serviço da Bloomberg News publicou um artigo sobre os poucos que pareciam ter percebido a catástrofe iminente. Somente um trabalhava como corretor de títulos em uma grande empresa de Wall Street: um obscuro operador de títulos lastreados em ativos do Deutsche Bank chamado Greg Lippmann. A FrontPoint e a Cornwall não apareceram na matéria, mas o investidor mais conspicuamente ausente do artigo da Bloomberg News estava sentado sozinho em seu escritório, em Cupertino, na Califórnia. Michael Burry recortou o texto e o encaminhou por e-mail, com uma observação: "Lippmann é o sujeito que pegou a minha ideia e a espalhou. Crédito dele." Seus próprios investidores, cujo dinheiro ele estava duplicando ou triplicando, pouco disseram. Não houve pedidos de desculpas, nem agradecimentos. "Ninguém quis me dar razão", disse Burry. "Estava tudo muito quieto. Extremamente quieto. O silêncio me enfurecia." A ele restava sua forma de comunicação favorita com os investidores: as cartas. No início de julho de 2007, enquanto os mercados quebravam, ele fez uma excelente pergunta. "Um aspecto um tanto surpreendente em tudo isso é que houve poucos relatos de investidores que foram de fato afetados pelos problemas do mercado hipotecário subprime... Por que será que ainda não ouvimos falar da LongTerm Capital da nossa era?", escreveu Burry.

Capítulo Nove

A morte do interesse

Howie Hubler crescera em Nova Jersey e jogara futebol americano no Montclair State College. O pescoço grosso, a cabeça grande e o modo autoritário, características de um jogador de futebol, não passavam despercebidas e eram interpretadas como uma atitude admiravelmente direta e, ao mesmo tempo, uma máscara. Ele era espalhafatoso, teimoso e confrontador. "Quando alguém questionava suas operações de um ponto de vista intelectual, Howie não era nem um pouco intelectual na resposta", comentou uma das pessoas encarregadas de supervisioná-lo em seus primeiros dias no Morgan Stanley. "Ele era do tipo que xingava todo mundo." Algumas pessoas gostavam dele, outras não, mas, no início de 2004, o que as outras pessoas pensavam não importava mais, porque, durante quase uma década, Howie Hubler vinha ganhando dinheiro nas operações com títulos do Morgan Stanley. Ele administrava as operações de títulos lastreados em ativos do banco, o que de fato o colocou à frente das apostas da empresa nas hipotecas subprime. Até o momento em que o mercado de títulos hipotecários estourou, e mudou o significado de ser um operador de títulos lastreados em ativos, a carreira dele tinha sido parecida com a de Lippmann. Como qualquer outro operador do mesmo nível, ele vinha fazendo apostas pequenas e de baixo risco, sempre a seu favor, uma vez que nada nunca dera errado no mercado. Os preços caíam, mas sempre se recuperavam. Ou você gostava dos títulos lastreados em ativos ou os adorava, mas não havia motivos para odiá-los, porque não havia instrumentos para apostar contra eles.

No Morgan Stanley, a rápida expansão dos empréstimos hipotecários subprime criou um momento "quem colocou a cereja no bolo". A empresa era líder em estender aos empréstimos ao consumidor a tecnologia financeira usada para empacotar empréstimos corporativos. Os intelectuais financeiros do banco — seus analistas quantificadores — tinham sido fundamentais em ensinar as agências de classificação de risco, Moody's e S&P, a avaliar CDOs em carteiras de títulos lastreados em ativos. Era natural que alguém do Morgan Stanley também cogitasse inventar um CDS de um título lastreado em ativo. A operação de hipotecas subprime de Howie Hubler estava criando títulos a um ritmo novo e acelerado. Para isso, o grupo dele precisava "armazenar" os empréstimos, às vezes durante meses. Entre a compra dos empréstimos e a venda dos títulos formados por eles, seu grupo ficava exposto a preços em queda. "A principal razão pela qual criamos CDSs foi proteger as operações de hipotecas administradas por Howie Hubler", disse um de seus investidores. Se o Morgan Stanley conseguisse encontrar alguém que vendesse a ele seguro para seus empréstimos, poderia eliminar o risco de mercado de armazenar empréstimos residenciais.

Em sua concepção original, em 2003, o CDS de hipotecas subprime era um contrato de seguro exclusivo fora do padrão, celebrado pelo Morgan Stanley e outro banco ou companhia de seguros, longe do olhar do mercado como um todo. Nenhum ser humano comum já tinha ouvido falar desses CDSs, nem ouviria se o Morgan Stanley fosse bem-sucedido. Por sua própria natureza, eles eram secretos, opacos, sem liquidez e, portanto, convenientemente difíceis de precificar, exceto para alguém como o Morgan Stanley. "Customizado", no jargão do mercado. No final de 2004, Hubler tornara-se cínico a respeito de determinados títulos hipotecários subprime — e queria encontrar maneiras de apostar contra eles. A mesma ideia já ocorrera aos intelectuais do banco. No início de 2003, um deles propôs que deixassem de ser intelectuais e formassem um pequeno grupo administrado por ele — um fato que os operadores rapidamente esqueceriam. "Um dos analistas quantificadores criou tudo isso e eles [Hubler e seus operadores] roubaram a ideia", afirmou uma vendedora de títulos do Morgan Stanley que observava de perto os procedimentos. Um dos associados próximos a Hubler, o negociante Mike Edman, tornou-se o criador oficial de uma nova ideia: um CDS equivalente a um pool eterno de empréstimos subprime.

O risco de apostar contra os empréstimos subprime era que, desde que os preços dos imóveis residenciais continuassem a aumentar, os tomadores de empréstimos poderiam refinanciá-los e pagar seus empréstimos anteriores. Se o pool de empréstimos para qual o seguro foi feito encolher, o montante do seguro diminui junto. O CDS de Edman resolvia esse problema com algumas letras pequenas em seus contratos, que especificavam que o Morgan Stanley apostava não no pool inteiro de empréstimos residenciais subprime, mas nos poucos empréstimos do pool com menos chance de serem pagos. O tamanho da aposta, entretanto, permanecia o mesmo caso nenhum empréstimo do grupo fosse pago. Eles tinham comprado um seguro contra enchente que cobriria o valor da casa inteira, se uma gota d'água só molhasse uma parte da casa.

Era quase certo que o novo CDS, assim projetado e customizado pelo banco, daria retorno algum dia. Para que o retorno fosse completo, eram necessárias perdas de apenas 4%, que esses grupos de empréstimos hipotecários subprime verificaram *nos bons tempos*. O único problema, do ponto de vista dos operadores de Howie Hubler, era encontrar um cliente do Morgan Stanley estúpido o suficiente para assumir a outra ponta da aposta — ou seja, alguém que venderia para o Morgan Stanley o equivalente a seguros residenciais para uma casa destinada à demolição. "Eles encontraram um cliente para ficar comprado na ponta da tranche BBB de algum pedaço de merda", afirma um de seus ex-colegas, uma forma complicada de dizer que encontraram um bobo. Um idiota. Clientes de quem poderiam se aproveitar. "É assim que começa — leva à primeira operação de Howie."

No início de 2005, Hubler tinha encontrado um número suficiente de ignorantes no mercado para adquirir esses CDSs customizados no valor de US$ 2 bilhões. Do ponto de vista dos idiotas, os CDSs que Howie Hubler queria comprar devem ter parecido dinheiro de graça: o Morgan Stanley pagaria 2,5% ao ano acima da taxa sem risco para deter títulos lastreados em ativos com grau de investimento (classificados como BBB). A ideia agradou especialmente os investidores institucionais alemães, que não leram as letras miúdas dos contratos ou consideraram as classificações em seu valor nominal.

No terceiro trimestre de 2005, Howie Hubler e seus operadores acreditavam, com razão, que essas apólices de seguro diabólicas que eles criaram certamente dariam retorno. Queriam mais. Foi nessa época, contudo, que Michael Burry começou a se mexer para comprar CDSs padronizados. Greg Lippmann no Deutsche Bank, dois operadores no Goldman Sachs, e alguns outros se reuniram para descobrir os detalhes do contrato. Mike Edman, do Morgan Stanley, foi arrastado para a discussão deles contra a vontade, porque na hora em que os CDSs dos títulos hipotecários subprime fossem abertamente negociados e padronizados, o grupo de Howie Hubler perderia sua capacidade de vender sua versão mais privada e obscura.

Pulando para abril de 2006, a máquina de títulos hipotecários subprime está a mil por hora. Howie Hubler é o principal operador de títulos do Morgan Stanley, e o seu grupo de oito corretores está gerando, segundo estimativa deles, cerca de 20% dos lucros do banco. Seus lucros subiram de aproximadamente US$ 400 milhões em 2004 para US$ 700 milhões em 2005, e estavam a caminho de US$ 1 bilhão em 2006. Hubler receberá US$ 25 milhões ao final do ano, mas ele não está mais satisfeito em ser um operador comum. Os melhores e mais brilhantes operadores de Wall Street estão pedindo demissão das grandes empresas para trabalhar em fundos de hedge, onde poderão fazer não dezenas, mas centenas de milhões de dólares. Receber uma ninharia das operações com investidores inconsequentes não parecia digno de um grande operador de títulos de Wall Street. "Howie pensava que o negócio voltado para o consumidor era estúpido", afirmou um dos vários operadores próximos a ele. "Era o que ele sempre havia feito, mas perdeu interesse pelo negócio."* Hubler poderia ganhar centenas de milhões de dólares facilitando a ignorância dos clientes do Morgan Stanley. Poderia ganhar bilhões usando o capital da empresa para apostar contra eles.

A diretoria do Morgan Stanley, por sua vez, sempre temera que Hubler e seu grupo de operadores deixassem o banco para criar seu próprio fundo de hedge. Para mantê-los na empresa, ofereceram a ele um acordo especial: seu grupo de investimento próprio, com seu próprio

* Quase todos os envolvidos na crise financeira tendem a perder dinheiro se forem pegos falando sobre o que viram e fizeram. Obviamente, isso acontece com aqueles que ainda estão empregados nas grandes empresas de Wall Street, e até mesmo com aqueles que mudaram de emprego, pois em geral assinaram algum tipo de acordo de não divulgação. Os ex-empregados do Morgan Stanley não são tão assustados quanto o pessoal do Goldman Sachs, mas chegam perto.

nome grandioso — GPCG, ou Global Proprietary Credit Group. Nesse novo arranjo, Hubler poderia reter para si parte dos lucros gerados pelo grupo. "A ideia", afirmou um membro do grupo, "era que deixássemos de ganhar US$ 1 bilhão por ano para ganhar US$ 2 bilhões ao ano imediatamente." A ideia também era que Hubler e seu pequeno grupo de operadores guardassem para si uma grande parcela dos lucros gerados por esse grupo. O Morgan Stanley prometeu que, assim que possível, Hubler teria condições de desmembrá-lo em um negócio separado de gestão de investimentos, do qual ele seria proprietário de 50%. Entre outros aspectos, esse negócio administraria CDOs lastreadas em hipotecas subprime. Eles poderiam competir, por exemplo, com a Harding Advisory de Wing Chau.

Os melhores e mais brilhantes das mesas de operação de títulos do banco estavam fazendo lobby para se juntar a Hubler. "Supostamente, era a elite das elites", disse um dos operadores. "Howie levou as melhores pessoas com ele." Os poucos escolhidos foram para um andar separado no escritório central do Morgan Stanley Manhattan, oito andares acima de suas antigas mesas. Lá ergueram novas paredes ao seu redor, para criar pelo menos a ilusão de que o banco não tinha conflito de interesse. Os operadores do segundo andar comprariam e venderiam de clientes e não passariam as informações sobre suas transações ao grupo no décimo andar. Tony Tufariello, chefe das operações de títulos globais do Morgan Stanley, e teoricamente o chefe de Howie Hubler, estava em meio a um conflito tão grande que montou uma sala para ele dentro do grupo de Howie, e ia e vinha entre o segundo e o décimo andares.* Howie Hubler não queria apenas as

---

* De todos os conflitos de interesse em uma empresa de operações de títulos de Wall Street, havia o mais pernicioso e o menos discutido. Quando uma empresa aposta em ações e títulos na própria conta e ao mesmo tempo faz o intermédio para clientes, enfrenta grande pressão para usar os clientes com o propósito de favorecer

pessoas. Ele queria muito levar consigo as posições de negociação de seu grupo. Os detalhes eram tão complicados que um dos próprios operadores de títulos hipotecários subprime do Morgan Stanley disse: "Não acho que alguém acima de Howie realmente entenda essas operações." Mas o ponto principal era simples: Hubler e seu grupo fizeram uma aposta maciça de que os empréstimos subprime se tornariam irrecuperáveis. A joia da coroa de suas elaboradas posições de negociação ainda eram os US$ 2 bilhões em CDSs customizados, os quais ele tinha certeza de que em breve gerariam US$ 2 bilhões em puro lucro. Os pools de empréstimos hipotecários estavam prestes a enfrentar os primeiros prejuízos e, quando isso acontecesse, Hubler receberia o retorno desejado.

No entanto, havia um pequeno problema: os prêmios correntes desses contratos de seguros abocanharam os retornos de curto prazo do grupo de Howie. "O grupo deveria ganhar US$ 2 bilhões por ano e tínhamos essa posição em CDSs que estava nos custando US$ 200 milhões", afirmou um membro da equipe. Para compensar o custo corrente, Hubler decidiu vender parte dos CDSs de CDOs subprime AAA e ficar com os prêmios.* O problema era que os prêmios pagos para as supostamente menos arriscadas CDOs AAA eram apenas um décimo dos prêmios pagos para as BBB. Por isso, para obter o mesmo montante de dinheiro pago por ele, era necessário vender CDSs em volume aproximadamente dez vezes

---

a si mesmo. As empresas de Wall Street gostam de dizer que constroem muralhas como as da China para impedir o vazamento de informações sobre as negociações dos clientes para suas operações de investimento próprio. Vincent Daniel, da FrontPoint Partners, ofereceu a resposta mais sucinta a essa pretensão: "Quando ouço 'muralha da China', penso 'Você é um mentiroso safado.'"

* É importante lembrar que vender um CDS de um ativo proporciona o mesmo risco financeiro de ser proprietário desse ativo. Se a CDO AAA acaba valendo zero, você perderá o mesmo montante se a tiver comprado à vista ou vendido um CDS dela.

maior do que o montante que já possuía. Ele e seus negociadores o fizeram rapidamente, e ao que parece sem grande discussão, em cerca de meia dúzia de operações com o Goldman Sachs, o Deutsche Bank e alguns outros.

No final de janeiro de 2007, quando todo o setor de títulos hipotecários subprime partia para Las Vegas para comemorar o seu sucesso, Howie Hubler havia vendido CDSs de tranches AAA de CDOs avaliadas em cerca de US$ 16 bilhões. Nunca houve uma expressão tão clara do delírio dos operadores de títulos de Wall Street e, por extensão, do mercado de títulos hipotecários subprime como um todo: entre setembro de 2006 e janeiro de 2007, o operador de títulos com o maior status no Morgan Stanley havia, para todos os propósitos práticos, comprado US$ 16 bilhões em CDOs AAA, compostos de títulos hipotecários subprime BBB, que perderam todo o valor quando os grupos subjacentes de empréstimos subprime sofreram prejuízos de aproximadamente 8%. Na verdade, estava apostando que parte dos títulos subprime BBB afundariam, mas nem todos. Ele foi esperto o suficiente para desconfiar do mercado, mas não para perceber até que ponto precisava ser cínico.

No Morgan Stanley, nunca se questionou muito se a elite dos operadores de risco da empresa deveria ter permissão para comprar US$ 16 bilhões em títulos hipotecários subprime. O grupo de investimento próprio de Howie Hubler evidentemente precisava enviar informações sobre suas operações tanto para a alta diretoria quanto para o pessoal de administração de riscos, mas as informações fornecidas mascaravam a natureza do risco assumido. Os US$ 16 bilhões em risco subprime que Hubler havia assumido apareciam nos relatórios do Morgan Stanley dentro de uma caixa marcada "AAA" — o que quer dizer que poderiam muito bem ser títulos do Tesouro norte-americano. Apareciam novamente em um cálculo conhecido como "valor em risco" (VaR na sigla em inglês). Instrumento usado pela diretoria de Wall Street para descobrir o que seus operadores acabaram de fazer, o VaR media apenas o grau em que determinada ação ou título tinha variado no passado, com os movimentos recentes recebendo maior ênfase do que os movimentos mais distantes. Sem ter flutuado muito em termos de valor, as CDOs lastreadas em títulos subprime AAA estavam registradas nos relatórios do Morgan Stanley como papéis praticamente sem risco. Em março de 2007, os operadores de Hubler prepararam uma apresentação, feita pelos chefes dele para a diretoria do banco, que alardeava sua "excepcional posição estrutural" no mercado hipotecário subprime. Ninguém fez a pergunta óbvia: o que acontece com a "excepcional posição estrutural" se os tomadores de empréstimos hipotecários subprime pararem de pagar suas dúvidas em um ritmo maior do que o esperado?

Howie Hubler estava assumindo um risco enorme, apesar de não conseguir expressá-lo ou talvez entendê-lo. Ele fez uma aposta maciça nas mesmas tranches de CDOs contra as quais a Cornwall Capital apostara, compostas dos mesmos títulos subprime contra os quais a FrontPoint Partners e a Scion Capital tinham apostado. Durante mais de vinte anos, a complexidade do mercado de títulos havia ajudado o operador de Wall Street a enganar o cliente. Agora, estava levando o próprio operador de títulos a se enganar.

A questão era até que ponto os preços dos vários títulos lastreados em hipotecas subprime que compunham uma CDO estavam correlacionados. As possíveis respostas iam de 0% (os preços não tinham relação alguma entre si) a 100% (os preços avançavam juntos). A Moody's e a Standard & Poor's julgavam que os pools de títulos BBB tinham uma correlação de cerca de 30%, o que não significa nada do que parece. Não significa, por exemplo, que se um título for mal, existe uma chance de 30% de que os outros o acompanhem. Mas, significa que, se um título for mal, os outros permanecerão inalterados.

A pretensão de que esses empréstimos não eram todos iguais, destinados à inadimplência em massa no momento em que os preços dos imóveis residenciais parassem de aumentar, justificava as decisões tomadas pela Moody's e S&P de conceder classificações AAA a praticamente 80% de toda CDO. (O que tornou todo o negócio de CDOs possível.) Também justificava a decisão de Hubler de comprar US$ 16 bilhões deles. O Morgan Stanley tinha feito tanto quanto qualquer outra empresa de Wall Street para persuadir as agências de classificação de risco a tratar os empréstimos ao consumidor como tratavam os corporativos: como ativos cujos riscos poderiam ser drasticamente reduzidos se agrupados. As pessoas que fizeram o trabalho de persuasão consideravam essa uma função de vendas: elas sabiam que havia uma diferença não percebida pelas agências de classificação entre os empréstimos corporativos e os de consumo. A diferença era que havia pouco histórico com o qual trabalhar no mercado de títulos hipotecários subprime e nenhum histórico de um mercado imobiliário nacional em colapso. A elite dos negociantes de títulos do Morgan Stanley não dedicava muito tempo a isso. Howie Hubler confiava nas classificações de risco.

Os negociantes de títulos de Wall Street no outro lado da linha de Howie Hubler ficavam com a impressão de que ele considerava essas apostas livres de risco. Ele receberia migalhas de juros sem ter nada a perder. Ele não estava sozinho nisso, é claro. Hubler e um operador no Merrill Lynch negociavam sobre uma possível compra por parte do Morgan Stanley de US$ 2 bilhões em CDOs AAA do Merrill Lynch. Hubler queria que o Merrill Lynch pagasse a ele 28 pontos base (0,28%) acima da taxa livre de riscos, enquanto a instituição só queria pagar 24. Em uma operação de US$ 2 bilhões — que, no final das contas, transferiria um prejuízo de US$ 2 *bilhões* do Merrill — os dois discutiam pagamentos de juros equivalentes a US$ 800 mil ao ano. Por causa desse valor, o negócio desandou. Hubler usou o mesmo argumento detalhado com o Deutsche Bank, com uma diferença. Dentro do Deutsche Bank, Greg Lippmann esbravejava a plenos pulmões que essas CDOs AAA um dia valeriam zero. A máquina de CDOs do Deutsche Bank pagou os 28 pontos base que Hubler queria e, em dezembro de 2006 e janeiro de 2007, fecharam dois negócios de US$ 2 bilhões cada. "Quando fechamos as operações, o tempo todo dizíamos 'ambos sabemos que não há risco envolvido nisso'", disse o executivo de CDOs do Deutsche Bank que negociou com Hubler.

No curioso e estranho período do início de fevereiro a junho de 2007, o mercado hipotecário subprime parecia um balão de hélio gigante, preso à terra por uma dúzia de grandes empresas de Wall Street. Cada uma segurava a sua corda; uma por uma, elas perceberam que, por mais força que fizessem, o balão acabaria levantando-as do chão. Em junho, uma a uma, elas silenciosamente soltaram as cordas. Por ordem do CEO Jamie Dimon, o J.P. Morgan abandonou o mercado no final do terceiro trimestre de 2006. O Deutsche Bank, por causa de Lippmann, sempre se mantivera firme. O Goldman Sachs foi o seguinte, e não só soltou as cordas como deu a volta por cima e fez uma grande aposta contra o mercado subprime — acelerando ainda mais a ascensão fatal do balão.* Quando seus fundos de hedge subprime quebraram em junho, o Bear Stearns foi forçado a soltar a sua corda — e o balão foi levado para mais longe ainda do chão.

Não muito antes disso, em abril de 2007, Howie Hubler, talvez preocupado com o tamanho de sua aposta, fechou uma operação com um sujeito que administrava os fundos de hedge condenados do Bear Stearns,

---

* A percepção do Goldman sobre o momento oportuno para deixar o mercado subprime é interessante. Muito tempo após o fato, o banco alegaria que tinha dado o passo em dezembro de 2006. Os operadores das grandes empresas de Wall Street que trabalhavam com o banco estavam certos de que a empresa só reverteu sua posição no início e, em meados de 2007, após a New Century, a maior credora subprime dos Estados Unidos, ter pedido falência. Se este, de fato, foi o momento em que o Goldman Sachs "ficou vendida", isso explicaria o caos tanto no mercado subprime quanto no banco, percebido por Mike Burry e outros, no final de junho. O Goldman Sachs não abandonou a casa antes de ela começar a queimar; foi simplesmente o primeiro a sair — e fechou a porta depois que passou.

Ralph Cioffi. Em 2 de abril, o maior credor hipotecário subprime dos Estados Unidos, a New Century, estava afundando em inadimplência e pediu falência. O Morgan Stanley venderia a Cioffi US$ 6 bilhões dos seus US$ 16 bilhões em CDOs AAA. O preço havia caído um pouco — o administrador exigia um retorno de 40 pontos base (0,40%) acima da taxa livre de risco. Hubler conversou com a presidente do Morgan Stanley, Zoe Cruz; juntos, decidiram que prefeririam manter o risco subprime do que assumir um prejuízo que chegava a algumas dezenas de milhões de dólares. Foi uma decisão que custou quase US$ 6 bilhões ao Morgan Stanley, mas o CEO do banco, John Mack, nunca se envolveu. "Mack nunca procurou Howie", afirmou um dos associados mais próximos a Hubler. "Em momento algum ele se reuniu com Mack."*

Em maio de 2007, entretanto, havia uma crescente disputa entre Howie Hubler e o Morgan Stanley. Surpreendentemente, isso não tinha relação alguma com a lógica de deter US$ 16 bilhões em títulos comple-

* Existe controvérsia quanto ao teor da conversa entre Hubler e Cruz. A versão dos eventos dada por pessoas próximas a Zoe Cruz diz que ela estava preocupada com o risco legal de fechar negócios com os fundos de hedge problemáticos do Bear Stearns, e que Hubler nunca explicou o risco de um CDOs AAA para ela, o que a levou a acreditar que o Morgan Stanley não tinha chance de sofrer grandes prejuízos — provavelmente porque o próprio Hubler não entendia o risco. Os amigos dele afirmam que Cruz assumiu o controle efetivo da operação e o impediu de se livrar de um bloco significativo de suas CDOs AAA. Em minha opinião, e na de outros operadores de Wall Street, a versão de Hubler é bem menos plausível. "Não há a menor hipótese de ele ter dito: 'Tenho que sair agora' e ela ter dito 'não'", afirma um corretor que acompanhara de perto a situação. "Não tem como ele ter dito; 'Se não sairmos agora, poderemos perder US$ 10 milhões de dólares.' Howie deve ter defendido a ideia de que não era preciso sair." A capacidade dos operadores de Wall Street de se vangloriarem de seu sucesso e culparem seus chefes pelo fracasso mais tarde teria grande repercussão quando suas empresas, que desdenhavam da necessidade de regulação governamental nos bons tempos, insistiram em ser resgatadas pelo governo nos períodos difíceis. O sucesso era uma conquista individual; já o fracasso era um problema social.

xos cujo valor em última análise dependia da capacidade de uma stripper de Las Vegas com cinco propriedades para investimento ou um agricultor mexicano de morangos com uma casa de US$ 750 mil pagarem juros cada vez mais altos. A disputa envolvia a incapacidade do banco de cumprir a promessa de desmembrar o grupo de investimento próprio de Hubler em sua própria empresa de gestão de investimentos, da qual ele seria proprietário de 50%. Indignado com a lentidão intencional do banco em finalizar a transação, Howie ameaçou pedir demissão. Para evitar isso, o Morgan Stanley prometeu pagar a ele e a seus operadores uma parcela ainda maior dos lucros da GPCG. Em 2006, ele recebeu US$ 25 milhões; em 2007, acreditava-se que ganharia muito mais.

Um mês depois que Hubler e seus operadores melhoraram os termos do acordo entre eles e seu empregador, o Morgan Stanley finalmente fez a pergunta desagradável: o que aconteceria com a sua aposta maciça no mercado hipotecário subprime se os cidadãos norte-americanos de classe média baixa deixassem de pagar seus empréstimos em um ritmo maior do que o esperado? Qual era o desempenho da aposta levando em consideração a hipótese de prejuízos gerados pelo analista mais pessimista de Wall Street? Até aquele momento, a aposta havia passado pelo "teste de tensão" em cenários nos quais empréstimos subprime verificaram prejuízos de 6%, as maiores perdas da história recente. Agora, os operadores de Hubler tinham a missão de imaginar como ficaria a aposta se as perdas chegassem a 10%. O questionamento veio direto do principal executivo de risco do Morgan Stanley, Tom Daula, e Hubler e seus operadores ficaram irritados e incomodados com o fato de ele sequer imaginar isso. "Era mais do que esquisito", afirma um deles. "Havia muita ansiedade envolvida. Todo mundo achava que eles não sabiam o que estavam dizendo. Se as perdas chegassem a 10%, um milhão de pessoas ficaria sem teto." (As perdas nos pools nas quais o grupo de Hubler apostou chegaram efetivamente a 40%.) Como disse um executivo sênior do Morgan Stanley fora do grupo de Hubler: "Eles não queriam mostrar os resultados. Eles só repetiam: 'Isso é impossível'".

O pessoal de Hubler precisou de dez dias para produzir o resultado que eles não queriam mostrar para ninguém: perdas de 10% transformariam sua aposta complicada em hipotecas subprime de um lucro projetado de US$ 1 bilhão em um prejuízo de US$ 2,7 bilhões. Como descreveu um executivo sênior do Morgan Stanley: "Os executivos de risco saíram da reunião muito aborrecidos". Hubler e seus operadores tentaram colocar panos quentes, afirmando que esse tipo de prejuízo nunca aconteceria.

No entanto, o departamento de risco tinha dificuldades em relaxar. Para eles, era como se Hubler e sua equipe não compreendessem plenamente sua própria aposta. Hubler dizia que estava apostando contra o mercado de títulos subprime. Mas se isso fosse verdade, por que ele perderia bilhões se o mercado quebrasse? Como afirma um gestor sênior de risco do Morgan Stanley: "Uma coisa é apostar no vermelho ou no preto e saber exatamente em que você está apostando. Outra coisa é apostar no vermelho e não saber disso."

No início de julho, o Morgan Stanley recebeu o primeiro sinal de alerta. Veio de Greg Lippmann e de seus chefes no Deutsche Bank, que, em uma *conference call*, disseram a Howie Hubler e a seus chefes que os US$ 4 bilhões em CDSs vendidos por ele para a mesa de operação de CDOs do Deutsche Bank seis meses antes tinham avançado em favor do banco. Será que o Morgan Stanley poderia, então, enviar US$ 1,2 bilhões para o Deutsche Bank até o final do dia? Ou, como o próprio Lippmann disse, de acordo com alguém que ouviu a transação: "Aí, cara, você nos deve US$ 1,2 bilhões."

As CDOs subprime AAA, nas quais havia centenas de bilhões de dólares espalhados em várias empresas de Wall Street, e que eram consideradas livres de risco, estavam, de acordo com Greg Lippmann, valendo apenas US$ 0,70 por dólar. Howie Hubler teve a mesma reação. "Como assim, 70? Nosso modelo diz que valem 95", disse uma das pessoas do Morgan Stanley que participava da reunião.

"Nosso modelo diz que valem 70", respondeu um dos representantes do Deutsche Bank.

"Bem, nosso modelo diz que valem 95", repetiu o funcionário do Morgan Stanley, passando, então, a explicar que a correlação entre os milhares de títulos BBB nas suas CDOs era muito baixa, de modo que havendo poucos títulos com mau desempenho não significava que todos tivessem perdido seu valor.

Nesse ponto, Greg Lippmann disse apenas: "Que se dane o seu modelo. Eu 'mantenho' o mercado para você. É 70/77. Você tem três opções. Pode revendê-las para mim a 70. Pode comprar mais a 77. Ou pode me mandar o maldito dinheiro."

O Morgan Stanley não queria comprar mais títulos hipotecários subprime. Hubler não queria comprar mais títulos lastreados em ativos subprime: ele soltara a corda que o prendia ao balão inflado. Ele não queria encarar o prejuízo e insistia que, apesar de não estar disposto a comprar mais a 77, suas CDOs AAA ainda valiam US$ 0,95 por dólar. Ele passou a questão aos superiores, que discutiram com seus pares no Deutsche Bank e finalmente concordaram em transferir o montante de US$ 600 milhões. A alternativa para o Deutsche Bank era mandar a questão para um painel de três bancos de Wall Street, selecionados aleatoriamente, para determinar quanto valiam essas CDOs AAA. O fato de o Deutsche Bank aceitar correr esse risco era uma medida da confusão e do delírio em Wall Street.

De qualquer modo, do ponto de vista do banco, a garantia real não era grande coisa. "Quando Greg fez essa proposta", afirmou um executivo sênior, "ela era o último item da lista de tarefas que precisávamos realizar para manter o nosso negócio em operação. O Morgan

Stanley tinha US$ 70 bilhões em capital. Nós sabíamos que o dinheiro existia". Havia até algum questionamento no Deutsche Bank sobre se o preço de Lippmann era preciso. "Era um número tão grande", declarou alguém envolvido nessas discussões, "que muita gente acreditava que não podia estar certo. O Morgan Stanley não podia nos dever US$ 1,2 bilhão."

Mas devia, sim. Era o início de uma queda que terminaria apenas alguns meses depois, em uma *conference call* entre o CEO do Morgan Stanley e os analistas de Wall Street. A inadimplência aumentava, os títulos quebraram no mundo todo e as CDOs compostas desses títulos seguiram pelo mesmo caminho. Várias vezes durante a queda, o Deutsche Bank ofereceu ao Morgan Stanley a chance de encerrar sua operação. Da primeira vez que Greg Lippmann ligou, Howie Hubler poderia ter saído de seu negócio de US$ 4 bilhões com o Deutsche Bank com um prejuízo de US$ 1,2 bilhão; da vez seguinte, o preço de cair fora aumentara para US$ 1,5 bilhão. Toda vez, Howie ou um de seus operadores discutiam sobre o preço e não queriam sair. "Brigamos com aqueles idiotas até o fim", disse um operador do Deutsche Bank. E, até o fim, os cobradores da dívida do Deutsche Bank tiveram a impressão de que o pessoal do Morgan Stanley não compreendia seu próprio negócio. Eles não estavam mentindo; genuinamente, não entendiam a natureza das CDOs subprime. A correlação entre os títulos subprime BBB não era 30%, mas 100%. Quando um caía, todos caíam, porque todos estavam atrelados às mesmas forças econômicas mais abrangentes. No final das contas, fazia pouco sentido para uma CDO cair de 100 para 95 para 77 para 70 e depois para 7. Os títulos subprime abaixo deles eram todos ruins ou todos bons. As CDOs valiam ou zero ou 100.

Ao preço de 7, Greg Lippmann permitiu que o Morgan Stanley saísse de uma operação na qual ele havia entrado a aproximadamente 100 centavos por dólar. Nos primeiros US$ 4 bilhões da loucura de US$ 16 bilhões de Hubler, o prejuízo chegou quase a US$ 3,7 bilhões. Mas, nessa época, Greg não estava mais falando com Howie, porque o último já não era mais empregado do Morgan Stanley. "Howie saiu de férias por algumas semanas", disse um membro do grupo, "e nunca mais voltou". Deixaram que pedisse demissão em outubro de 2007, com muitos milhões de dólares que a empresa havia prometido para ele no final de 2006 para evitar que ele saísse. Os prejuízos totais que deixou para trás foram reportados para a diretoria do Morgan Stanley como um pouco mais de US$ 9 bilhões — o maior prejuízo em negociações da história de Wall Street. Outras empresas perderiam mais, muito mais; mas essas perdas em geral estavam associadas à geração de empréstimos subprime. O Citigroup, o Merrill Lynch e outras empresas estavam com vários problemas nas mãos quando o mercado quebrou, mas eram todos subprodutos de suas máquinas de CDOs. Elas detinham CDOs lastreadas em hipotecas subprime menos pelo valor das CDOs do que pelas comissões que os negócios gerariam assim que tivessem sido vendidas. O prejuízo de Hubler era o resultado de uma aposta simples. Ele e seus operadores acreditavam ter nascido para explorar as ineficiências idiotas do mercado. Em vez disso, eles acabaram contribuindo com mais ineficiência.

Partindo incógnito para Nova Jersey, Hubler levou consigo a confortável sensação de que não era o maior idiota do mercado. Talvez ele tivesse largado a corda do balão tarde demais para salvar o Morgan Stanley mas, em sua trajetória de queda, poderia ter olhado para o balão se afastando cada vez mais alto no céu e ver os corpos de Wall Street ainda pendurados a eles. No início de julho, apenas alguns dias antes de Lippmann ligar para ele para pedir US$ 1,2 bilhão, Hubler encontrou alguns compradores para suas CDOs AAA. O primeiro foi o Mizuho Financial Group, um braço de operações do segundo maior banco do Japão. Como povo, os japoneses estavam encantados com essas novas criações financeiras norte-americanas, e ficavam longe delas. O Mizuho Financial Group, por algum motivo que jamais saberemos, se estabeleceu como uma esperta operadora de títulos subprime norte-americanos e comprou US$ 1 bilhão em CDOs lastreadas em subprime das mãos do Morgan Stanley.

O outro comprador ainda maior era o UBS — que levou US$ 2 bilhões em CDOs AAA de Howie Hubler, junto de US$ 200 milhões de sua posição vendida em títulos BBB. Ou seja, em julho, momentos antes do colapso do mercado, o UBS viu a operação de Hubler e pensou: "Queremos parte disso também". Assim, a compra pessoal de Howie Hubler de US$ 16 bilhões em CDOs AAA caíra, na verdade, para US$ 13 bilhões. Alguns meses mais tarde, ao tentar explicar aos acionistas o prejuízo de US$ 37,4 bilhões sofrido nos mercados subprime dos Estados Unidos, o UBS publicaria um relatório semifranco, no qual revelava que um pequeno grupo de operadores de títulos americanos empregados pelo UBS tinha feito um lobby violento para que o banco comprasse mais de outros títulos hipotecários subprime das empresas de Wall Street. "Se o pessoal soubesse mais sobre o negócio, certamente haveria uma revolta geral", afirmou um operador de títulos do UBS que acompanhou as ações. "Essa operação gerou muita controvérsia no UBS. Foi mantida em sigilo absoluto. Muita gente teria protestado se soubesse. Tiramos a 'negociação da correlação' das mãos de Howie quando todo mundo sabia que a correlação era de um. (Ou seja, de 100%.) Explicamos ainda que os negociantes responsáveis pelas operações no UBS estavam motivados apenas pelos próprios modelos — que, no momento da operação, sugeriam um lucro de US$ 30 milhões."

Em 19 de dezembro de 2007, o Morgan Stanley fez uma *conference call* com os investidores. A empresa queria explicar como um prejuízo de US$ 9,2 bilhões — com margem de mais ou menos alguns bilhões — tinha mais do que suprimido os lucros gerados por seus aproximadamente 50 mil empregados. "Os resultados que anunciamos hoje são embaraçosos para mim, para a empresa", começou John Mack. "Foi o resultado de um erro de julgamento ocorrido em uma de nossas mesas de operações da área de Renda Fixa, e também de uma falha ao administrar esse risco... Praticamente todas as baixas nesse trimestre foram resultado de uma operação de uma única mesa do nosso negócio de hipotecas." O CEO explicou que o Morgan Stanley tinha certos hedges (ou proteções) contra seu risco hipotecário subprime e que "eles não tiveram um bom desempenho nas extraordinárias condições de mercado no final de outubro e de novembro". Mas as condições não foram extraordinárias; nesses meses, pela primeira vez, o mercado começou a determinar com precisão o risco hipotecário subprime. Extraordinário era o que tinha acontecido até então.

Depois de dizer que queria "deixar absolutamente claro que, como chefe da empresa, assumo toda responsabilidade pelo desempenho", Mack respondeu perguntas de analistas bancários de outras empresas de Wall Street. Demorou um pouco para esse grupo chegar à fonte do embaraço, mas acabou chegando. Quatro analistas optaram por não sondar muito Mack sobre o que quase certamente foi o maior prejuízo das operações da história de Wall Street, e então William Tanona, do Goldman Sachs, disse:

TANONA: Uma pergunta novamente sobre o risco, [que] sei que todos estão acanhados de fazer... Ajude-nos a entender como o Morgan Stanley pôde assumir um risco de perda tão grande. Quer dizer, imagino que vocês tenham limites de posição e de risco também. Eu me pergunto, quer dizer, é impressionante que vocês tivessem uma única mesa de operações que pudesse perder US$ 8 bilhões [*sic*].

MACK: Esta é a pergunta errada.

TANONA: Como?

MACK: Olá. Oi. E...

TANONA: Desculpe, não acompanhei...

MACK: Will, olha, vamos ser diretos. Em primeiro lugar, essa operação era reconhecida e registrada em nossos livros contábeis. Em segundo lugar, foi lançada em nosso sistema de gestão de risco. É muito simples. Quando isso aconteceu... é simples, é muito doloroso, e não estou exagerando. Quando esses caras enfatizaram os prejuízos no cenário desta posição, eles não imaginaram que chegaríamos a esse nível de inadimplência, certo? É justo dizer que nossa divisão de gestão de risco não enfatizou esses prejuízos.* É simples assim. Esses riscos nos pegaram em cheio. Foi isso que aconteceu.

TANONA: OK. Certo. A outra pergunta que eu gostaria de fazer é que estou surpreso com o fato de que o VaR de sua operação permaneceu estável no trimestre, considerando o nível de perdas e considerando o que imagino que fossem ativos para negociação. Então, o senhor poderia me ajudar a entender por que o VaR não aumentou no trimestre de forma drástica?**

MACK: Will, acho que o VaR é uma representação muito boa do risco de operações líquidas. Mas em termos de *[inaudível]*, estou disposto a voltar a falar com você quando tivermos saído dessa situação, porque eu ainda não tenho a resposta para essa pergunta.

O fluxo sem sentido de palavras pode ter deixado a plateia com a sensação de que Jonh Mack não tinha capacidade de analisar a profunda

* É demais esperar que os administradores das grandes empresas de Wall Street se expressem em uma linguagem clara, uma vez que boa parte de seu sustento depende de incutir nas pessoas a ideia de que o que eles fazem não pode ser traduzido em palavras comuns. O que John Mack está tentando dizer, sem afirmar que ninguém mais no Morgan Stanley tinha a menor ideia dos riscos que Hubler corria, é que ninguém no Morgan Stanley tinha a menor ideia dos riscos que Hubler corria — nem o próprio Hubler.

** Outra forma de fazer a mesma pergunta: como os títulos de Howie Hubler afundaram de 100 para 7 e os relatórios que você recebeu ainda sugeriam que eles eram incapazes de movimentos drásticos?

complexidade do negócio de títulos do Morgan Stanley. O que as palavras de fato revelavam era que o próprio CEO não compreendia bem a situação. Ele era amplamente reconhecido entre os demais CEOs como alguém bem informado sobre os riscos das operações de sua empresa. Afinal, o próprio era um ex-operador de títulos, e fora contratado para incentivar a cultura de assumir riscos na empresa. Mas não só ele não conseguira entender o que seus operadores planejavam fazer, na época em que estavam planejando, como também nem sequer conseguiu explicar o que fizeram depois de perder US$ 9 bilhões.

Finalmente chegara o momento. O último comprador do risco hipotecário subprime tinha parado de comprar. Em 1º de agosto de 2007, os acionistas instauraram sua primeira ação judicial contra o Bear Stearns em conexão com o colapso de seus fundos de hedge lastreados em ativos subprime. Entre seus efeitos menos visíveis estava alarmar os três jovens na Cornwall Capital que detinham o que para eles era uma enorme pilha de CDSs comprados do Bear Stearns. Desde Las Vegas, Charlie Ledley não conseguira dar sentido à avalanche de eventos que eles vinham enfrentando. Ben Hockett, o único dos três que trabalhara em uma grande empresa de Wall Street, também tendia a pensar em um catastrófico qualquer. E Jamie Mai acreditava que muitos em Wall Street não valiam nada. Os três estavam preocupados com o fato de que o Bear Stearns poderia falir e não ser capaz de pagar as dívidas das apostas. "Talvez um dia não seja mais possível negociar com uma empresa de Wall Street", disse Ben. "E talvez seja *de uma hora para outra.*"

Naquela primeira semana de agosto, eles discutiram muito entre si e tentaram descobrir os preços das CDOs AA, os quais apenas alguns meses antes haviam sido negociados a preços que sugeriam que eles não apresentavam risco algum. "Os títulos subjacentes estavam quebrando e todo mundo com quem tratávamos dizia que nos dariam dois pontos", disse Charlie. Até praticamente o final de julho, o Bear Stearns e o Morgan Stanley afirmavam, de fato, que as CDOs AA valiam US$ 0,98. A discussão entre Howie Hubler e Greg Lippmann estava se repetindo em todo o mercado.

A Cornwall Capital detinha CDSs para 20 CDOs ruins, mas cada um era ruim de seu jeito especial, e era difícil entender em que faixa se situava. Uma coisa estava clara: a aposta arriscada com promessa de grandes retornos já não prometia retornos tão grandes assim. Os corretores de Wall Street sempre disseram que não conseguiriam se livrar desses obscuros CDSs de tranches AA de CDOs, mas o mercado estava em pânico e parecia ávido para comprar seguro em qualquer coisa relacionada com títulos hipotecários subprime. O cálculo tinha mudado: pela primeira vez, a Cornwall estava prestes a perder muito dinheiro se algo acontecesse e fizesse o mercado reagir — se, por exemplo, o governo norte-americano entrasse em cena e garantisse todas as hipotecas subprime. E, é claro que, se o Bear Stearns falisse, eles perderiam tudo. Estranhamente alertas para a possibilidade de catástrofe, agora estavam expostos a uma delas. Correram para se garantir — para encontrar algum comprador dessas estranhas e relevantes apólices de seguros acumuladas.

A missão foi delegada a Ben Hockett. Charlie Ledley tentara algumas vezes agir como operador e falhara em todos os sentidos. "Existem tantas regras específicas", declarou Charlie. "Você precisa saber exatamente o que dizer e, se não souber, todo mundo fica irritado com você. Eu achava que estava dizendo algo como 'Venda!' e, no final, dizia 'Compre!'. Daí percebi que não deveria estar nesse ramo." Ben já trabalhara como operador antes e era o único dos três que sabia o que e como dizer. Ele, no entanto, estava no sul da Inglaterra, de férias com a família da esposa.

E foi assim que Ben Hockett viu-se sentado em um pub chamado The Powder Monkey, na cidade de Exmouth, no condado de Devon, na Inglaterra, procurando um comprador de US$ 205 milhões em CDSs de tranches AA mezanino de CDOs subprime mezanino. The Powder Monkey tinha a melhor e mais confiável conexão sem fio à internet da cidade, e nenhum dos fanáticos beberrões britânicos parecia se incomodar com — ou sequer perceber — a presença daquele americano na mesa do canto digitando furiosamente na sua máquina Bloomberg e falando no celular das duas da tarde até as onze da noite. Até aquele momento, apenas três empresas de Wall Street estavam dispostas a negociar com a Cornwall Capital e a fechar os contratos ISDA necessários para operar com CDSs: o Bear Stearns, o Deutsche Bank e o Morgan Stanley. "Ben sempre nos disse que era *possível* fazer uma operação sem um ISDA, mas realmente não era típico", afirmou Charlie. Este não era um momento típico. Na sexta-feira, dia 3 de agosto, Ben ligou para as principais empresas de Wall Street e disse: "Você não me conhece e sei que não vai me dar um contrato ISDA, mas tenho seguro de CDOs lastreados em hipotecas subprime que estou disposto a vender. Você acha que tem condições de negociar comigo sem um contrato ISDA? A resposta padrão era não. Eu respondia: 'Chame o chefe das operações de crédito e o chefe da gestão de risco e pergunte a opinião deles.'" Naquela sexta-feira, apenas um banco parecia ávido em fechar negócio com ele: o UBS. E Ben Hocket estava realmente muito ávido por negociar. O último homem preso ao balão de hélio acabara de soltar sua corda.

Na segunda-feira, dia 6 de agosto, Ben voltou para o Powder Monkey e começou a negociar. Para apólices de seguro que custavam 0,5%, o UBS agora oferecia 30 "pontos antecipados", ou seja, os US$ 205 milhões em CDSs da Cornwall, que custaram cerca de US$ 1 milhão, de repente valiam pouco mais de US$ 60 milhões (30% de US$ 205 milhões). No entanto, o UBS não estava mais sozinho; o pessoal do Citigroup, Merrill Lynch e Lehman Brothers, tão desinteressados na sexta-feira, estavam ávidos na segunda-feira. Todos estavam apanhando para precificar os riscos dessas CDOs que as suas empresas haviam criado. "Era mais fácil para mim, porque eles precisavam avaliar cada transação", disse Ben. "Eu só queria dinheiro." A Cornwall tinha vinte posições separadas para vender. A conexão de Ben na internet ia e vinha, assim como o sinal de seu celular. Somente o ardor das empresas de Wall Street, desesperadas para comprar seguro contra incêndio para suas casas em chamas, permanecia inalterado. "Era a primeira vez que estávamos vendo preços que refletiam um pouco melhor o quanto eles realmente valiam", afirmou Charlie. "Tínhamos posições que estavam sendo avaliadas pelo Bear Stearns a US$ 6 mil e passaram para US$ 6 milhões *no dia seguinte*."

Às onze horas da noite de quinta-feira, Ben terminara. Era dia 9 de agosto, o mesmo dia em que o banco francês BNP anunciou que os investidores em seus fundos de curto prazo não poderiam sacar o dinheiro das contas devido aos problemas enfrentados com as hipotecas subprime dos Estados Unidos. Ben, Charlie e Jamie não entenderam por que três quartos de suas apostas haviam sido comprados por um banco suíço. As letras *U B S* mal haviam sido mencionadas na Cornwall Capital antes que o banco começasse a implorar para que eles vendessem o que era um seguro subprime caríssimo. 'Eu não tinha razão específica para pensar que o UBS sequer estivesse no negócio subprime", afirmou Charlie. "Em retrospecto, não consigo acreditar que a gente não mudou de posição e operou vendido nas ações do UBS." Ao tirar seus CDSs das mãos da Cornwall, nem o UBS nem qualquer outro comprador de Wall Street expressou a menor reserva de que estavam assumindo o risco da falência do Bear Stearns: nas grandes empresas de Wall Street, eles acreditavam ser impossível. A Cornwall Capital, fundada quatro anos e meio antes com US$ 110 mil, agora havia lucrado, em uma aposta de US$ 1 milhão, mais de US$ 80 milhões. "A sensação era de alívio total por termos escapado do buraco", disse Jamie. Eles não eram os mais otários. A aposta arriscada tinha pagado 80:1. E ninguém no Powder Monkey jamais perguntou o que Ben estava fazendo.

É claro que a família britânica de sua esposa ficou imaginando onde ele se metera, e Ben tentou explicar. Ele achava que o que estava acontecendo era extremamente importante. O sistema bancário estava insolvente, supôs, e isso implicava em grave inquietação. Quando o sistema bancário para, o crédito acaba, e quando o crédito acaba, o comércio fecha, e quando o comércio fecha — bem, a cidade de Chicago tinha apenas oito dias de cloro em estoque para o abastecimento de água. Os hospitais ficariam sem remédios. Todo o mundo moderno estava baseado na capacidade de comprar agora e pagar depois. "Eu cheguei em casa à meia-noite e tentei falar com o meu cunhado sobre o futuro de nossos filhos", disse Ben. "Pedi a todos em casa para confirmar se as suas contas no HSBC tinham seguros. Disse a eles para guardar algum dinheiro vivo, pois poderíamos ter problemas de caixa. Mas era difícil explicar." Como explicar a um cidadão inocente a importância de um CDS de uma tranche AA de uma obrigação de dívida garantida por hipoteca subprime? Ele tentou, mas seus parentes ingleses o encaravam sem entender nada. Compreenderam apenas que, enquanto Ben ganhara muito dinheiro, outras pessoas tiveram grandes prejuízos. "Não consigo conversar muito com eles", disse Ben. "Afinal, são ingleses."

Vinte e dois dias depois, no dia 31 de agosto de 2007, Michael Burry suspendeu o bloqueio e começou a descarregar seus próprios CDSs a sério. Poucos meses antes, Burry recebia ofertas de 200 pontos base — ou 2% do principal — pelos seus CDSs, que alcançaram um pico de US$ 1,9 bilhões. As ofertas estavam em torno de 75, 80 e 85 *pontos* feitas por empresas de Wall Street desesperadas para amortecer a sua queda. No final do trimestre, ele reportaria que o fundo havia subido mais de 100%. No final do ano, em uma carteira de menos de US$ 550 milhões, ele teria alcançado lucros acima de US$ 720 milhões. Ainda assim, seus investidores não se manifestaram. "Mesmo quando estava claro que havia sido um ano excepcional e que eu estava certo, não havia triunfo algum", disse ele. "Ganhar dinheiro não era nada daquilo que eu achava que fosse." Para seu investidor principal, a Gotham Capital, mandou um e-mail não solicitado que dizia apenas: "De nada." Ele já decidira retirá-la do fundo, e insistia que eles vendessem sua participação na empresa. Quando pediram que sugerisse um preço, Burry respondeu: "Que tal vocês ficarem com as dezenas de milhões de dólares que vocês quase me impediram de ganhar para vocês no ano passado? Daí ficamos quites!"

Quando ele começou, decidiu não cobrar de seus investidores a comissão de administração de cerca de 2% pelos seus serviços. No único ano em que ele não transformou o dinheiro dos investidores em mais dinheiro, a ausência de uma taxa de administração significou ter que despedir funcionários. Burry escreveu uma carta aos investidores informando que havia mudado sua política — o que fez com que os investidores ficassem furiosos mais uma vez, mesmo quando o fundo estava lhes rendendo muito dinheiro. "Fico imaginando de onde você tira esse talento para afastar as pessoas", escreveu um dos seus amigos virtuais. "É um dom."

Uma das coisas que Burry aprendeu sobre a síndrome de Asperger, desde o seu diagnóstico, foi o papel que os seus interesses desempenhavam. Eles eram um lugar seguro para onde poderia fugir. Era por isso que as pessoas com Asperger os vivenciavam tão intensamente. Também era por isso que não tinham como controlá-los. "A terapeuta me ajudou a entender isso", escreveu ele em um e-mail, "e faz muito sentido agora quando reavalio a minha vida."

> Vamos ver se consigo entender — soa sempre melhor quando a terapeuta fala. Bem, se você começa como uma pessoa que tem uma tremenda dificuldade de se integrar na sociedade e, em geral, se sente incompreendido, insignificante e solitário por conta disso, poderemos ver onde algum profundo interesse pode ser algo que melhora o ego

no sentido clássico. As crianças com Asperger conseguem direcionar muito foco e desenvolver seus conhecimentos em determinado assunto pelo qual tenham interesse de forma muito rápida, frequentemente muito além do nível de qualquer um de seus colegas. Esse reforço do ego é muito consolador, pois fornece algo que as crianças com Asperger não sentem muito, se é que sentem. Desde que o interesse forneça esse reforço, há poucos riscos de mudança. Mas quando o interesse encontra uma barreira difícil de transpor, ou a pessoa sofre de falta de interesse, a negatividade pode ser sentida muito intensamente também, especialmente quando vem de outras pessoas. O interesse nesse caso pode começar a imitar tudo aquilo que a pessoa com Asperger estava tentando evitar: a perseguição aparente, os mal-entendidos, a exclusão. A pessoa com Asperger teria que encontrar outro interesse para sustentar e manter o ego.

Durante a maior parte de 2006 e no início de 2007, o Dr. Michael Burry viveu um pesadelo particular. Em um e-mail, escreveu: "Meus associados mais próximos tendem a me odiar... Esse negócio acaba com uma parte da vida que é bastante essencial. O problema é que eu ainda não identifiquei qual. Mas algo vital morreu dentro de mim. Sinto isso." Quando o interesse em Burry pelos mercados financeiros começou a esvair, ele comprou um violão. Era estranho. Não sabia tocar o instrumento nem tinha talento musical. Ele nem sequer *queria* tocar violão. Precisava apenas aprender sobre os tipos de madeira usados para fabricá-los e comprar violões e amplificadores. Ele só precisava... saber tudo o que há para saber sobre esses instrumentos.

Burry escolheu um momento inteligente para matar o seu interesse. Era o momento do fim: o momento em que não havia mais nada para prevenir. Seis meses depois, o Fundo Monetário Internacional anunciaria prejuízos de US$ 1 trilhão nos ativos relacionados ao mercado subprime originado nos Estados Unidos. Um prejuízo criado pelos financistas, do nada, e incorporado ao sistema financeiro norte-americano. Cada uma das empresas de Wall Street tinha uma parcela de responsabilidade pelos prejuízos e não fez nada para evitá-los. Nenhuma empresa conseguiria se livrar, pois já não havia mais compradores. Era como se bombas de diferentes tamanhos tivessem sido colocadas em praticamente todas as grandes instituições financeiras ocidentais. Os estopins tinham sido acesos e não podiam ser apagados. Restava apenas observar a velocidade de avanço da faísca e o tamanho das explosões.

Capítulo Dez

Dois homens em um barco

Praticamente ninguém — proprietários de imóveis, instituições financeiras, agências de classificação de risco, reguladores ou investidores — previu o que está ocorrendo.

— Deven Sharma, presidente da S&P
Depoimento perante o Congresso norte-americano
22 de outubro de 2008

O papa Bento XVI foi o primeiro a prever a crise no sistema financeiro global... afirmou o Ministro das Finanças italiano Giulio Tremonti. "A previsão de que uma economia indisciplinada entraria em colapso por suas próprias regras pode ser encontrada em um artigo escrito pelo cardeal Joseph Ratzinger [em 1985]", disse ontem Tremonti na Universidade Católica de Milão.

— Bloomberg News, 20 de novembro de 2008

* * *

Greg Lippmann imaginou o mercado hipotecário subprime como um grande cabo de guerra financeiro: em uma ponta estava a máquina de Wall Street provendo os empréstimos, empacotando os títulos e reempacotando os piores títulos em CDOs. Quando ficaram sem empréstimos, essa máquina criou falsos títulos do nada. Na outra ponta, seu nobre exército de vendedores a descoberto apostou contra os empréstimos. Os otimistas *versus* os pessimistas. Os fantasiosos *versus* os realistas. Os vendedores de CDSs *versus* os compradores. Os errados *versus* os certos. A metáfora estava certa até certo ponto: este ponto. Agora, a metáfora era de dois homens amarrados dentro de um barco, lutando até a morte. Um homem mata o outro, empurra o cadáver ao mar — somente para descobrir que ele mesmo foi puxado para fora. "Operar vendido em 2007 e ganhar dinheiro com isso foi divertido, porque éramos os 'vendidos *bandidos*'", disse Steve Eisman. "Em 2008, era o sistema financeiro inteiro que estava em risco. Ainda operávamos vendido. Mas você não quer que o sistema quebre. É como se o dilúvio estivesse prestes a acontecer e você fosse Noé. Você está na arca. Sim, você está bem. Mas não está feliz olhando para o dilúvio. Este não é um momento *feliz* para Noé."

No final de 2007, as apostas da FrontPoint contra as hipotecas subprime haviam tido um retorno tão espetacular que eles dobraram o tamanho de seu fundo, de um pouco mais de US$ 700 milhões para US$ 1,5 bilhão. Quando se deram conta de que eles tinham ganhado muito dinheiro, Danny e Vinny queriam resgatar suas apostas. Nenhum dos dois chegara a confiar completamente em Greg Lippmann, e a suspeita se estendia ao fantástico presente que ele lhes proporcionara. "Eu nunca compraria um carro de Lippmann", disse Danny. "No entanto, comprei US$ 500 milhões em CDSs dele." Vinny tinha uma preocupação quase cármica de ganhar tanto dinheiro tão rápido. "Era o negócio de uma vida", ele disse. "Se tivéssemos desistido do negócio de uma vida por ambição, eu me mataria."

Todos eles, incluindo o próprio Eisman, acharam que Eisman tinha um temperamento pouco propício a fazer juízos sobre operações a curto prazo. Ele era emocional, mesmo no trabalho. As apostas que fizera contra os títulos hipotecários subprime eram mais do que apenas apostas; Eisman pretendia que fossem quase um insulto. Sempre que o pessoal de Wall Street tentava argumentar — como muitas vezes fazia — que o problema dos empréstimos subprime era a hipocrisia e a irresponsabilidade financeira dos cidadãos comuns, ele dizia: "Como é? Um dia, toda a população dos Estados Unidos acordou de manhã e decidiu 'Vou mentir no meu pedido de empréstimo'? Até parece que as pessoas iriam mentir. Se mentiram, foi porque receberam essa instrução." A raiva que abasteceu sua aposta estava direcionada não ao sistema financeiro inteiro, mas às pessoas no topo da hierarquia, as quais conheciam o sistema ou deveriam conhecê-lo: as pessoas dentro das grandes empresas de Wall Street. "Era mais do que um argumento", disse Eisman. "Era uma cruzada moral. O mundo estava de cabeça para baixo. Os empréstimos subprime na base de sua aposta não valiam nada", ele argumentou, "e se os empréstimos não valem nada, o seguro que detinham para eles só tenderiam a subir." Assim, mantiveram seus CDSs e esperaram que mais empréstimos entrassem em mora. "Vinny e eu teríamos ganhado US$ 55 milhões e fizemos US$25 milhões", afirmou Danny. "Steve apostou US$ 550 milhões e ganhou US$ 400 milhões."

A grande caça ao tesouro gerou uma longa lista de empresas expostas a empréstimos subprime. Em 14 de março de 2008, eles haviam vendido a descoberto as ações de praticamente todas as empresas financeiras que, de algum modo, estavam ligadas à máquina do Juízo Final. "Estávamos prontos para o Armagedom", afirmou Eisman. "Mas ficávamos sempre nos perguntando: 'E se o Armagedom nunca chegar?'"

No dia 14 de março, a pergunta perdeu sentido. Desde a época em que os fundos de hedge subprime do Bear Stearns quebraram, em junho de 2007, o mercado se questionava sobre o restante da instituição. Na última década, como qualquer outra empresa de Wall Street, o Bear Stearns aumentara o tamanho das apostas feitas com cada dólar de seu capital. Apenas nos últimos cinco anos, a alavancagem do Bear Stearns tinha passado de 20:1 para 40:1. A do Merrill Lynch tinha passado de 16:1, em 2001, para 32:1, em 2007. O Morgan Stanley e o Citigroup estavam a 33:1, o Goldman Sachs parecia conservador, a 25:1, mas tinha um dom de disfarçar o quanto ele estava realmente alavancado. Para que qualquer uma dessas empresas fosse à falência, bastava uma ligeira queda no valor de seus ativos. A pergunta que valia US$ 1 trilhão era: "Quais eram esses ativos?". Antes do dia 14 de março, o mercado de ações dera às grandes empresas de Wall Street o benefício da dúvida. Ninguém sabia o que estava acontecendo dentro do Bear Stearns, do Merrill Lynch ou do Citigroup, mas esses lugares sempre foram de dinheiro certo, por isso suas apostas deveriam estar certas. No dia 14 de março, o mercado mudou de opinião.

Naquela manhã, Eisman fora inesperadamente convidado pelo proeminente analista bancário do Deutsche Bank, Mike Mayo, para falar para uma sala cheia de grandes investidores. Em um auditório na sede do Deutsche Bank em Wall Street, a fala de Eisman deveria preceder a do ex-presidente do Conselho de Administração do Banco Central americano (o Fed), Alan Greenspan, e ele fazia par com um famoso investidor chamado Bill Miller — detentor de nada menos do que US$ 200 milhões em ações do Bear Stearns. Eisman pensou que era insano alguém colocar enormes somas de dinheiro em qualquer empresa de Wall Street. Sua opinião sobre Greenspan estava abaixo da crítica, o que significava dizer algo do tipo: "Acho que Alan Greenspan será considerado o pior presidente do Conselho do Fed da História", como afirmou Eisman quando teve a oportunidade de falar. "O fato de ele ter mantido as taxas de juros tão baixas durante tanto tempo é o de menos. Estou convencido de que ele sabia o que estava acontecendo no mundo do subprime e o ignorou, porque não era da sua conta se os consumidores estavam todos se ferrando. Tenho certa pena dele, porque o sujeito é esperto, mas estava errado em quase tudo."

Havia poucas pessoas importantes em Wall Street que Eisman não insultara, ou tentara insultar. Em um evento público em Hong Kong, após o presidente do Conselho do HSBC afirmar que os prejuízos subprime de seu banco estavam "contidos", Eisman levantou a mão e disse: "Você não acredita nisso, não é mesmo? Porque os registros estão todos alterados". Eisman chamou o analista do Bear Stearns, Gyan Sinha, um otimista sobre mercado subprime, ao seu escritório e o atacou de forma tão impiedosa que o vendedor do Bear Stearns ligou depois e reclamou.

— Gyan está irritado — disse ele.

— Diga para ele se acalmar — respondeu Eisman. — Nós nos divertimos!

No final de 2007, o Bear Stearns ainda assim convidou Eisman para um encontro informal e caloroso com o seu novo CEO, Alan Schwartz. *Natal com o Bear* foi o nome dado ao evento. Schwartz contou à plateia como o mercado de títulos subprime era "louco", pois ninguém chegava a um consenso sobre o preço desses títulos.

— E de quem é a culpa? — desafiou Eisman. — Foi isso que vocês *quiseram*. Para poder enganar os consumidores.

Ao que o CEO respondeu:

— Não quero fazer acusações.

Quais foram os grandes figurões de Wall Street que Eisman insultou era uma questão de saber a quem ele tivera acesso. Em 14 de março de 2008, ele foi convidado para se encontrar com um dos maiores e mais famosos investidores otimistas dos bancos de Wall Street, e com o ilustre ex-presidente do Fed. Foi um dia agitado nos mercados — havia rumores de que o Bear Stearns poderia estar com problemas — mas, tendo a escolha entre observar os mercados e observar Eisman, Danny

Moses, Vicent Daniel e Porter Collings não pensaram duas vezes. "Sejamos honestos", disse Vinny. "Entramos nessa por diversão." É como a luta entre Ali e Frasier. Por que você *não* gostaria de estar lá? Eles foram até a luta, mas pegaram assentos lá atrás, preparados para fugir.

Eisman sentou-se em uma longa mesa com o lendário Bill Miller. Miller falou durante três minutos talvez, e justificou seu investimento no Bear Stearns. "E agora é hora do nosso pessimista", anunciou Mike Mayo. "Steve Eisman."

"Eu preciso me levantar para falar", disse Eisman.

Miller falara sentado. O evento era mais uma discussão informal entre os participantes do painel do que uma apresentação propriamente dita, mas Eisman partiu para o púlpito. Notando a presença de sua mãe na terceira fila, mas ignorando seus sócios nos últimos assentos, junto de um grupo de vinte pessoas que seus sócios convidaram para a luta (ingresso grátis para Ali *vs.* Frasier!), ele iniciou uma dissecação razoável e implacável do sistema financeiro norte-americano. "Por que desta vez é diferente?" foi o título de sua apresentação, embora ele não precisasse fazer uma apresentação formal. "Estamos passando pela maior desalavancagem da história dos serviços financeiros e isso vai continuar *ad infinitum*", disse. "Não há outra solução, a não ser o tempo. Tempo para absorver a dor..."

Quando Eisman levantou, Danny afundou na cadeira, instintivamente. "Sempre existe a possibilidade do embaraço", afirmou Danny. "Mas é como presenciar um acidente de carro. Não é possível *não* olhar." À sua volta, todos estavam de olho em seus BlackBerrys. Queriam ouvir o que Steve tinha a dizer, mas o mercado de ações estava distraindo a atenção deles da apresentação. Às 9h13, enquanto ele ainda procurava o melhor local para falar diante de uma sala cheia, o Bear Stearns anunciou que recebera um empréstimo do J.P. Morgan. Nove minutos depois, durante a fala de Bill Miller, que explicou por que era tão bom deter ações do Bear Stearns, Alan Schwartz emitiu um comunicado à imprensa. "O Bear Stearns foi alvo de uma série de rumores relativos à nossa liquidez", começava a mensagem. *Liquidez.* Quando um executivo dizia que seu banco tinha muita liquidez, isso *sempre* queria dizer que ele não tinha.

Às 9h41, ou mais ou menos à mesma hora em que Eisman subiu ao púlpito, Danny vendeu algumas ações do Bear Stearns que Steve, por incrível que pareça, tinha comprado na noite anterior, a US$ 53 a ação. Eles ganharam uns trocados, mas ainda era surpreendente o fato de Eisman tê-las comprado, apesar das objeções de todo mundo. De vez em quando, ele fazia uma operação de curto prazo de tamanho trivial que contradizia totalmente tudo em que ele acreditava. Danny e Vinny acharam que o problema nesse caso era a afinidade do gestor com o banco, a empresa mais odiada de Wall Street, famosa principalmente por sua indiferença total à boa opinião de seus concorrentes. Eisman identificava-se com o lugar! "Ele sempre dizia que o Bear Stearns nunca poderia ser adquirido por ninguém, porque a cultura da empresa nunca conseguiria ser assimilada em qualquer outra coisa", disse Vinny. "Acho que ele via parte de si mesmo no banco." A esposa de Eisman, Valerie, tinha sua própria teoria. "É um antídoto estranho que ele tem contra a sua teoria de que 'o mundo vai explodir'", disse ela. "De vez em quando ele aparecia em casa com esse comportamento totalmente bizarro."

Quaisquer que fossem as origens psicológicas da urgência repentina, na tarde anterior, de comprar algumas ações do Bear Stearns, Danny estava satisfeito por ter se livrado da questão. Eisman explicava por que o mundo ia explodir, mas os seus sócios prestavam pouca atenção... justamente porque o mundo financeiro estava explodindo. "Na hora em que Steve começou a falar, as ações começaram a cair", disse Vinny. Enquanto Eisman explicava por que ninguém em sã consciência deveria deter as mesmas ações que ele comprara 16 horas antes, Danny disparou mensagens de texto para seus sócios.

9h49. Meu Deus... Bear a 47.

"Se [o sistema financeiro dos EUA] parece um esquema Ponzi, é porque é mesmo."

9h55. Bear a 43, último. Ah, meu Deus.

"Os bancos nos EUA estão apenas começando a lidar com os gigantescos problemas de empréstimos. Por exemplo, eu não seria dono de um único banco no estado da Flórida porque acho que todos podem ir para o espaço."

10h02. Bear a 29!!!

"As classes mais altas desse país violentaram a nação. Ferrando com as pessoas. Construindo um castelo para roubar todo mundo. Nem uma vez em todos esses anos conheci alguém dentro de uma grande empresa de Wall Street que tivesse crise de consciência. Ninguém nunca disse: 'Isso está errado'. E ninguém nunca deu a mínima para o que eu tinha a dizer."

Na verdade, Eisman não pronunciou essas palavras naquela manhã; só pensou nelas. E ele não sabia exatamente o que estava acontecendo no mercado de ações; não tinha como conferir o BlackBerry enquanto falava. Mas *enquanto falava*, um banco de investimento de Wall Street estava indo à falência, e o motivo não era fraude. A pergunta era óbvia: por quê?

O colapso do Bear Stearns mais tarde seria classificado como uma corrida ao banco e, em certo sentido, foi isso mesmo que aconteceu: outros bancos se recusavam a negociar com ele, os fundos de hedge retiravam suas contas. Foi questionado à época — e seis meses depois também — por que o mercado de repente deixou de confiar em uma empresa gigante de Wall Street cuja permanência era tida como certa há pouco tempo? A queda do banco era tão inconcebível em março de 2007 que a Cornwall Capital havia comprado seguro contra o colapso por menos de três décimos de 1%. Eles pagaram US$ 300 mil para lucrar US$ 105 milhões.

"Alavancagem" foi a resposta de Eisman nesse dia. Para gerar lucros, o Bear Stearns, como todas as outras empresas de Wall Street, estava fechando apostas cada vez mais especulativas sobre cada dólar de seu capital. Porém o problema era mais complicado do que isso. O problema também era a natureza dessas apostas especulativas.

O mercado de hipotecas subprime tinha experimentado pelo menos duas fases distintas. A primeira, na qual a AIG tinha assumido a maior parte do risco do colapso do mercado, durou até o final de 2005. Quando a AIG de repente mudou de ideia, operadores dentro da AIG FP presumiram que a decisão poderia acabar de uma vez por todas com o mercado hipotecário subprime.* Não foi isso o que aconteceu, obviamente. Wall Street já estava ganhando dinheiro demais usando CDOs para transformar títulos subprime BBB ruins em títulos AAA sem risco só para deixar de fazer isso. As pessoas que administravam a máquina de CDOs nas várias empresas adquiriram muita autoridade. Do final de 2005 até meados de 2007, as empresas do mercado financeiro criaram algo entre US$ 200 e US$ 400 bilhões em CDOs lastreadas em títulos subprime: ninguém sabia exatamente quantas havia. Vamos dizer US$ 300 bilhões, dos quais cerca de US$ 240 bilhões teriam sido AAA e, portanto, tratados para fins contábeis como se não tivessem risco algum nem necessidade de divulgação. A maioria, se não todos, era mantida fora do balanço.

---

* É interessante imaginar como o desastre teria se desenrolado se a AIG FP tivesse simplesmente assumido todo o risco. Se Wall Street, seguindo a liderança do Goldman Sachs, tivesse transferido todo o risco dos títulos hipotecários subprime para a AIG FP, o problema poderia muito bem ser classificado como não estando relacionado com Wall Street e como de única responsabilidade dessa bizarra companhia de seguros.

Em março de 2008, o mercado de ações havia entendido o que todo vendedor de títulos hipotecários já sabia há muito tempo: alguém tinha perdido pelo menos US$ 240 bilhões. Mas quem? O Morgan Stanley ainda detinha aproximadamente US$ 13 bilhões em CDOs, cortesia de Howie Hubler. Os idiotas na Alemanha detinham outra parte, Wing Chau e outros gestores de CDOs como ele detinham um pouco mais, embora não se soubesse exatamente de quem era o dinheiro que eles estavam usando para comprar os títulos. O Ambac Financial Group e a MBIA Inc., que há muito tempo ganhavam dinheiro com o seguro de títulos municipais, assumiram os negócios antes conduzidos pela AIG, e detinham cerca de US$ 10 bilhões cada. A verdade é que era impossível saber o tamanho do prejuízo, ou de quem era. Tudo o que se sabia era que qualquer empresa de Wall Street que estivesse envolvida com o mercado subprime provavelmente sofreria muito mais do que tinha coragem de confessar. O Bear Stearns estava até o pescoço no mercado subprime. Tinha US$ 40 em apostas nos seus títulos garantidos por hipotecas subprime para cada dólar de capital que detinha como garantia para essas apostas. A questão não era como o banco poderia falir, mas como poderia sobreviver.

Ao terminar a pequena apresentação e voltar para o seu assento, Steve Eisman passou por Bill Miller e lhe deu um tapinha nas costas, quase condescendente. Na breve sessão de perguntas e respostas que se seguiu, Miller destacou como seria improvável que o Bear Stearns falisse, porque até o momento os bancos de investimento de Wall Street foram à falência somente depois de serem pegos praticando atos ilegais. Eisman esbravejou: "São apenas 10h05. Dê tempo ao tempo." Exceto por isso, ele fora quase gentil. Na parte de trás da sala, Vinny e Danny sentiam a curiosa combinação de alívio e frustração que se segue a um furacão que passou bem perto de uma grande cidade.

Não foi Eisman que pesou o clima da sala, mas um sujeito lá de trás. Ele parecia ser bem jovem, na casa dos 20 e poucos anos, e, como todo mundo, não parou de consultar o BlackBerry enquanto Miller e Eisman faziam suas apresentações. "Sr. Miller", disse ele. "Desde que o senhor começou a falar, as ações do Bear Stearns caíram mais de 20 pontos. O senhor compraria mais agora?"

Miller parecia chocado. "Ele claramente não tinha ideia do que acontecera", disse Vinny. "Ele disse apenas: 'Sim, com certeza, eu compraria mais.'"

Depois disso, os homens na parte de trás da sala apressaram-se e saíram, ao que parecia para vender suas ações do Bear Stearns. Quando chegou a vez de Alan Greenspan falar, praticamente não havia ninguém interessado no que ele tinha a dizer. A plateia sumira. Na segunda-feira, o Bear Stearns já era, fora vendido para o J.P. Morgan por US$ 2 a ação.*

As pessoas que saem da estação do metrô na esquina da Madison Avenue com a rua 47 às 6h40 da manhã revelavam sua origem, se você soubesse identificar os sinais. Qualquer pessoa naquele lugar, àquela hora provavelmente trabalhava em Wall Street, por exemplo. Na Penn Station, onde o trem de Vincent Daniel chegava à mesma hora, não era tão fácil determinar a origem das pessoas. "O trem da manhã de Vinny vem com operários da construção civil, e apenas 55% dos passageiros são do setor financeiro", explicou Danny Moses. "Já no meu são 95%." Para o olhar não treinado, o pessoal de Wall Street que viaja dos subúrbios de Connecticut para a Grand Central Station era uma massa não diferenciada, mas, dentro dessa massa, Danny fazia muitas distinções importantes. Se estivessem usando BlackBerrys, provavelmente estariam ligados aos fundos de hedge, pois estariam verificando os ganhos e as perdas nos mercados asiáticos. Se dormiam no trem, provavelmente

* O que mais tarde foi revisado para US$ 10.

trabalhavam na ponta sell-side — corretores, que não têm participação alguma nas apostas. Quem carrega uma pasta ou bolsa provavelmente não estava no lado da venda, pois o único motivo para ter uma bolsa era levar consigo pesquisas de corretagem, e os corretores não liam seus próprios relatórios — pelo menos não em seu tempo livre. Quem quer que tivesse uma cópia do *New York Times* talvez fosse advogado, uma pessoa da administração ou alguém que trabalhava nos mercados financeiros sem realmente estar *no* mercado.

O jeito de se vestir também revelava muito sobre a origem das pessoas. Os caras do dinheiro se vestiam como se fossem a um jogo de beisebol dos Yankees. Seu desempenho financeiro era o que deveria importar, por isso, se estivessem bem-vestidos, levantaria suspeitas. Se você visse um sujeito da ponta buy-side em um terno, normalmente significava que ele estava em apuros ou com uma reunião marcada com alguém que lhe confiara seu dinheiro, ou ambos. A não ser por esses sinais, é difícil identificar alguém da ponta buy-side pelo seu modo de se vestir. Os caras da ponta sell-side, por outro lado, poderiam muito bem estar usando seus cartões de visita pendurados no pescoço: o fulano de blazer e calça cáqui era um corretor de uma empresa de segunda linha; o beltrano com o terno de US$ 3 mil e o cabelo arrumadinho era um banqueiro de investimentos do J.P. Morgan ou de algum lugar parecido. Danny podia adivinhar onde as pessoas trabalhavam pelo lugar que ocupavam no trem. O pessoal do Goldman Sachs, Deutsche Bank e Merrill Lynch, que ia para o centro da cidade, se acomodava na frente do vagão — mas quando Danny parou para pensar, percebeu que poucas pessoas do Goldman ainda andavam de trem. Todos tinham seus carros particulares. Os sujeitos dos fundos de hedge, tais como ele, trabalhavam na parte alta da cidade, então saíam na Grand Central Station na direção norte, onde apareciam táxis do nada para pegá-los, como trutas que pulam para fisgar a isca. O pessoal do Lehman Brothers e do Bear Stearns costumava pegar a mesma saída que ele, mas esses já eram. Por isso, às 6h40 do dia 18 de setembro de 2008, havia muito menos gente na esquina da rua 47 com a Madison Avenue do que um ano antes.

Danny observava vários pequenos detalhes de seus colegas do mundo financeiro — essa era sua função: observar pequenos detalhes. Eisman era o figurão. Vinny, o analista. Danny, como chefe de operações, era os olhos e ouvidos no mercado, sua fonte para o tipo de informação que nunca é veiculada ou escrita: rumores, o comportamento dos corretores sell-side, os padrões nas telas. Sua função era estar atento aos detalhes, ser rápido com os números — e evitar ser enganado.

Para isso, ele mantinha cinco telas de computador na sua mesa. Uma só com boletins de notícias, outra mostrava os movimentos a cada instante dentro de sua carteira, as outras três exibiam as conversas de Danny com cerca de quarenta corretores e colegas investidores de Wall Street. Sua caixa de e-mails continha 33 mil mensagens por mês. Para alguém de fora do mercado, essa torrente de detalhes insignificantes sobre os mercados financeiros seria desnorteante. Para Danny, fazia todo o sentido, desde que o próprio não precisasse dar um sentido para eles. Danny Moses era o homem dos detalhes.

Na quinta-feira, 18 de setembro de 2008, no entanto, a situação geral do mercado parecia tão instável que os detalhes se tornaram incoerentes para ele. Na segunda-feira, o Lehman Brothers pediu falência, e a Merrill Lynch, tendo anunciado US$ 55,2 bilhões em prejuízos nas CDOs lastreadas em títulos subprime, havia sido vendida para o Bank of America. Esta fora a maior queda no mercado de capitais dos Estados Unidos desde o primeiro dia de negociação após os ataques ao World Trade Center. Na terça-feira, o Federal Reserve anunciou que havia emprestado US$ 85 bilhões para a companhia de seguros AIG, para compensar os prejuízos nos CDSs que a companhia havia vendido para os bancos de Wall Street — o maior deles era o de US$ 13,9 bilhões que a AIG devia ao Goldman Sachs. Quando acrescentamos os US$ 8,4 bilhões em dinheiro que a AIG já havia transferido para o Goldman em garantias reais, vemos que o banco tinha transferido mais de US$ 20 bilhões em risco de títulos hipotecários subprime para a companhia de seguros, risco esse que estava, de um modo ou de outro, sendo coberto pelo contribuinte norte-americano. Esse fato por si só era suficiente para fazer todo mundo se perguntar quantos casos semelhantes havia no mercado e quem era o devedor.

O Fed e o Tesouro norte-americano faziam de tudo para acalmar os investidores, mas, obviamente, na quarta-feira ninguém estava calmo. Um fundo de curto prazo chamado Reserve Primary Fund anunciou que tinha perdido dinheiro suficiente em empréstimos de curto prazo para o Lehman Brothers, cujos investidores provavelmente não receberiam todo seu dinheiro de volta, e congelou os resgates. Instrumentos financeiros de curto prazo não eram sinônimos de dinheiro — pagavam juros e por isso envolviam riscos —, mas, até aquele momento, eles eram considerados sinônimos. *Não dava mais para confiar no próprio dinheiro*. Em todo o mundo, as grandes empresas começaram a tirar seu dinheiro dos fundos de curto prazo, e as taxas de juros de curto prazo alcançaram um número inédito. A Média Industrial Dow Jones tinha caído 449 pontos, atingindo seu menor nível em quatro anos, e a maior parte das notícias de movimentação no mercado vinha não do setor privado, mas das autoridades do governo. Às 6h50 de quinta-feira, quando Danny chegou ao trabalho, soube que o principal regulador financeiro britânico estava considerando banir a venda a descoberto — uma ação que, entre outras, acabaria com os fundos de hedge — mas isso era pouco para explicar o que estava acontecendo no mercado. “A bruxa estava solta de uma forma que eu nunca vira antes na minha carreira”, disse Danny.

A FrontPoint estava perfeitamente posicionada para este momento. Por meio de um acordo com seus investidores, o fundo poderia estar com uma posição vendida líquida de 25% ou uma posição comprada líquida de 50% no mercado de ações, e as posições brutas nunca excederiam 200%. Por exemplo, para cada US$ 100 milhões que fossem investir, poderiam estar com uma posição vendida líquida de US$ 25 milhões, ou comprada líquida de US$ 50 milhões — e todas as suas apostas combinadas nunca ultrapassariam US$ 200 milhões. Não havia nada no acordo sobre os CDSs, mas isso não importava mais. ("Nunca conseguimos um jeito de incluí-los", disse Eisman.) Venderam os últimos CDSs para Greg Lippmann dois meses antes, no início de julho. E voltaram a ser investidores do mercado de ações.

Naquele momento, assumiram praticamente a maior posição vendida que lhes era permitida, e todas as apostas eram contra os bancos, justamente as instituições que estavam quebrando mais rápido: minutos após a abertura do mercado, estavam com uma alta de US$ 10 milhões. As posições vendidas caíam e as posições compradas — principalmente nos bancos menores que saíram do mercado subprime — tinham queda menor. Danny deveria estar nas nuvens. Tudo que eles imaginaram que aconteceria estava acontecendo de fato. No entanto, ele não estava feliz; estava ansioso. Às 10h30, uma hora depois do início do pregão, todas as ações entraram em queda livre, quer merecessem ou não. "Todas essas informações me passavam pela cabeça. Eu deveria saber transmiti-las. Os preços moviam-se tão rapidamente que não conseguia chegar a um valor. Parecia um buraco negro. O abismo."

Fazia quatro dias que o Lehman Brothers pedira falência, mas os efeitos mais intensos do colapso estavam sendo sentidos naquele momento. As ações do Morgan Stanley e do Goldman Sachs estavam afundando, e era claro que ninguém além do governo norte-americano poderia salvá-los. "Era o equivalente ao fim de um terremoto e, muito tempo depois, à chegada do tsunami", disse ele. A vida de negociações de Danny era uma disputa entre eles, mas neste caso, parecia mais um combate entre os homens e a natureza: as CDOs sintéticas tinham se tornado um desastre natural sintético. "Em geral, você acha que tem condições de controlar o seu ambiente", afirmou Danny. "Você é bom porque sabe o que está acontecendo. Naquela época, não fazia diferença o que eu sabia. Toda intuição tinha ido por água abaixo."

A FrontPoint talvez tivesse umas setenta apostas diferentes em vários mercados de ações em todo o mundo. Todas eram em instituições financeiras. Danny lutou para mantê-las, mas não conseguiu. Eles detinham ações no KeyBank e operavam vendido as ações do Bank of America, ambos fazendo coisas que nunca fizeram antes. "Não havia lances no mercado para nada. Não existia mais mercado. Foi só então que percebi a existência de um problema maior do que apenas a nossa carteira. Os princípios básicos não importavam. As ações iriam subir ou descer com base em pura emoção e especulação sobre o que o governo faria." A preocupação mais perturbadora que o afligia no momento era a possibilidade de o Morgan Stanley falir. O fundo deles era de propriedade desse banco. Praticamente não tinham relação alguma com o Morgan Stanley e sentiam pouca afinidade com o lugar. Não agiam nem se sentiam como empregados da instituição — Eisman muitas vezes comentava o quanto queria ter permissão para vender a descoberto as ações do Morgan Stanley. Eles sentiam e agiam como se fossem gestores de seu próprio fundo. Entretanto, se o Morgan Stanley falisse, a participação deles no fundo acabaria como um ativo em um processo de falência. "Estava pensando aqui: temos o mundo nas mãos, e a empresa para a qual trabalhamos está falindo?"

Então, Danny percebeu que algo estava muito errado consigo mesmo. Um pouco antes das 11 horas, linhas pretas onduladas começaram a aparecer no espaço entre seus olhos e a tela do computador. A tela parecia estar falhando. "Senti uma dor lancinante na cabeça", disse Danny. "Eu normalmente não tenho dor de cabeça. Pensei que estava tendo um aneurisma." Tomou consciência de seu coração: olhou para baixo e conseguiu ver o coração batendo em seu peito. "Passei a manhã tentando controlar toda essa energia e todas essas informações e perdi o controle", explicou.

Ele já havia passado por essa experiência antes. Em Onze de setembro de 2001, às 8h46 da manhã, ele estava em sua mesa no último andar do World Financial Center. "Sabe quando você está no centro da cidade e passa um caminhão de lixo e você reclama: 'Que porra é essa?'" Até alguém lhe dizer que era um avião que batera na Torre norte, ele achara que o primeiro avião era um desses caminhões. Danny se aproximou da janela para olhar para o prédio do outro lado da rua. Um avião pequeno não teria sido grande o suficiente ou forte o suficiente para fazer todo aquele estrago, em sua opinião; e esperava ver a outra ponta saindo pela lateral do prédio. Ele só conseguia ver o buraco negro e fumaça. "Meu primeiro pensamento foi: 'Isso não foi acidente. De jeito nenhum.'" Ele ainda estava trabalhando na Oppenheimer and Co. — Steve e Vinny já tinham ido embora — e uma voz com tom de autoridade saía pelo alto-falante para anunciar que ninguém deveria deixar o prédio. Danny continuou na janela. "Foi aí que as pessoas começaram a pular", declarou. "Corpos estavam caindo." Barulho de outro "caminhão de lixo". "No choque do segundo avião, eu me mandei." Quando chegou ao elevador, viu-se escoltando duas mulheres grávidas. Caminhou com elas, deixou uma no apartamento dela na 14th Street e a outra no Plaza Hotel e depois voltou para casa a pé, para encontrar sua esposa grávida na 72th Street.

Quatro dias mais tarde, ele estava saindo, ou melhor, fugindo de Nova York com a esposa e o filho pequeno. Estavam na rodovia à noite no meio de uma tempestade quando teve a certeza de que uma árvore cairia e esmagaria o carro. Ele começou a tremer e a suar de puro terror. As árvores estavam a quase 50 metros de distância: nunca alcançariam o veículo. "Você precisa se tratar", disse a esposa, e ele concordou. Ele pensou que talvez houvesse algo de errado com o seu coração e passou metade do dia ligado a uma máquina de eletrocardiograma. Perder o autocontrole o deixava sem graça — preferia não falar sobre o assunto. Ficou profundamente aliviado quando os ataques se tornaram menos frequentes e menos graves. Meses depois do ataque terrorista, tinham sumido por completo.

Em 18 de setembro de 2008, Danny não conseguiu fazer a conexão entre como se sentiu em 2001 e como se sentia naquele instante. Então levantou-se da sua mesa e procurou alguém. Eisman normalmente sentava-se à sua frente, mas ele estava em alguma conferência qualquer tentando captar dinheiro — o que mostrou como eles estavam desprevenidos para a chegada do momento para o qual achavam estar preparados para enfrentar. Danny virou-se para o colega ao seu lado. "Porter, acho que estou tendo um ataque cardíaco", disse ele.

Porter Collins riu e respondeu: "Não, você não está." Uma carreira como remador olímpico havia tornado Porter imune à dor dos outros, pois ele achava que ninguém sabia o que era dor.

"Não", disse Danny. "Eu preciso ir ao hospital." Seu rosto ficara pálido, mas ainda conseguia ficar de pé. Será que era grave? Danny era sempre um pouco exagerado.

"É por isso que ele é bom no que faz", disse Porter. "Eu continuava dizendo: 'Você não está tendo um ataque cardíaco.' Em seguida, ele parou de falar. E eu disse: 'OK, talvez esteja.'" Na verdade, isso não ajudou muito. Meio cambaleante, Danny se voltou para Vinny, que estava vendo tudo da outra extremidade da comprida mesa de operações e pensando em chamar uma ambulância.

"Tenho que sair daqui agora", disse Danny.

A aposta da Cornwall Capital contra os títulos hipotecários subprime havia quadruplicado o seu capital, de um pouco mais de US$ 30 milhões para US$ 135 milhões, mas seus três fundadores nunca tiveram tempo para comemorar. "Nossa preocupação era onde guardar o dinheiro em um local seguro", disse Ben Hockett. Antes, não tinham recursos. Agora, estavam ricos, mas temiam não ter condições de preservar sua riqueza. Um pouco atormentados por natureza, estavam ainda piores pela própria situação. Eles passavam horas pensando em como pessoas que estiveram tão sensacionalmente certas (ou seja, eles mesmos) poderiam preservar a capacidade de questionar e duvidar e arriscar que permitia que eles estivessem certos. Quanto mais autoconfiante e mais certo de seus julgamentos você estivesse, mais difícil seria encontrar oportunidades com base na noção de que você estava, no final das contas, provavelmente errado.

A aposta de grande risco era, de certo modo, um jogo para jovens. Charlie Ledley e Jamie Mai não se sentiam mais tão jovens, nem agiam como tal. Charlie começou a sofrer de enxaquecas e estava consumido pelo que poderia acontecer depois. "Acho que existe algo assustador em nossa democracia", disse Charlie. "Acho que as pessoas têm a impressão de que o sistema é fraudulento, e é difícil argumentar o contrário." Ele e Jamie dedicavam uma parcela surpreendente de seu tempo e energia pensando em formas de atacar o que consideravam ser um sistema financeiro profundamente corrupto. Bolaram um plano para se vingar das agências de classificação de risco, por exemplo. Constituiriam uma pessoa jurídica sem fins lucrativos com o único propósito de processar a Moody's e a S&P, e doariam os ganhos aos investidores que perderam dinheiro investindo em títulos classificados como AAA.

Como disse Jamie: "Nosso plano era procurar os investidores e dizer: 'Vocês não sabem o quanto estão ferrados. Vocês realmente deveriam processar as agências'". Tiveram tantas experiências ruins com as grandes empresas de Wall Street e as pessoas que dependiam delas para viver, que temiam compartilhar a ideia com algum advogado de Nova York. Foram para Portland, no Maine, e encontraram uma firma de advocacia que ouviu a história deles. "O pessoal lá disse: 'Vocês estão loucos'", afirmou Charlie. Segundo os advogados do Maine, processar as agências de classificação pela imprecisão de suas classificações seria como processar a revista *Motor Trend* por elogiar ou promover um carro que acabou se envolvendo em um acidente.

Charlie conhecia um famoso historiador de crises financeiras, um ex-professor seu, e ligou para ele. "Esses telefonemas em geral eram feitos tarde da noite", diz o historiador, que preferiu ficar anônimo. "E continuariam durante um longo tempo. Lembro que ele começava perguntando: 'Você sabe o que é uma "CDO mezanino?' e passava a explicar como tudo funcionava." Ou seja, como os bancos de investimento de Wall Street de algum modo enganaram as agências de classificação para que abençoassem pilhas de empréstimos ruins; como isso permitiu o empréstimo de trilhões de dólares a cidadãos comuns; como estes obedeceram satisfeitos e contaram as mentiras necessárias para obter os empréstimos; como a máquina que transformara os empréstimos em títulos supostamente sem risco era tão complicada que os investidores pararam de avaliar os riscos; como o problema tinha crescido de forma que o final tendia a ser cataclísmico e deixar profundas consequências sociais e políticas. "Ele queria compartilhar suas ideias", disse o historiador, "e ver se eu o considerava louco. Perguntou se o Fed compraria hipotecas e eu disse que achava muito improvável. Teria que ser uma calamidade de proporções colossais para que o Fed sequer considerasse fazer algo desse tipo." O que chamou a atenção do distinto historiador financeiro, além dos fatos alarmantes do caso, foi que... tudo isso era novidade para ele. "Se eu imaginava que Charlie Ledley teria previsto a maior crise financeira desde a Grande Depressão?", comentou. "Não." Não que Charlie fosse bobo; longe disso. Era que Ledley não atuava nessa área. "Ele não era nem um pouco materialista", afirmou o professor. "Não é impulsionado por dinheiro de maneira óbvia. Ele ficava zangado, considerava tudo no nível pessoal."

Mesmo assim, na manhã de 18 de setembro de 2008, Charlie Ledley ainda se surpreendeu. Ele e Jamie normalmente não ficavam diante de suas telas ligadas na Bloomberg observando as notícias se desenrolarem, mas, na quarta-feira, dia 17, era isso que estavam fazendo. Os prejuízos anunciados pelas grandes empresas de Wall Street nos títulos hipotecários subprime começaram altos e continuaram a crescer. O Merrill Lynch, que começou afirmando que tinha US$ 7 bilhões de prejuízo, dizia que esse número excedia US$ 50 bilhões. O Citigroup parecia ter cerca de US$ 60 bilhões. O Morgan Stanley teve seu próprio baque de mais de US$ 9 bilhões, e sabe-se lá se parou por aí. "Nossa interpretação sobre o que estava acontecendo era completamente equivocada", disse Charlie. "Sempre achamos que elas vendiam as CDOs AAA para empresas tipo Korean Farmers Corporation. O jeito como todos estavam quebrando mostrava que não era esse o caso. Essas grandes instituições ficavam com eles."

As grandes empresas de Wall Street, aparentemente tão espertas e egoístas, tinham se tornado investidores ingênuos. Seus administradores não entendiam o próprio negócio, e os reguladores sabiam menos ainda. Charlie e Jamie sempre partiram do pressuposto de que havia alguém de peso à frente do sistema financeiro que eles nunca conheceram; agora, percebiam que isso não existia. "Nunca estivemos dentro da barriga", disse Charlie. "Víamos os corpos sendo retirados. Mas nunca estivemos lá dentro." Uma manchete da Bloomberg News chamou a atenção de Jamie e o surpreendeu: "Líder da maioria do Senado sobre a crise: ninguém sabe o que fazer."

Logo no início, muito antes que outras pessoas entendessem sua visão de mundo, Michael Burry percebera como era mórbido transformar sua carteira de investimentos em uma aposta no colapso do sistema financeiro. Só depois que fez fortuna com esse colapso, Burry começou a pensar sobre as dimensões sociais de sua estratégia financeira — e imaginar se a opinião das pessoas a seu respeito poderia um dia ser distorcida, assim como fora sua visão do sistema financeiro. Em 19 de junho de 2008, três meses após o colapso do Bear Stearns, Ralph

Cioffi e Matthew Tannin, os dois administradores dos fundos de hedge subprime falidos do Bear Stearns, foram presos pelo FBI e levados de casa algemados.* Mais tarde, naquela noite, Burry mandou um e-mail para o advogado da empresa, Steve Druskin. "Cá entre nós, este caso é uma enorme fonte de estresse para mim. Estou preocupado porque sou volátil o suficiente para enviar e-mails que podem ser usados fora de contexto de maneira a me comprometer, mesmo que as minhas ações e os resultados finais tenham sido inteiramente corretos... Não consigo imaginar como eu toleraria ser preso sem ter feito nada de errado, a não ser ter pouco cuidado ao não filtrar meus pensamentos durante os momentos difíceis na hora de escrever meus e-mails. Na verdade, estou tão preocupado com isso hoje que comecei a pensar seriamente em encerrar os fundos de vez."

Burry estava procurando motivos para abandonar a gestão de investimentos. Seus investidores o ajudaram nisso: ele ganhara muito dinheiro para eles, mas eles não pareciam se sentir compensados pelas emoções vividas nos últimos três anos. Em 30 de junho de 2008, qualquer investidor que tivesse ficado com a Scion Capital desde o início, em 1º de novembro de 2000, teria ganhado, descontados os impostos e despesas, 489,34%. (O ganho bruto do fundo fora 726%.) Ao longo do mesmo período, o índice S&P 500 retornou apenas um pouco mais de 2%. Somente em 2007, Burry rendera aos seus investidores US$ 750 milhões —

* O processo instaurado pelo departamento de Justiça norte-americano contra Cioffi e Tannin buscava provar que os dois sabidamente enganaram seus investidores, subestimando a possibilidade de que eles não tinham a menor ideia do que estavam fazendo e não conseguiram entender o risco real de uma CDO lastreada em um título subprime AAA. O caso era fraco e se valeu de alguns e-mails tirados de contexto. Uma jurada que votou pela absolvição dos negociantes de títulos subprime do Bear Stearns contou à Bloomberg News mais tarde não só que ela achava que eles eram inocentes das acusações, como também que ela investiria seu dinheiro com eles sem medo.

e agora ele tinha apenas US$ 600 milhões sob seu comando. Os pedidos de resgate dos investidores foram firmes e rápidos. Nenhum novo investidor ligou — nenhunzinho. Ninguém ligou para perguntar sobre suas visões de mundo ou suas previsões para o futuro. Pelo que via, ninguém nem sequer parecia interessado em saber como ele fez o que fez. "Nunca fomos muito populares", escreveu Burry.

Ele ficava revoltado ao ver que quem recebia crédito por entender melhor a situação eram aqueles que bajulavam a mídia. Nenhum negócio poderia ser mais objetivo do que a gestão de investimentos, e ainda assim, mesmo neste ramo, os fatos e a lógica eram subjugados pela nebulosa dimensão social das coisas. "Confesso que fiquei impressionado com o número de pessoas que hoje dizem ter previsto o desastre dos títulos subprime, o boom das commodities e a crise econômica", escreveu Burry, em abril de 2008, aos investidores remanescentes. "E se não dizem isso com todas as letras, o fazem aparecendo na TV e dando entrevistas a jornalistas, alardeando para todos sua própria confiança no que vai acontecer em seguida. Sem dúvida, essas pessoas nunca terão coragem de dizer o que acontecerá no futuro, uma vez que estavam erradas com relação ao que aconteceu no passado, certo? Eu não me lembro de tanta gente assim concordando comigo naquela época." Era quase como se fosse um ponto contra ele o fato de ter estado certo o tempo todo — sua presença deixava muitas pessoas desconfortáveis. Uma revista de negócios publicou uma lista dos 75 principais fundos de hedge de 2007, e a Scion não aparecia em lugar algum — embora seus retornos a colocassem no topo ou muito perto do topo da lista. "Era como se pegassem um nadador olímpico e o colocassem para nadar em uma piscina separada", disse Burry. "Com o tempo dele, ele ganharia a medalha de ouro. Mas ele ficou sem medalha alguma. Sinceramente, acho que foi isso o que pegou para mim. Eu estava atrás de reconhecimento. Não havia nenhum. Eu treinei para participar das Olimpíadas e eles me colocaram na Paralímpiada." Alguns dos investidores remanescentes perguntaram por que ele não fora mais agressivo em suas relações públicas — como se isso fosse parte do negócio!

No início de outubro de 2008, depois de o governo norte-americano ter se manifestado no sentido de que absorveria todos os prejuízos do sistema financeiro e, assim, evitaria que as grandes empresas de Wall Street falissem, Burry começou a comprar ações com entusiasmo, pela primeira vez em anos. O estímulo levaria à inflação, pensou, mas também a um rápido aumento nos preços das ações. Ele poderia se adiantar, é claro, e as ações talvez caíssem um pouco antes da alta, mas isso não importava muito: o valor estava ali, e a aposta funcionaria a longo prazo. Imediatamente, seu maior investidor remanescente, que tinha US$ 150 milhões no fundo, questionou sua avaliação e ameaçou sacar o dinheiro.

Em 27 de outubro, Mike ligou para um de seus dois amigos virtuais. "Estou liquidando as posições hoje à noite. Acredito ter chegado ao ponto de virada. Ainda não comi nada hoje, não estou dormindo, estou sem falar com meus filhos e a minha mulher, estou quebrado. A síndrome de Asperger me deu alguns grandes dons, mas a vida tem sido difícil demais há um bom tempo por causa disso." Na sexta-feira à tarde, no início de novembro, Burry sentiu dores no peito e foi parar na emergência. Havia tido um pico de pressão. "Eu sentia como se estivesse abreviando minha vida", ele escreveu. Uma semana depois, em 12 de novembro, enviou sua última carta aos investidores. "Tenho sido levado ao limite por minhas próprias ações, pelos investidores do fundo, sócios e até mesmo ex-funcionários", escreveu Burry. "Eu sempre consegui me controlar e levar adiante meu intenso caso com esse negócio. Agora, no entanto, estou enfrentando problemas pessoais que me fizeram passar dos limites, e cheguei à triste conclusão de que terei que encerrar o fundo." Com isso, ele sumiu, deixando muita gente imaginando o que de fato aconteceu.

O que aconteceu foi que Burry estava certo, o mundo estava errado, e o mundo odiava ele por isso. E, assim, Michael Burry terminou onde começara: sozinho e confortado pela sua solidão. Ele permaneceu em seu escritório em Cupertino, no estado da Califórnia, grande o suficiente para uma equipe de 25 pessoas, mas o fundo foi encerrado e o escritório ficou vazio. O último a sair foi o advogado Steve Druskin, e uma das últimas ações dele foi descobrir o que fazer com as CDSs de títulos hipotecários subprime. "Mike guardara alguns para si, só por diversão", disse o advogado. "Só alguns deles. Só para ver se receberia o que lhe era devido." E fez isso mesmo, não por diversão, mas por vingança: para provar ao mundo que os títulos com grau de investimento contra os quais havia apostado de fato não tinham valor algum. As duas apostas que ele guardara eram títulos subprime criados em 2005 pelo Lehman Brothers. Tinham ido a zero ao mesmo tempo que seu criador. Burry aplicara aproximadamente US$ 100 mil em cada, e lucrou US$ 5 milhões.

O problema, do ponto de vista de um advogado encarregado de fechar um fundo de investimento, era que esses estranhos contratos só expirariam em 2035. Os corretores vinham pagando integralmente: 100 centavos por dólar. Nenhuma empresa de Wall Street se mexia para mandar cotações para eles. "Não recebo extratos dos corretores dizendo que temos uma posição em aberto com eles", disse Druskin. "Mas temos. É como se ninguém quisesse mais falar sobre esse assunto. É como se dissessem: 'Tudo bem, aqui estão os seus US$ 10 milhões. Não me perturbe mais com isso.'"

Em Wall Street, os advogados desempenham a mesma função que os médicos em tempos de guerra: entram em cena depois do tiroteio para limpar a lambança. Contratos de trinta anos que tinham algum risco remoto técnico de reembolso — exatamente o que era esse risco ele ainda estava tentando determinar — eram a última lambança de Michael Burry. "Talvez os corretores tenham jogado fora os contratos", disse Druskin. "Há três anos, ninguém esperava que isso acontecesse no lado da corretagem. Por isso, ninguém foi treinado para lidar com essa situação. A gente disse simplesmente: 'Vamos encerrar o negócio' e eles disseram 'OK.'"

Quando recebeu o telefonema de Danny Moses dizendo que talvez estivesse tendo um infarto e que ele, Vinny e Porter estavam sentados nos degraus da Catedral de St. Patrick, Eisman estava em meio a uma lenta e quase menopáusica mudança. Não estava preparado para sua primeira onda de calor, no final de outubro de 2007. Na época, tinha ficado claro que ele estava certo e que todo mundo estava errado, e que ele tinha ficado rico com isso. Ele participou de uma conferência organizada pelo Merrill Lynch logo após a demissão do CEO, Stan O'Neal, e a divulgação de aproximadamente US$ 20 bilhões do prejuízo de US$ 52 bilhões relacionado ao mercado subprime. Ali, ele se aproximou do CFO do Merrill, Jeff Edwards, o mesmo que havia provocado, alguns meses antes, sobre os modelos de risco da instituição. "Lembra do que eu disse sobre os seus modelos de risco?", disse Eisman. "Acho que eu estava certo, hein?" Instantanea e surpreendentemente, ele se arrependeu de ter dito isso. "Eu me senti mal", disse Eisman. "Fui agressivo. Ele era um cara legal; só estava errado. Eu não era mais um perdedor. Tinha que me comportar de outro modo."

Valerie Feigen observava um tanto confusa seu marido adquirir, aos poucos, aos trancos e barrancos, uma característica que se assemelhava a tato. "Houve um vácuo depois que tudo aconteceu", disse Valerie. "Assim que ficou claro que ele estava certo, toda a sua ansiedade, raiva e energia foram embora. E deixaram um grande vácuo. Steve passou por um período egocêntrico. Ele realmente estava se achando o tal." Eisman tinha sido tão veemente sobre o inevitável desastre que as pessoas mais improváveis queriam ouvir o que ele tinha a dizer. Após a conferência em Las Vegas, ele voltara com um parasita. Disse ao médico que o mundo financeiro estava prestes a ruir. Um ano mais tarde, ele voltou ao mesmo médico para fazer uma colonoscopia. Esticado na mesa, ouviu o médico dizer: "Aqui está o cara que previu a crise! Venham aqui e ouçam isso." E no meio da colonoscopia de Eisman, uma sala cheia de médicos e enfermeiros recontou a história de seu feito genial.

A história do gênio rapidamente cansou a esposa. Há muito tempo, Valerie havia estabelecido um tipo de força-tarefa de emergência social para Steve com o terapeuta do marido. "A gente deu uma surra nele e disse 'Você tem que parar com isso.' E ele conseguiu. Começou a ser gentil. E gostou do resultado! Era uma nova experiência para ele." À sua volta, ela e outros encontravam provas circunstanciais de um homem mudado. A festa de Natal do prédio ao lado foi um exemplo. Ela não queria que o marido nem sequer soubesse da festa, porque nunca sabia exatamente o que ele poderia fazer ou dizer. "Eu estava tentando dar uma escapadinha de nosso apartamento", disse Valerie. "E ele me parou e disse: 'Será que vai pegar mal se eu não for?'" A sinceridade da preocupação dele a chocou e fez com que ela lhe desse uma chance. "Você pode ir, mas precisa se comportar", disse ela. Ao que Eisman respondeu: "Bem, eu agora sei me comportar." Assim, ela o levou à festa de Natal e ele se comportou muito bem. "Ele ficou todo simpático", disse Valerie. "Vai entender."

Na tarde daquele 18 de setembro de 2008, um novo — e possivelmente melhor — Eisman caminhava devagar até os degraus da Catedral de St. Patrick. Ir a pé a algum lugar sempre demorava demais para ele. "Steve anda sempre tão devagar", reclamava Danny. "Ele caminha como um elefante caminharia se tivesse condições de dar passos humanos." O tempo estava perfeito — um daqueles raros dias em que o céu azul aparece em meio à selva de arranha-céus e aquece a alma. "Nós ficamos sentados", disse Danny, "vendo as pessoas passarem."

Ficaram sentados nos degraus da catedral durante mais ou menos uma hora. "Estávamos estranhamente calmos naquele momento", conta Danny. "Sentíamos resguardados da realidade do mercado. Foi uma experiência surreal. Observamos as pessoas passarem e conversamos sobre o que poderia acontecer depois. Quantas dessas pessoas perderiam seus empregos? Quem alugaria esses prédios depois da falência de todas as empresas de Wall Street?"

Porter Collins pensou que "era como se o mundo tivesse parado. Estávamos olhando para aquela gente e pensando: 'Essas pessoas estão falidas ou prestes a falir'". Fora isso, não havia muito mais a dizer na FrontPoint. Era isso que eles esperavam: o colapso total.

"O setor dos bancos de investimento está ferrado", dissera Eisman seis semanas antes. "Esses caras só agora estão começando a entender o quanto estão ferrados. É como ser escolástico antes de Newton. Newton aparece e um dia você acorda e percebe 'Caramba, estou errado!'" O Lehman Brothers quebrou, o Merrill se rendeu e o Goldman Sachs e o Morgan Stanley estavam apenas a uma semana de deixarem de ser bancos de investimento. Essas instituições não estavam apenas ferradas: foram extintas. "O fato de Wall Street ter quebrado por causa disso se chama *justiça*", disse Eisman. O único entre eles que lutava um pouco contra o seu papel — como sujeitos que ganharam uma fortuna apostando contra a própria sociedade — foi Vincent Daniel. "Vinny, sendo do Queens, precisa ver o lado obscuro de tudo", afirmou Eisman.

Vinny respondeu então: "O que não gostamos nisso tudo é que, ao operarmos vendido nesse mercado, estávamos criando a liquidez para mantê-lo funcionando."

"Era como alimentar o monstro", disse Eisman. "Alimentamos até ele explodir."

O monstro estava explodindo. No entanto, nas ruas de Manhattan, não havia sinais de que nada de importante acontecera. A força que afetaria suas vidas para sempre estava oculta. Esse era o problema com o dinheiro: o que as pessoas faziam com ele tinha consequências, mas eram tão distantes da ação original que a mente nunca conseguia fazer a ligação entre elas. Os empréstimos com "taxas teaser" de juros que foram feitos a pessoas que nunca teriam condições de pagá-los não estourariam imediatamente, mas depois de dois anos, quando as taxas de juros subissem. Os vários títulos criados a partir desses empréstimos cairiam não quando os empréstimos se tornassem irrecuperáveis, mas meses depois, após muitas tediosas execuções e falências e vendas forçadas. As várias CDOs criadas a partir dos títulos não falhariam naquele instante, mas depois que algum trustee descobrir se haveria ou não dinheiro suficiente para pagá-las. Era quando o proprietário da CDO recebesse um pequeno bilhete: *Prezado senhor, lamentamos informar que o seu título não existe mais...* Porém o maior descompasso de todos estava bem ali, nas ruas. Quanto tempo levaria até que as pessoas que passavam em frente à Catedral de St. Patrick descobrissem o que tinha acabado de acontecer com elas?

EPÍLOGO

Tudo está interligado

Quase na hora em que Eisman e seus sócios estavam nos degraus da catedral, eu estava em um banquinho do outro lado da cidade, aguardando a chegada de John Gutfreund, meu antigo chefe, para o almoço, e imaginando, entre outras coisas, por que dois homens sem o menor interesse em estabelecer contato se encontrariam em um restaurante.

Quando publiquei meu livro sobre a década financeira de 1980, esse período supostamente estava acabando. Recebi muito crédito imerecido pelo meu timing. A inquietação social causada pelo colapso do setor de poupança e empréstimo e o aumento das aquisições hostis de controle acionário e das aquisições alavancadas tinham dado lugar a um breve período de recriminações. Assim como a maioria dos alunos da Ohio University leram *O jogo da mentira* como um manual de instruções, a maior parte dos apresentadores de TV e rádio me viam como alguém que bota a boca no trombone. (Geraldo Rivera foi a grande exceção. Ele me incluiu em um programa com atores mirins que acabaram se tornando viciados em drogas, chamado *People Who Succeed Too Early in Life* [Pessoas que venceram muito cedo na vida, em tradução livre].) Os sentimentos anti-Wall Street estavam tão exaltados a ponto de sustentar a carreira política de Rudolph Giuliani, porém o resultado mais parecia uma caça às bruxas do que uma reavaliação honesta da ordem financeira. O linchamento público de Michael Milken e, depois, do CEO do Salomon Brothers, Gutfreund, foram desculpas para não lidar com as perturbadoras forças que sustentaram sua ascensão. O mesmo vale para a limpeza da cultura de negociação em Wall Street. As empresas logo estariam desdenhando grosserias, forçando os empregados do sexo masculino a tratar as mulheres como iguais e despedindo os operadores simplesmente por olhar para uma *stripper*. O Bear Stearns e o Lehman Brothers em 2008 tinham mais cara de empresas normais com sólidos valores da classe média norte-americana do que qualquer empresa de Wall Street por volta de 1985.

As mudanças eram camuflagem. Ajudaram a desviar o foco das pessoas de fora do meio do verdadeiro sacrilégio: a defasagem cada vez maior entre os interesses de quem traficava no mundo do risco financeiro e a cultura mais ampla. A superfície tremia, mas lá no fundo o mar de bonificações permanecia inalterado.

O motivo pelo qual a cultura financeira americana era tão difícil de mudar — o motivo pelo qual seria tão difícil impor uma mudança política nesse cenário, mesmo depois da catástrofe das hipotecas subprime — era o fato de ela ter demorado muito para se consolidar e de seus pressupostos estarem profundamente enraizados. Havia um cordão umbilical ligando a barriga do monstro destruído até a década financeira de 1980. A crise de 2008 tinha raízes não só nos empréstimos subprime realizados em 2005, mas nas ideias desenvolvidas em 1985. Um amigo meu que participou de meu programa de treinamento no

Salomon Brothers criou o primeiro derivativo hipotecário em 1986, um ano após deixarmos o programa. ("Derivativos são como armas", ele ainda gosta de dizer, "o problema não são os instrumentos, mas quem os está usando".) A CDO de mezanino foi inventada pelo departamento de títulos ruins de Michael Milken, da Drexel Burnhman, em 1987. A primeira CDO lastreada em hipoteca foi criada no Credit Suisse em 2000, por um operador que passara seus anos de formação, na década de 1980 e início da década de 1990, no departamento de hipotecas do Salomon Brothers. Seu nome era Andy Stone e, além de sua conexão intelectual com a crise dos subprime, havia outra ligação de caráter pessoal: ele foi o primeiro chefe de Greg Lippmann em Wall Street.

Desde que eu saíra de Wall Street, não vira mais Gutfreund. Eu o encontrava algumas vezes nas mesas de operações, sempre em situações tensas. Alguns meses antes de eu pedir demissão, meus chefes me pediram para explicar ao CEO o que, na época, pareciam ser operações exóticas em derivativos que eu havia feito com um fundo de hedge europeu, e eu tentei. Ele alegou que não era inteligente o suficiente para entender do assunto, e supus que era assim que um CEO de Wall Street demonstrava ser o chefe, elevando-se acima dos detalhes. Não havia motivo para ele se lembrar de nenhum desses encontros, e Gutfreund não se lembrava: quando meu livro foi lançado e tornou-se um problema de relações públicas para ele, Gutfreund contou aos repórteres que nunca havíamos nos encontrado. Ao longo dos anos, ouvi várias coisas a seu respeito. Soube que, depois que foi forçado a pedir demissão do Salomon Brothers, ele enfrentou um período ainda mais difícil. Mais tarde, ouvi dizer que, alguns anos antes de nosso almoço, Gutfreund participou de um painel sobre Wall Street na Columbia Business School. Quando chegou sua hora de falar, ele aconselhou os alunos a encontrar algo mais gratificante para fazer com suas vidas do que trabalhar em Wall Street. Ao começar a descrever sua carreira, ele não resistiu e chorou.

Quando mandei um e-mail para Gutfreund para convidá-lo para almoçar, ele não poderia ter sido mais educado, ou mais agradável. Com essa mesma gentileza, foi escoltado até a mesa, conversou com o proprietário do restaurante e pediu seu prato. Ele tinha perdido um pouco da vivacidade e era mais cuidadoso em seus movimentos, mas, fora isso, estava completamente reconhecível. O mesmo verniz de civilidade e bons modos mascarava o mesmo impulso animal de ver o mundo como ele é, em vez de como deveria ser.

Passamos vinte minutos mais ou menos determinando que a nossa presença na mesma mesa no almoço não faria o mundo acabar. Descobrimos um amigo comum. Concordamos que os CEOs de Wall Street realmente não tinham capacidade de acompanhar todas as frenéticas inovações que ocorriam dentro de suas empresas. ("Eu não entendia todas as linhas de produtos, e eles tampouco".) Concordamos ainda que o CEO de um banco de investimento de Wall Street tinha pouco controle sobre seus subordinados, por incrível que pareça. ("Eles puxam o saco e bajulam a gente, e acabam fazendo o que bem entendem.") Gutfreund acreditava que a causa da crise financeira era "simples. Ganância dos dois lados: dos investidores e dos banqueiros". Achei que era mais complicado. A ganância em Wall Street estava implícita — era quase uma obrigação. O problema era que o sistema de incentivos tinha canalizado essa ganância.

A linha entre o jogo e o investimento é artificial e tênue. O mais seguro dos investimentos tem a característica definidora de uma aposta (você perde todo o seu dinheiro na esperança de ganhar um pouco mais), e a mais ousada especulação tem a característica típica de um investimento (você pode receber seu dinheiro de volta com juros). Talvez a melhor definição de "investir" seja "jogar com as chances a seu favor". As pessoas na ponta vendida do mercado hipotecário subprime tinham jogado com as chances a seu favor. As pessoas do outro lado — o sistema financeiro inteiro, praticamente — tinham jogado com as chances contra elas. Até aquele ponto, a história da grande aposta não poderia ser mais simples. O que é estranho e complicado nisso tudo, no entanto, é que todas as pessoas importantes nos dois lados da aposta saíram ricas do jogo. Steve Eisman, Michael Burry e os jovens da Cornwall Capital embolsaram dezenas de milhões de dólares, claro. Greg Lippmann recebeu US$ 47 milhões em 2007, embora, desse total, US$ 24 milhões tenham sido em "ações restritas" que ele não poderia receber a menos que ficasse mais alguns anos no Deutsche Bank. Mas todos eles estavam certos; eles estavam na ponta vencedora da aposta. O negócio de gestão de CDO de Wing Chau foi para o espaço, mas ele também saiu do mercado com dezenas de milhões de dólares — e teve a coragem de tentar criar uma empresa que comprava barato os mesmos títulos hipotecários subprime em que ele tinha perdido bilhões de dólares de outras pessoas. Howie Hubler perdeu mais dinheiro do que qualquer operador individual na história de Wall Street — e, ainda assim, teve permissão de manter as dezenas de milhões de dólares que ganhou. Os CEOs de todas as grandes empresas de Wall Street também estavam no lado errado da aposta. Todos eles, sem exceção, levaram empresas de capital aberto à falência ou foram salvos da falência pelo governo norte-americano. Todos ficaram ricos também.

Quais são as chances de as pessoas tomarem decisões inteligentes sobre investimentos se elas não precisam dessas decisões, se conseguem ficar ricas fazendo escolhas idiotas? Os incentivos em Wall Street estavam todos errados; ainda estão. Mas não discuti com John Gutfreund. Da mesma forma como voltamos a ter 9 anos quando visitamos nossos pais, voltamos à subordinação total quando estamos na presença de nosso ex-CEO. John Gutfreund ainda era o rei de Wall Street e eu ainda era um *geek*. Ele falava por meio de frases declarativas, eu falava com perguntas. Mas, enquanto falava, seus olhos baixavam para as mãos. Suas alarmantes mãos grossas e carnudas. Não eram as mãos macias de um banqueiro de Wall Street, mas as de um boxeador. Olhei para cima. O boxeador estava sorrindo — embora fosse menos um sorriso do que uma expressão artificial. Ele estava dizendo, de forma bastante deliberada: "Seu... maldito... livro..."

Sorri de volta, embora também não tenha sido bem um sorriso.

"Por que me convidou para almoçar?", perguntou ele, agradável. Ele realmente estava curioso.

Não dá para dizer a um convidado seu que você acha que ele não é alguém do mal. Também não dá para dizer que o convidou porque desconfiava de que era possível remontar a maior crise financeira de todos os tempos a uma decisão dele. John Gutfreund já tinha agredido a ordem social de Wall Street — e fora apelidado de o Rei de Wall Street — quando, em 1981, transformou o Salomon Brothers de uma sociedade privada na primeira empresa de capital aberto de Wall Street. Ele ignorou a revolta dos sócios aposentados do Salomon. ("Eu não suportava seu materialismo", me dissera William Salomon, filho de um dos fundadores da empresa, que tinha feito Gutfreund CEO só depois de ele ter permitido nunca vender a companhia.) Ignorou solenemente a desaprovação moral de seus colegas CEOs de Wall Street. E ganhou o dia. Ele e os outros sócios não só ganharam dinheiro rápido; transferiram o risco financeiro final das mãos deles para a de seus acionistas. No final das contas, não fazia muito sentido para os acionistas. (Uma ação do Salomon Brothers, comprada ao preço de mercado de US$ 42 quando cheguei à mesa de operações, em 1986, valeria 2,26 ações do Citigroup hoje, que, no primeiro dia de operações de 2010, tinha um valor de mercado combinado de US$ 7,48.) Mas fazia todo o sentido para os operadores de títulos.

A partir daquele momento, a empresa de Wall Street tornou-se uma caixa-preta. Os acionistas que financiavam o risco não compreendiam muito bem quais as atribuições de quem assumia o risco, e, à medida que esse processo aumentava de complexidade, seu entendimento diminuía. Tudo o que estava claro era que os lucros a serem obtidos com esses caras espertos que faziam apostas complicadas superavam em muito qualquer valor a ser ganho no atendimento aos clientes ou na alocação de capital para empreendimentos produtivos. Estranhamente, os clientes se tornaram irrelevantes. (Surpreende alguém o fato de que a desconfiança dos compradores com relação aos vendedores no mercado de títulos tenha chegado a tal ponto que impedia os compradores de enxergar um negócio ruim quando um vendedor, como Greg Lippmann, o oferecia?) O final da década de 1980 e início da de 1990 — ótimos anos! — foi um período em que cinco gerenciadores de investimento próprio do Salomon Brothers, os antecessores de Howie Hubler, ganharam mais dinheiro do que os lucros anuais da empresa. O que significa que os cerca de 10 mil empregados, como grupo, perderam dinheiro.

Na hora em que o Salomon Brothers demonstrou os ganhos potenciais a serem obtidos com a transformação de um banco de investimento em uma empresa de capital aberto e com a alavancagem de seu balanço com riscos exóticos, as bases psicológicas de Wall Street mudaram da confiança para a fé cega. Nenhum banco de investimento de propriedade de seus empregados teria se alavancado a 35:1, ou comprado e detido US$ 50 bilhões em "CDOs de mezanino". Duvido que qualquer sociedade teria aceitado apostar com as agências de classificação, ou dividir a cama com os tubarões do empréstimo, ou mesmo permitido a venda de "CDOs de mezanino" aos clientes. O ganho esperado de curto prazo não teria justificado a perda esperada de longo prazo.

Nenhuma empresa, aliás, teria me contratado, nem qualquer pessoa remotamente parecida comigo. Será que já houve alguma correlação entre a capacidade de entrar e sair de Princeton e um talento para assumir riscos financeiros?

No topo da lista de preocupações de Charlie Ledley, após a Cornwall Capital ter apostado contra os empréstimos subprime, estava o temor de que as autoridades entrassem em cena para evitar que os tomadores de empréstimos hipotecários subprime individuais falissem. As autoridades nunca fizeram isso, é claro. Pelo contrário, entraram em ação para evitar a falência das grandes empresas de Wall Street que ocasionaram sua própria ruína por conta de apostas ruins em empréstimos subprime.

Depois da falência do Bear Stearns, o governo encorajou o J.P. Morgan a comprá-lo oferecendo um preço irrecusável e garantindo os ativos mais vulneráveis do banco. Os portadores de títulos do Bear Stearns receberam seu quinhão e os acionistas perderam boa parte de seu dinheiro. Em seguida, veio o colapso das entidades patrocinadas pelo governo, a Fannie Mae e a Freddie Mac, ambas nacionalizadas. A diretoria foi trocada, os acionistas ficaram enfraquecidos e os credores saíram intactos, mas com alguma incerteza. Em seguida, foi a vez do Lehman Brothers, que ninguém tentou socorrer — foi então que as coisas ficaram ainda mais complicadas. No começo, o Tesouro e o Fed alegavam que permitiram que o Lehman falisse para mandar a mensagem de que nem todas as empresas de Wall Street que fossem mal administradas receberiam garantias governamentais; só que, quando os portões do inferno foram abertos, o mercado congelou e as pessoas começaram a dizer que a pior coisa que aconteceu foi permitir a falência do Lehman Brothers, eles mudaram sua versão e alegaram que não tinham autoridade legal para socorrer o banco. Mas então a AIG foi à falência alguns dias depois, ou pelo menos quase foi à falência, antes que o Fed estendesse à seguradora um empréstimo de US$ 85 bilhões — montante logo aumentado para US$ 180 bilhões — para cobrir os prejuízos de apostas nos títulos hipotecários subprime. Dessa vez, o Tesouro cobrou muito pelos empréstimos e ficou com boa parte do capital acionário. Depois foi o Washington Mutual, que o Tesouro confiscou sem cerimônia alguma, acabando com os credores e os acionistas ao mesmo tempo. Em seguida, foi a vez do Wachovia, e o Tesouro e a FDIC estimularam o Citigroup a comprá-lo — novamente a um preço baixíssimo e com garantia dos ativos podres.

As pessoas em posição de resolver a crise financeira eram, é claro, as mesmas que não conseguiram prevê-la: o secretário do Tesouro, Henry Paulson, o futuro secretário do Tesouro, Timothy Geithner; o presidente do Fed, Ben Bernanke; o CEO do Goldman Sachs, Lloyd Blankfein; o CEO do Morgan Stanley, John Mack; o CEO do Citigroup, Vikram Pandit, entre outros. Alguns CEOs de Wall Street foram despedidos pelo papel que desempenharam na catástrofe das hipotecas subprime, mas a maioria permaneceu nos cargos e eles tornaram-se personagens importantes que passaram a operar a portas fechadas, tentando descobrir qual seria o próximo passo. Com esses homens estavam várias autoridades governamentais — as mesmas que deveriam saber um pouco mais sobre o que as empresas de Wall Street estavam fazendo na época dos acontecimentos. Todos compartilhavam uma distinção: provaram ser muito menos capazes de entender verdades básicas no âmago do sistema financeiro norte-americano do que um gestor de investimentos caolho e com síndrome de Asperger.

No final de setembro de 2008, a maior autoridade financeira do país, o secretário do Tesouro norte-americano Henry Paulson, persuadiu o Congresso dos Estados Unidos de que ele precisava de US$ 700 bilhões para comprar ativos hipotecários subprime dos bancos. Assim, nascia o TARP (sigla de *Troubled Asset Relief Program)* [Programa de Alívio para Ativos Problemáticos, em tradução livre]. Assim que recebeu o dinheiro, Paulson abandonou a estratégia prometida e, em vez disso, começou a doar bilhões de dólares para o Citigroup, o Morgan Stanley, o Goldman Sachs e alguns outros cuja seleção nada teve de natural. Por exemplo, os US$ 13 bilhões que a AIG devia ao Goldman Sachs como resultado de sua aposta nos empréstimos hipotecários subprime foram pagos integralmente pelo governo norte-americano: 100 centavos por dólar. Essas fantásticas benesses — além da garantia implícita do governo que as acompanhava — não só impediam que as empresas de Wall Street falissem, mas evitavam que elas reconhecessem as perdas em suas carteiras hipotecárias subprime. Ainda assim, somente algumas semanas após receber seu primeiro investimento de US$ 25 bilhões dos contribuintes, o Citigroup confessou para o Tesouro que — pasmem! — os mercados ainda não confiavam que o banco conseguiria sobreviver. Em resposta, no dia 24 de novembro, o Tesouro concedeu mais US$ 20 bilhões do TARP e simplesmente garantiu os ativos do Citigroup avaliados em US$ 306 bilhões. O Tesouro não pediu nada em troca, nem mudanças na administração, não fez nada a não ser pedir bônus de subscrição e ações preferenciais fora do preço. A garantia de US$ 306 bilhões — quase 2% do produto interno bruto dos EUA e aproximadamente os orçamentos combinados dos departamentos de Agricultura, Educação, Energia, Segurança Interna, Habitação e Desenvolvimento Urbano, e Transportes — foi apresentada sem disfarces, como um presente. O Tesouro sequer se deu o trabalho de explicar qual era a crise, somente que a medida fora tomada em resposta ao "preço das ações em queda" do Citigroup.

Na época, estava claro que US$ 700 bilhões era um montante insignificante para lidar com os ativos problemáticos adquiridos ao longo dos anos anteriores pelos operadores de títulos de Wall Street. Foi quando o Fed decidiu, de forma chocante e sem precedentes, comprar títulos hipotecários subprime ruins dos bancos. No início de 2009, os riscos e os prejuízos associados a mais de US$ 1 trilhão de investimentos ruins foram transferidos das grandes empresas de Wall Street para o contribuinte americano. Henry Paulson e Timothy Geithner alegaram que o caos e o pânico causados pela falência do Lehman Brothers provou que o sistema não toleraria a falência caótica de outra grande empresa financeira. Eles ainda argumentaram, embora só depois de alguns meses do evento, que não tiveram a autoridade legal para encerrar as operações de empresas financeiras gigantes com organização, ou seja, tirar do mercado um banco falido. No entanto, mesmo um ano depois, eles teriam feito quase nada para ter esse poder. Isso era curioso, pois obviamente não tinham o menor problema em pedir mais poder.

Os eventos de 2008 em Wall Street foram logo reformulados, não só pelos líderes de Wall Street, mas também pelo Tesouro e pelo Fed como uma "crise de confiança". Foi o bom e velho pânico financeiro deflagrado pela falência do Lehman Brothers. Em agosto de 2009, o presidente do Goldman Sachs, Gary Cohn, declarou que o banco na verdade nunca precisou de ajuda do governo, pois era sólido o suficiente para resistir a qualquer pânico temporário. Mas havia uma diferença entre pânico financeiro tradicional e o que aconteceu em Wall Street em 2008. Em um pânico tradicional, a percepção cria sua própria realidade: alguém grita "Fogo!" em um teatro lotado e as pessoas se matam, ao passarem umas por cima das outras para chegar à saída primeiro. Um teatro lotado queimou com muita gente ainda em seus assentos. Toda grande empresa de Wall Street estava falida ou envolvida com um sistema falido. O problema não foi terem deixado o Lehman Brothers falir. O problema foi o terem deixado ter sucesso.

O novo regime — dinheiro grátis para capitalistas, mercado livre para todo o resto — somado à reescrita da história financeira irritou todo mundo, mas poucos ficaram tão incomodados quanto Steve Eisman. Os financistas mais poderosos e mais bem pagos do mundo estavam desacreditados; sem a intervenção do governo, todos eles teriam perdido o emprego; e esses mesmos financistas estavam usando o governo para enriquecer. "Eu entendo por que o Goldman Sachs iria querer ser incluído na conversa sobre o que fazer com Wall Street", afirmou Eisman, "o que não entendo é porque alguém daria ouvidos a ele." Na visão dele, a relutância do governo norte-americano em permitir que os banqueiros falissem era menos uma solução do que um sintoma de um sistema financeiro profundamente disfuncional. O problema não era o fato de os bancos serem essenciais para o sucesso da economia norte-americana. O problema — ele tinha certeza — era que uma quantia absurda e desconhecida de CDSs havia sido comprada e vendida em todos eles. "Não existe limite para o risco no mercado", afirmou. "Um banco com uma capitalização de mercado de US$ 1 bilhão pode ter US$ 1 trilhão em CDSs pendentes. Ninguém sabe quantos existem! E ninguém sabe onde estão!" A falência do Citigroup, por exemplo, poderia ser economicamente tolerável. Geraria perdas para os acionistas, portadores de títulos e empregados da empresa — mas as somas envolvidas eram todas conhecidas. A falência do Citigroup, no entanto, também deflagraria o pagamento de uma aposta maciça de dimensões desconhecidas: pelas pessoas que tinham vendido CDSs do banco para aquelas que os compraram.

Esta era ainda outra consequência de transformar as sociedades de Wall Street em empresas de capital aberto: elas se tornaram objetos de especulação. Não era mais a relevância social e econômica de um banco que o deixava grande demais para falir, mas o número de "apostas secundárias" que foram feitas nele.

Em algum momento da conversa, tive que perguntar a John Gutfreund sobre seu maior e mais fatídico ato: ao limpar os escombros causados pela avalanche, vemos como a decisão de transformar a sociedade de Wall Street em uma empresa de capital aberto se assemelhava à primeira pedra lançada do topo da montanha. "Sim", disse ele, "eles — os chefes das outras empresas de Wall Street — falaram horrores sobre abrir o capital e questionaram como eu podia fazer isso. Mas quando aumentou a tentação, ninguém resistiu." No entanto, ele concordou que o principal efeito de transformar uma sociedade em uma empresa com ações em bolsa era transferir o risco financeiro aos acionistas. "Quando as coisas vão mal, é problema deles", disse Gutfreund — e obviamente não apenas deles. Quando um banco de investimento de Wall Street está realmente encrencado, seus riscos tornaram-se problema do governo norte-americano. "É *laissez-faire* até o caldo entornar", disse ele, com um meio sorriso. Gutfreund estava fora do jogo. Era tudo culpa dos outros.

Ele me observou curioso enquanto eu tomava nota de suas palavras. "Para que serve isso?", perguntou.

Eu disse que poderia ser interessante revisitar o mundo que eu descrevi em *O jogo da mentira*, agora que ele estava finalmente acabando. Talvez fazer o lançamento comemorativo dos vinte anos da primeira edição.

"Dá enjoo só de pensar", disse.

Por mais difícil que fosse para ele apreciar a minha companhia, era ainda mais difícil para mim não apreciar a sua: ainda era durão, direto e implacável. Ele ajudou a criar um monstro, mas ainda havia nele muito da velha Wall Street, onde as pessoas dizem coisas do tipo: "A palavra de um homem é seu patrimônio." Nessa Wall Street as pessoas não saíam das empresas e causavam problemas para seus ex-chefes escrevendo um livro sobre eles. "Não", disse Gutfreund, "acho que podemos concordar sobre isso: seu maldito livro destruiu a minha carreira e fez a sua." Com isso, o ex-rei de uma ex-Wall Street perguntou, gentilmente, oferecendo a saborosa entrada: "Quer um ovo recheado?"

Até então, eu não tinha prestado atenção ao que ele estava comendo. Ali vi que ele fizera o melhor pedido da casa, essa maravilhosa criação de uma época passada. Quem será que inventou os ovos recheados? Quem poderia imaginar que um simples ovo pudesse ser tão complicado e ao mesmo tempo tão atraente? Peguei um. Tanto por tão pouco. Nunca perde seu charme.

Posfácio

Sobre o filme *A grande aposta**

Uma coisa com a qual o autor não se preocupou quando escreveu o seu best-seller de 2010 foi em como tornar seu livro interessante para os cineastas. Quem iria — ou poderia — fazer um filme a respeito de *swaps* de crédito? Enquanto Brad Pitt, Steve Carell, Ryan Gosling e Christian Bale mostram que o filme é uma realidade, Lewis expressa a sua perplexidade.

por MICHAEL LEWIS
Tradução de Claudia Gerpe Duarte

No início de 2008, comecei a trabalhar no que veio a ser o livro *A jogada do século*. Eu escrevera uma obra a respeito de Wall Street, *O jogo da mentira*, e presumi que nunca iria escrever outra, pois supus que jamais ocorreria em Wall Street algo que fosse tão interessante para mim quanto o que passei — ou, caso acontecesse, eu seria a última

*Publicado originalmente pela revista *Vanity Fair* (dez/2015) com o título "Even Michael Lewis Was Surprised Hollywood Bet on *The Big Short*".

pessoa com quem qualquer um em Wall Street desejaria conversar a respeito. O que chamou a minha atenção no final de 2007 foram as perdas comerciais estranhas, amorfas e cada vez maiores no mercado de títulos hipotecários subprime sofridas pelos grandes bancos de Wall Street. O prejuízo do Citigroup saltou de US$ 6 bilhões para US$ 40 bilhões e depois para mais de US$ 65 bilhões. A Merrill Lynch anunciou uma perda de US$ 4,5 bilhões, em seguida reviu esse valor, elevando-o para US$ 19 bilhões, informando um prejuízo de mais de US$ 50 bilhões. O Morgan Stanley anunciou que havia perdido mais de US$ 9 bilhões no que pareceu ser a aposta de um único negociador. Os grandes bancos de Wall Street tinham se tornado o *dumb money*.* Seus funcionários, supostamente os melhores e mais inteligentes do mercado, estavam cometendo suicídio em massa. Como isso foi acontecer?

Alguém tinha de estar do outro lado das apostas idiotas das grandes empresas de Wall Street. Eu me pus em campo para encontrar o maior número possível dessas pessoas. Ao que se revelou, 15 indivíduos tinham apostado tudo contra os títulos hipotecários subprime. O grupo incluía algumas pessoas extremamente interessantes e peculiares — excêntricas e desajustadas que teriam muita dificuldade em conseguir emprego em um grande banco de Wall Street. Várias delas tinham vindo para o mercado de títulos hipotecários subprime sem informações, com pouco conhecimento de títulos ou hipotecas e *swaps* de crédito [*credit default swaps*] e obrigações de dívidas colateralizadas [CDOs]. No entanto, elas tinham descoberto uma maneira de enxergar o que os especialistas com informações privilegiadas tinham deixado escapar: o fato de que os grandes bancos tinham se tornado tão organizados que era difícil dizer onde terminava a estupidez deles e onde começava a corrupção. Esse grupo de pessoas peculiares tinha apostado contra os maiores bancos de Wall Street, repletos dos especialistas supostamente mais inteligentes do mundo, e tinha conseguido ganhar bilhões de dólares: como isso aconteceu?

Para minha surpresa, essas pessoas peculiares se mostraram dispostas a me contar suas histórias. Mas quando comecei a recontá-las, deparei-me com alguns problemas. Um deles foi a flagrante complexidade das finanças modernas: como explicar os *swaps* de crédito e as obrigações de dívidas colateralizadas para a minha mãe? Na verdade, nem mesmo tenho certeza de que a minha mãe

***Dumb money*, cuja tradução literal é "dinheiro idiota", é um investimento feito em uma empresa por um investidor que não está bem-informado ou que é inexperiente.

leu *A jogada do século* — já que prefere os romances de mistério — mas ela sempre foi o meu padrão: se minha mãe não consegue entender o que estou dizendo, não faz sentido dizê-lo. O segundo problema, relacionado com o primeiro, foi como fazer com que a minha mãe *quisesse* entender o que são *swaps* de crédito e obrigações de dívidas colateralizadas. Nunca é suficiente explicar coisas complicadas para o leitor; em primeiro lugar, o leitor precisa querer conhecê-las. Se o assunto for extremamente complicado, ele precisa desejar de verdade ter acesso aquelas informações. Minha função, como eu a encarava, era fazer com que o leitor quisesse ardentemente saber o que eram os *swaps* de crédito e as obrigações de dívidas colateralizadas. Os maravilhosos personagens que tinham antevisto o colapso do sistema financeiro se tornaram a solução para ambos os problemas. Meu leitor (assim eu esperava) sentiria que valia a pena tentar entender os *swaps* de crédito porque aqueles fascinantes personagens também estavam tentando compreendê-los.

Ainda assim, eu não estava muito seguro. Um indicador da minha incerteza pode ser encontrado na página 104 do livro, em uma nota de rodapé. "Caro leitor", começa a nota, "se você conseguiu acompanhar a história até agora, merece... uma estrelinha especial", e depois prossegue pedindo desculpas pelas exigências que a história fez a ele. Foi um pedido de desculpas para a minha mãe.

Um problema com o qual eu decididamente NÃO me preocupei quando escrevi *A jogada do século* foi como redigir o livro para que ele pudesse se tornar um filme. Quem faria um filme a respeito de *swaps* de crédito? Aliás, quem faria um filme baseado em qualquer livro meu? Já em 2008, quando comecei a reunir fatos e informações para *A jogada do século*, eu pensava na indústria do cinema como um lugar que gastava enormes quantias com um entusiasmo incrível para garantir que os filmes de livros jamais fossem produzidos. Conversei pelo quinto ano consecutivo com Billy Beane a respeito das Finanças Insanas da Indústria do Cinema. Billy era o gerente geral dos Oakland A's [Oakland Athletics] e o principal personagem de outro livro que eu escrevera, *Moneyball: o homem que mudou o jogo*. Depois que este livro foi publicado, em 2003, alguns cineastas o procuraram para perguntar se poderiam comprar os "direitos da sua vida" para que pudessem fazer um filme a partir do livro. Billy interpretou literalmente as palavras deles: achou que pretendiam fazer um filme a respeito de sua vida. A ideia o perturbou. O livro já tinha lhe atraído mais atenção e inconveniências do que ele desejava receber a vida inteira. Ele teria pago aos cineastas para que impedissem que o livro se tornasse um filme. Billy me telefonou para dizer isso.

"Você está encarando a situação de maneira errada", disse a ele. "Esses cineastas lhe enviarão dinheiro, gratuitamente, ano após ano, para que tenham tempo de descobrir que nunca, jamais, desejarão fazer um filme sobre a sua vida."

"Como você sabe disso?"

"Porque é o que essas pessoas sempre fazem. Elas mandam dinheiro para você até descobrir que você não é um filme, apenas um livro."

Essa tinha sido a minha experiência durante vinte anos. Os cineastas me ligavam para dizer que estavam empolgados com algum livro ou artigo para revista que eu escrevera. Em seguida, me enviavam dinheiro, acompanhado de entusiasmo e rumores. (Estamos negociando com Mike Nichols para ser o diretor!... Marlon Brando quer interpretar John Gutfreund!... Tom Cruise quer interpretar você!) E então, um dia, mais ou menos dois anos depois, tudo simplesmente acabava — o entusiasmo, os rumores e, com o tempo, o dinheiro. A sensação era a de estar dentro de uma bolha da bolsa de valores, com a minha história sendo o objeto de especulação. Eu não ficava ofendido. Não fizera nenhum trabalho adicional. Eles me pagaram para eu não fazer nada. Em todos os casos, senti que os tinha enganado e convencido a comprar uma coisa que não poderiam usar, escrevendo uma "história real".

Os cineastas anseiam por "histórias reais". O motivo para isso não é que eles busquem pela verdade. Na realidade, não sei bem qual é o motivo: talvez seja algo simples, como ser muito mais fácil empolgar outros cineastas, sem exigir que eles leiam nada, se pudermos afirmar que a história é verdadeira. Mas nem todas as histórias reais são igualmente fáceis de ser transformadas em filmes. O tipo de história real que escrevo tende a conter longos trechos a respeito de assuntos difíceis de entender, como títulos hipotecários ou estatísticas de beisebol. Eu presumia que os cineastas, depois de me enviarem um cheque, caíam em si e compreendiam que era muito mais complicado fazer um filme a respeito de títulos hipotecários ou estatísticas de beisebol do que produzir outro *Homem-aranha.*

"Apenas diga que aceita e pegue o dinheiro antes que eles mudem de ideia", disse a Billy Beane, nos idos de 2003.

Em 2008, ele estava convencido da genialidade de minha abordagem sobre a indústria do cinema. O filme *O homem que mudou o jogo* claramente nunca iria acontecer, no entanto, uma vez por ano, ele continuava a receber um cheque para renovar o contrato. Sempre que isso ocorria, ele me ligava, rindo, e dizendo: "Isso é maravilhoso! É como ganhar dinheiro sem fazer força!"

Foi aí que alguma coisa mudou. Quando eu estava terminando *A jogada do século*, um roteirista-diretor chamado John Lee Hancock começou a filmar meu livro *The Blind Side.** O estúdio de cinema que tinha comprado os direitos de filmá-lo (com o costumeiro entusiasmo desenfreado) havia secretamente decidido que só iria produzir o filme se Julia Roberts quisesse participar, ao que parece sem consultar a atriz. Acontece que Julia Roberts não quis fazer parte do filme. John Lee Hancock havia espalhado o seu roteiro ao mesmo tempo engraçado e triste de *Um sonho possível* por toda a cidade de Los Angeles, o qual tinha sido rejeitado por todos os estúdios. Os executivos da indústria do cinema foram unânimes em afirmar o seguinte: a história não era comercial. *Um sonho possível* só se tornou um filme porque Fred Smith, o bilionário que fundou o Federal Express, conhecia pessoalmente a família Tuohy, cujos membros são os principais personagens do livro, e achou a história excelente. Por que ela não daria um grande filme? (O motivo pelo qual mais cineastas não pensam como Fred Smith permanece um mistério para mim.) A produtora que Smith financiou gastou US$ 29 milhões na produção de *Um sonho possível.* (A filha dele, Molly, foi a produtora executiva do filme.) O filme teve uma receita de US$ 255 milhões com a venda de ingressos no mercado interno e muito mais com as vendas no exterior, os direitos da televisão e as vendas de DVDs.

Depois, no ano seguinte, quando eu estava entregando o original de *A jogada do século* para o meu editor, Billy Beane me telefonou dizendo: "Filho da mãe, Brad Pitt está a caminho da minha casa. A babá veio trabalhar de vestido e a minha mulher está se maquiando."

Hoje encaro a indústria do cinema não apenas como um lugar que paga os escritores para não fazer filmes dos seus livros. Também é um lugar onde os filmes de livros acontecem, mas somente em resposta a um tipo específico de acidente. Ele ocorre quando o livro vai de encontro a uma entre cem pessoas no planeta que estão dispostas a pagar para que um filme seja feito ou têm a habilidade de persuadir outras pessoas a pagar por

---

***Livro sem tradução no Brasil. Ele chegou ao cinema brasileiro com o nome de *Um sonho possível*.**

isso. Fred Smith decide que está disposto a pagar por *Um sonho possível* e, como ele tem o dinheiro, o filme é produzido. Brad Pitt decide que vai trabalhar em *O homem que mudou o jogo* e, como ele é capaz de convencer outras pessoas a pagar pelo filme, ele é produzido. O roteirista-diretor Adam McKay lê *A jogada do século* e diz ao seu agente que gostaria de transformar o livro em um filme, e o agente (esta parte é apenas um rumor da indústria cinematográfica) diz ao (relutante) estúdio de cinema que o diretor talvez reconsidere sua falta de interesse em trabalhar em outro filme de *O âncora* se deixarem que ele dirija primeiro *A grande aposta*. E como os cinco filmes anteriores de Adam McKay faturaram um total de US$ 725 milhões, com um custo de apenas US$ 313,5 milhões, eles produzem *A grande aposta*.

Meu papel na produção dos filmes dos meus livros — o papel do autor — tem sido essencialmente o de um espectador. Acho que é justo afirmar que as pessoas que fazem filmes a partir de livros prefeririam que os autores dos livros estivessem mortos. Não levo isso para o lado pessoal. Quando chega a hora de transformar seu livro em um filme, o autor tem pouco valor a acrescentar e tem o poder de se tornar um sério incômodo. Em uma exibição pública do primeiro filme (mudo) produzido a partir de *O grande Gatsby*, o casal Fitzgerald abandonou o recinto. Durante a produção de *Jogos patrióticos*, Tom Clancy declarou guerra à Paramount. Há uma longa lista de autores que se queixaram e se lamentaram a respeito do que os cineastas fizeram à sua preciosa obra de arte. Na minha opinião, os autores que vendem os direitos de filmagem dos seus livros devem apenas descontar o cheque e calar a boca. E daí que você não gostou do filme? As pessoas que compraram o seu livro não tinham a intenção de ofendê-lo. Às vezes, elas simplesmente não sabem como fazer um bom filme; outras vezes, o filme não sai como todo mundo esperava; e, às vezes, *o filme é melhor do que o livro*. Se você não quer que o seu livro sofra qualquer tipo de alteração, não venda os direitos de modificá-lo.

Curiosamente, os cineastas demoram a deixar claro esse ponto de vista, inclusive para si mesmos. Segundo a minha experiência, por mais desagradável que seja o comportamento de um autor, os cineastas tentam se concentrar no que gostaram e admiraram no trabalho dele e fazem um sério esforço para que o autor sinta que foi incluído no processo de transformar o seu livro em um filme. Eles não fazem isso porque se importam com o que o autor pensa. Na realidade, bem no fundo, eles sabem que se derem atenção a um autor, este poderá causar enormes perdas financeiras e destruir inúmeras carreiras na indústria no cinema. Eles querem apenas que o autor sinta que foi incluído — em parte porque é um verdadeiro transtorno quando o autor se queixa do filme em público, mas também porque não querem parecer rudes. Os cineastas são compulsivamente educados. Eles podem desperdiçar nosso tempo e o dinheiro de outras pessoas, mas em qualquer interação social eles quase nos desafiam a ser os primeiros a ter um comportamento grosseiro.

Dito isso, os filmes produzidos a partir dos meus livros foram, em minha opinião, excelentes. Não adianta querer mudar de atitude aqui e dizer que o mérito foi meu. Não existe nenhuma correlação óbvia entre a qualidade de um filme e a qualidade do livro que deu origem a ele: bons filmes foram feitos a partir de livros ruins, assim como filmes ruins foram produzidos a partir de livros de boa qualidade. Todas as vezes em que me sentei na sala de cinema para assistir ao filme de um livro meu pela primeira vez, fiquei surpreso. A cada filme, a surpresa foi maior. Não foi difícil imaginar *The Blind Side* como um filme — o núcleo do livro continha um drama familiar bizarro e comovente. Foi difícil imaginar *Moneyball: o homem que mudou o jogo* como um filme, mas ele era a respeito de beisebol, o que o tornava, pelo menos organicamente, ligado à cultura popular norte-americana. Wall Street, mesmo após uma crise financeira que causou um enorme estrago na vida de tantas pessoas, não está. Esse é um grande erro cultural. As altas finanças atingem — arruínam — a vida das pessoas comuns de uma maneira que o beisebol, por exemplo, não faz, a não ser que você torça por um time muito ruim. No entanto, as pessoas comuns, até mesmo aquelas que foram mais prejudicadas, nunca têm uma ideia clara de como foram atingidas e por quem. Wall Street, como um pervertido muito esperto, em geral é considerada suspeita, porém raramente compreendida e jamais condenada.

Tenho a esperança de que *A grande aposta* de Adam McKay possa realmente ajudar a mudar essa situação. O material que eu teria produzido afugentaria o diretor de cinema que existe em McKay. Ele explica, com clareza, os *swaps* de crédito e as obrigações de dívidas colateralizadas! Ele capta a essência do comportamento que conduziu à recente catástrofe financeira e dos principais personagens do meu livro — e desconfio que isso irá assombrar os entes queridos deles na vida real. *A grande aposta* é apenas um filme, mas também é um convite para que uma enorme audiência popular tenha uma discussão inteligente e interessante a respeito do lugar do dinheiro e das finanças em nossas vidas.

Minha intenção não é estragar o filme. No entanto, quero tentar explicar — tanto para mim mesmo quanto para qualquer pessoa —, como um roteirista e diretor que só fez cinco filmes, todos eles comédias ingênuas, foi bem-sucedido enquanto outros não foram capazes de reduzir a distância entre Wall Street e a cultura popular. Consigo pensar em três motivos pelos quais Adam McKay foi o homem perfeito para esse trabalho. Em ordem crescente de importância:

(1) Ele compartilha uma importante qualidade com seus personagens de Wall Street. McKay começou sua carreira como comediante stand-up. Estudou teatro de improviso em Chicago com o autor Del Close, que ele considera até hoje o professor mais importante que já teve na vida. O instinto do teatro de improviso, de pegar o que você tem e criar a partir disso, representa mais do que uma semelhança casual com os personagens principais de *A jogada do século*, que chegaram a um desastre financeiro de rápido crescimento sem nenhuma pressuposição. Eles nada sabiam a respeito de hipotecas subprime, CDOs ou outros mecanismos diabólicos que conduziram à catástrofe. Não estavam buscando uma crise na habitação ou um colapso do sistema; eles estavam apenas procurando responder, de maneira inteligente, ao que o sistema propunha. *Sim... E?* Uma maneira de encarar *A grande aposta* é como um esboço improvisado extremamente inteligente. Existe uma razão para isso: foi assim que as pessoas reais em quem ele se baseia sentiram a crise financeira.

(2) Uma ausência quase patológica do medo do fracasso e do ridículo. Na fase anterior de sua vida como chefe de redação do programa *Saturday Night Live*, diz McKay, ele costumava criar vinte esquetes supondo que 18 não dariam certo — mas que dois dariam. Ele diz que fazia o mesmo tipo de coisa como comediante stand-up, escrevendo dezenas de piadas para cada uma que apresentava. Nunca se preocupava demais a respeito de suas ideias não tão maravilhosas, porque sabia que só seria definido pelas excelentes, e tampouco se apegou demais a uma ideia, porque sabia que sempre poderia ter outras. Ele era generoso com a própria mente, como novos ricos frequentemente são generosos com o dinheiro, considerando que sabem que sempre podem conseguir mais. Essa característica da personalidade é essencial para *A grande aposta*. Existem muitos truques de narrativa eficazes no filme que um cineasta jamais se atreveria a usar caso se preocupasse com a possibilidade de as pessoas se perguntarem se

ele sabia o que estava fazendo. O roteiro original de McKay iniciava com Morgan Freeman filmando um comercial para um grande banco de Wall Street. Freeman falava a respeito de confiança e segurança e depois parava, voltando-se para o espectador e dizendo: "Na realidade, tudo isso é uma tremenda bobagem." Essa foi uma das muitas ideias que McKay abandonou — embora tenha conservado a ideia de os atores de vez em quando se dirigirem diretamente ao espectador. As pessoas do teatro chamam isso de quebrar a quarta parede. Não é inteiramente respeitável, mas McKay pegou um martelo e despedaçou a quarta parede. Não creio que uma pessoa criativa mais rígida ou receosa conseguiria ao menos ter chegado perto do sucesso que McKay obteve ao comunicar a essência de Wall Street.

(3) Uma ausência total de insegurança intelectual. McKay afirma ter sido uma criança pretensiosa, querendo dizer com isso, acho eu, que certa vez citou Céline. Qualquer pomposidade que ele possa ter tido foi erradicada. Entretanto, as finanças, à medida que foram se tornando mais complexas, passaram praticamente a exigir a pretensão de qualquer pessoa que tente explicá-las. É preciso uma ardente vontade criativa para lidar com o jargão financeiro e ainda assim resistir à tentação de entrar para o clube de pessoas que entendem o jargão financeiro. Independentemente de outras coisas que ele não seja, McKay não está apto a ser membro desse clube. Ele se esforçou para compreender Wall Street, mas em vez de usar esse entendimento como uma indicação de sua própria sofisticação intelectual, ele insistiu, quase implacavelmente, em tornar esse entendimento compreensível para os outros.

"Trate seus espectadores como poetas e gênios, e é isso que eles se tornarão", comentou Del Close certa vez com McKay, o qual, obviamente, levou muito a sério o que o ator disse. McKay não está nem um pouco preocupado em fazer com que você o ache inteligente, mas está muito interessado em que o público saia do cinema se sentindo inteligente. Esse simples impulso permitiu que ele fizesse um filme tão importante que nem mesmo o autor tem motivos para se queixar.

* * *

Este livro foi composto na tipologia Sabon LT Std,
em corpo 10,5/16,2, e impresso em papel off-white 80g/m²
no Sistema Cameron da Divisão Gráfica
da Distribuidora Record.